探索

与发展新论

TANSUO Tyu
FAZHAN XINLUN

周小其 ◇ 主编

西南财经大学出版社
SOUTHWESTERN UNIVERSITY OF FINANCE & ECONOMICS PRESS

前　言

　　我们编写的《探索与发展新论》系列丛书的第一辑至第三辑出版后，应广大读者要求和出版社之约，我们再次编写了《探索与发展新论》，现在与大家见面了。

　　《探索与发展新论》非常注重选题的新颖性与实用性，所选论文非常贴近工作实际，突出了创新与发展的研究要素，强调了发展的重要性和实效性，相信会受到广大读者的再次欢迎与肯定。

　　《探索与发展新论》的编写宗旨，仍然以不同行业、不同系统的来稿，从不同的角度、不同的层次、不同的方面、不同的视角反映创新与发展新论的主题。这些来稿大都来自实践第一线，充满活力，对一些新观念、新思维、新现象、新发展进行了更有力度的探索，并注重了探索与发展特征的发挥。作者的来稿有的从一个具体课题展开，对一些新的概念与内涵进行了创新性探索，提出了更新的见解；有的从一个局部入手，围绕某一个专题深入剖析，拓展了探索与创新的空间；有的立足于某个领域或体系，仍然独辟蹊径，以更新的角度，阐释了课题创新的意义，展示了课题的创新方向；有的选择具体行业或系统，抓住研究课题本身的多元性要素，就某些概念、观点、特征等进行了比较完整的阐述，做出了较好的创新性回答。凡此种种，作者都在一定的高度上联系实际，观点鲜明，论述充分，见解比较独特，阐述比较独到，明显地提升了论文课题的创新价值，对当前正在进行的各项改革的进一步创新与发展起到了推波助澜的作用。全书反映的创新性课题较多，覆盖面较广，对提高读者论文写作水平与提高论文创新价值有极大的帮助。同时，本书稿件统一按论文编排格式进行编排，主题清晰，结构明朗，编排得体，注重效果，突出了理论的深入浅出、作者与读者的双向交流，注重了本书的实用性、系统性和科学性，因而学习与借鉴的作用十分明显。

本书借鉴与参考的作用比较明显，除可供各级机关相关工作人员、企事业单位行政人员、管理人员、营销人员、工会工作人员等学习使用外，还可以作为论文范本，为相应的职称论文评审提供直接的参考依据，资料、学习、参考、借鉴、交流等综合作用比较突出。

本书由主编周小其全面负责，提出全书总纲，具体确定编发框架，制定编审要目，同时对全书进行修订与总纂。我们谨向相关参考文献和相关参考资料的原作者表示敬意和衷心的感谢；向支持本书出版的西南财经大学出版社同仁、所有关心和支持本书编发的人士以及参编人员表示衷心的谢意！

本书编写时间紧迫，定有不妥之处，恳请有关专家和读者批评指正，以使本书更为完善。

周小其

2012 年 3 月 8 日

目　录

新闻真实和审美的几个要素表达

周小其 （四川工人日报社）

[摘要] 本文对新闻真实表达的重要元素和真实表达的体现进行了新的探索。同时，依据新闻审美的表达，对审美表达的特征和审美表达的形态进行了更深入的论证。

[关键词] 新闻 真实 审美 表达

中图分类号 G210 文献标识码 A

新闻真实与审美的表达都是一种复杂的表达系统。这些表达是人们各种学习能力与智力作为的能动反映，体现着观察、记忆、思维、创造等心理质量，表现着记叙、说明、议论、描写、抒情，以及直觉、情感、愉悦、距离等审美的形式和内容。对二者的表达进行更深入的探索与研究，对提高对新闻对象的真实反映与审美表达，增加大众对新闻审美的认知和运用，进一步促进现代新闻事业的更大发展，具有积极的推动作用。

一、新闻真实的表达

美国新闻学者 C. 约斯特在其著作《新闻学原理》中指出：一切新闻的主要因素是真实。新闻真实的表达，核心就在于新闻的真实性。它源于客观的真实，突出了具体的人和事物具有的特殊表现和本质，反映了真实与表达相互影响、相互作用的性质和能力，成为了新闻报道的原因和依据，也成了新闻表达的一种基本准则。

(一)真实表达的重要元素

真实是新闻的生命。目前关于新闻定义的最有影响和最具典型特征的概念界定是"新闻是对新近发生的事实的真实报道"。它指出，报道必须以事实为基础，以真实准确的对象为前提，才可能构成报道的首要条件。新闻真实的表达在传播中一经具体化，就可以在真实表达的前提条件、表达方式、表达的独特性等方面表达出新闻的真实，引起大众的肯定、赞赏与共鸣。

1. 真实表达的前提

任何表达都存在真实的前提要求。新闻真实的表达前提，是一种重要的表达要素和必要的依据。新闻真实性表达要求在新闻报道中的每一个具体事实必须合乎客观实际，包括表现在新闻报道中的时间、地点、人物、事情、原因和经过等必须予以真实表达。那么，新闻真实的表达前提的表现就有这样的基本特征：必须保证形式的真，即形式规范、科学，符合客观形态，规律清晰，能够体现表达形式的完备、充分、稳定、持久，能真实反映人和事物的本来面目；表达形式的容量、构架、格式等还可以为内容的表达提供最佳的表现方法或表现模式，使要表达的内容也同样达到表达的完美；真实表达必然要体现人和客观事物内容的真实。它不容许假冒伪造、杜撰虚拟、随意夸张、任意渲染。这就是说，表达的内容必然也会成为表达的一种前提；表达的内容与表达形式互动关系紧密，形式作用于内容，内容反作用于形式，二者转化特征是表达的必要参考；存在表达者和被表达者关系链接。表达者自身表达的条件，如个人素质、学识水平、写作能力、表达悟性、表达技巧等，都可以成为表达的要素前提。反之，被表达者的基本情况、行为过程等，同样可以作为表达前提的必要的参考依据。

2. 真实表达的方式

新闻表达有记叙、说明、议论、描写、抒情五种基本形式。这五种表达方式，作为新闻表达的形式要素，已成为新闻内容表达的物质构架。新闻表达的方式可以反映不同的内容，产生不同的表达效果，表达功能十分明显。五种基本表达方式中，记叙为最基本、最常见的一种表达方式，它是对人物、事件等的发展变化过程以及场景、空间的转换所作的叙说和交代。描写是把描写对象的状貌、情态描绘出来。它包括心理、语言、动作、神态、外貌、环境等的描写，用生动的形象表达把人和事物的状态等具体特征描绘出来。描写一般分为人物描写或景物描写。它能生动传神，现象逼真，使读者如见其人、如闻其声、如临其境，有强烈的艺术感染力。抒情就是抒发和表现作者的感情。它以形式化的话语组织，表达个人内心情感，主观性、个性化和诗化意味很浓。议论就是作者对某个议论对象发表见解，以表明自己的观点和态度。它通过讲事实、说道理等方法对人物或事情发表自己的观点、看法，通常带有较强的主观色彩。它强调表达的鲜明、深刻，有较强的哲理性和理论深度。说明是用简明扼要的文字，把事物的形状、性质、特征、成因、关系、功用等解说清楚的表达方式。这种被解说的对象，可以是具体的事物，也可以是抽象的哲理，说明的具体手段和方法比较多。如果按照表达方式的类别划分，新闻表达存在再现客观类和表现主观类的习惯划分。再现客观类，即可以共同反映客观物象，对人和事等进行客观真实的表述的叙述、描写、说明三类；表现主观类，即表达作者对客观事物的见解和主观情感，是人在表达时，主观精神由内至外的转化或传递形式，包括议论和抒情两类。新闻表达除以上的表达方式外，常用的插叙、倒叙、补叙、追叙等也可以视为新闻表达的具体方式加以应用。同时，它还有更多非语言形式的行为表达、特定的综合表达、非语言或形式的意义符号的表达等，都为新闻表达提供了更多的补充、参考和表现的依据。新闻表达的方式只是新闻表达的外壳或式样，是为新闻内容的真实表达提供必要的依靠，是一种有形的物质性的保证系统。此外，新闻真实表达的方式在新闻报道中，还可以从另一面看待表达的方式：有广播、电视、报纸、杂志、网络等表达的媒介形式；有材料、语言、结构等表达的要素形式；有消息、通讯、评论等表达的体裁形式；有版面、栏目等表达的组合形式。随着新闻事业的发展，新闻的真实表达还会有更多"多媒体表达"等创新性表达形式出现，为新闻真实的表达提供了极大的应用空间。

3. 真实表达的独特性

新闻真实表达就是新闻"完全真实"的一种再现。这样的表达不是对真实的完全或部分的复制，也不是简单的描述或刻写。新闻真实表达首先是一种比较特殊的表达，不具有表达的多维特征，不可能以这样的表达替代艺术、文学等真实性的表达。新闻的真实表达性，具有明显的独特性，与艺术表达、文学真实的表达有明显区分。新闻的真实性表达不同于文学、艺术等的真实性表达。文学等的真实性表达可以在生活真实的基础上，根据实际社会的生活来塑造典型，设计情节，可以用"虚构化"手段来集中一些表达要素，不受真人真事的局限。它们可以"艺术化"地虚构来反映和塑造文学或艺术的形象。新闻的本质在于传达信息，文学等的本质在于表现艺术，它们对真实表达的形式不同，要求不同，目的亦不尽相同。新闻则必须真实，不能有任何的虚构。新闻真实表达的独特性非常明确：它的真实表达是对新闻事实等表达对象的真实的再现，严谨而客观，不能有任何的虚构或夸大；表达在观察、情感、态度、过程、结论和价值等方面的个性色彩较浓，富有自身特色；表达在具体的记叙、议论、抒情等表达方式上有明显的侧重点，更突出新闻自身属性和真实表达的特质。

4

(二)真实表达的主要体现

我国最早的新闻学专著《新闻学》的作者徐宝璜就指出："新闻须为事实，此理极明，无待解释，故凡凭空杜撰、闭门捏造之消息，均非新闻。"新闻的真实性本质决定了新闻真实表达的特征和形态，它所强调的正是新闻的事实性真实。新闻表达必须完全立足于事实、引用事实，并以事实为根据进行判断，得出的结论当然是明显的事实，是依据真实进行更有意义的真实性再现。对事实进行真实的表达是新闻真实最重要和最突出的要求。

1. 表达具有过程性

新闻表达真实的过程性是表达相关的人或事等的发生、发展至结束的具体情景表现。过程性有三个基本作用：运用过程性指引表达和方向；用过程性知识或手段处理整个"再现过程"；可以增加行为真实性表达的完备性和一致性。过程性还有两种表达类型：陈述性表达和过程性表达。陈述性表达强调表达对象的静态较多，主要用于描述人或事物这些对象自身的属性或存在的相互关系；过程性表达则强调对象的动态情况，包括表达反映相关事实等运用知识的过程。新闻表达真实的过程性，决定了新闻真实也是一种过程反映的真实，是事实变为"新闻事实"的实际情况与逻辑统一表达的过程。新闻事实是客观存在的真实，不以任何人的意志为转移，成为人们衡量各种报道真实性的唯一标准和根据，而过程性体现了真实表达的范围和程度。过程性对新闻报道相关的人和事再现产生了再现过程的情景，是新闻表达真实的一个重要元素。过程性真实、全面、及时、灵活、深入、持久，保证了新闻报道真实的基本构架的稳定。没有过程性的表现，就不可能再现新闻报道的对象环境、相关事件或人物的具体表现等，也就难以进行新闻真实性的表达。

2. 表达的一致性

一致性，即指事物的基本特征或特性相同，其他特性或特征相类似。新闻的真实性就是新闻的本源必须是真实的事实，报道是对事实做出的反映。表达也必须依据事实第一性、新闻第二性的原则，要事实在先、新闻在后。这是反映新闻的唯物论还是唯心论的一条明确界线。主张尊重事实，而且在实践中真正尊重事实，是表达真实一致性的核心。新闻真实表达的一致性还表现在：新闻自身对新闻主旨、表现手段、传播形式等的一致性，即新闻采、编、发过程的统一性；新闻的表达真实是用事实来描写事实，不是根据希望或想象来描写事实。没有事实描写就没有表达依据，也就构不成真正的新闻；真实表达的时间、地点、人物、事情、原因、背景、情节（过程）、描述等不仅要真实，还要必须准确、连贯，具有明显的同一性；尤其强调真实表达要在总体上、本质上和发展趋势上去把握一致性表达的真实，不能以点带面、以偏概全，防止出现片面化和绝对化表达，引发新闻报道失实；新闻真实表达的解释、运用要合乎客观事实本身的逻辑，通过事物的现象揭示事物的本质。

3. 表达的时效要求

时效性是指信息的新旧程度、事物最新动态和进展。在新闻真实表达中，时效性以一定的时间段或时间点来反映一定的事实和对象在某一时间范围内的存在状态、变动情况，被视为新闻的生命力所在。时效性也是新闻表达与文学或艺术等表达的明显区别。依据时效性，新闻真实的表达可以凭借新闻内容的鲜活与新颖，迅速反映，及时表达，使真实的新闻传播更为快捷明朗，特点突出。在这个层次上，表达一是时间要新，是新近发生的事；二是内容要新，所反映的事实要有新意。这样才可以提升新闻报道的质量，扩大传播的效力，影响更多的读者。在一定意义上，新闻的真实表达也同样需要如"抢新闻"、"抢传播"那样去"抢表达"。这样的"抢表达"，表现在抢时间，抢信息，抢表达的组合、创新、运用和传播。没有时效性的真实的表达，报道再及时也难以反映新闻新与快的特质。

4. 表达的限度表现

新闻报道的真实要与事实的真实绝对吻合实际上是难以做到的。新闻报道应该尽可能把真实表达作为一种理想追求和目标境界，使报道与对象的本来面目绝对符合。但在事实上，新闻报道能够达到的绝对真实是有限度的。采访者自身条件、人和事的不断变化、一些细节不明、相关的处置结果难以立即知晓等，不少报道还都多多少少存在一些后续报道的情况，从而影响到真实表达是显而易见的。真实表达的真实性只能相对而言，力求真实的最大化而不是完全的真实重合或绝对的再现。面对新闻的真实性要求，由于对真实性的限度性表现关注不够，一味强调或追求百分之百的真实并要百分之百地予以真实表达，因而极容易忽视真实表达的相对性，结果是要么去追求绝对真实反而可能失实，要么为了所谓"真实"而去刻意渲染，东拼西凑而出现"超真实"。

5. 真实表达的层次

层次是人们处理复杂问题的基本方法，也是人们认识和表达问题的思维过程。新闻真实表达的层次，就是表达形式或内容的表现次序。没有表达的层次性，就没有准确的表达。层次表达有时间推移法、方位变换法、时空交错法、认识变化法等，存在于新闻的各个侧面，常常被称作"意义段"、"结构层"或"部分"。新闻的真实表达具有形式到内容的三个基本表达形态，有比较明显的一致的层次性：总要把不同的表达功能置放于不同的层次中；对每个层次表现有明确的界定和运用；不同的报道依据不同的表达具有不同的层次。从表达的布局分，层次在表达上总有它的次序形态，即按照新闻报道事实必须真实的要求，层次要准确表达构成新闻时间、地点、人物、事件等要素，要引用材料，包括引语、数据、事例、背景材料等。因此，它必须完全真实，准确可靠，既不夸大也不缩小，更不能弄虚作假，生编硬造。反映在新闻报道中，对事实的概括等，层次也必须真实，线条明确，真实与事实要总体一致。同时，在层次表达的过程中，总会有各个不同层次来组合共同的表达整体以优化报道。

6.表达的重要节点

任何新闻报道都有鲜明的报道主题和目标。新闻真实的表达除注重真实性、时效性等外，它还要注意表达的倾向性、导向性、形象性等。倾向性，即传播媒介在报道中或明或暗的特定的政治立场，或记者通过新闻事实暴露出的思想倾向可能对大众造成的某些影响。考虑到实际的政治需要和报道者的政治利益得失等，表达必然要决定事实的取舍，突出表达的政治倾向性。它还要注意在表达中的指导性，发挥积极工具作用，对大众生活、工作、环境、社交等进行必要的指导，或具体对大众的要求、期待等作出回答。它还要注意表达的趣味性，即人们生活和工作等的新体验、科研的新突破、人们的情爱取向、百科性知识普及等不少带有寓教于乐的富有趣味与轻松色彩的内容表达。

真实表达的重要节点还在于它具有很大的发展空间，课题探索与实践层出不穷。在现代知识经济社会中，信息化、网络化和国际化已经成为新型的生产力，新闻真实表达的手段、方法、模式、原理、规律都会因此而不断发展创新。现代媒体发展，使表达的模式更新、表达超前、绩效突出，作用已经越来越明显。此外，依据现代写作创新原理，以现代应用文为代表的"现代模式化写作系统"和以文学作品为代表的"审美独创系统"将构成现代写作文本的两大系统。在两个系统所产生的两大门类中，文学作品之外的一切文种归于现代应用文之中，就可能打破新闻原有的记叙、议论文、抒情、说明等的各自表达的界定或表达模式，表达系统更独立，要素表现更个性，重要的节点也会越来越多。

二、新闻审美的表达

新闻审美是人们认识社会和自然形态时所形成的一种无功利的，具有相当形象感、情感度和愉悦性的关系状态。新闻的审美表现在人们情感与理智、主观和客观统一的基础上，所体现出的追求美好、把握真理、向往自由和互动发展的认知，具有强烈的美感和聚合力。新闻的审美表达涉及的范围极其广泛，包括建筑、音乐、舞蹈、服饰、陶艺、饮食、装饰、绘画等。

(一)审美表达的重要元素

新闻审美表达是对事物外在审美特性的直观性感知和内在的一种体验。在感性直觉和理性直觉中，前者是对事物美与丑的直接反射；后者则融合了理智情感内容，是一种理性化、情境化的直觉表现。它们密不可分，互动性极强，共同反映了对美的理解和把握程度。

1. 审美的直觉性

新闻审美的直觉包含三层含义：

第一，审美感受的直觉性表现在直接性和直观性上，即通过感官愉悦，不需要去考虑或审视对象形态，不需要理智的思考和逻辑判断就可以获得美的愉悦和美的感觉。这种对美的欣赏可不加思索进行判断，就可以得出美或不美的结论，整个审美过程自始至终都是形象的具体的，在直接的感知中，直觉性和直观性表现一直贯穿于对新闻美的整个认识过程中，也贯穿于一切新闻的形态中。

第二，在直觉作用下，新闻审美的审美对象产生的美感具有整体美和形象美，不是孤立地表现某些局部的美或细节的美。这种感知不同于逻辑思维的方式，它给人以瞬间的理解或把握，那种"相见恨晚"的感觉带来人对理想和现实的理性认知，从而产生新的领悟。在整体性认知对象的基础上，人的直觉性还会导致人自我的主动性并在美的整体上扩展，发现更多的局部或细节的美，增加对美的理性把握。

第三，这种带有艺术性的新闻审美直觉与科学理性逻辑判断既有联系又有区别。二者本质相同，都是对客观事物的一种深入正确的把握。直觉从理性阶段前的低级感觉到形成高级的认识阶段的直觉和科学性逻辑判断，都会最后通过一个曲折复杂的认识过程而形成，都存在理性的逻辑判断，可以客观地反映新闻报道的本质方面。二者区别在于，直觉性更多的通过感性认知，依靠一些经验积累和悟性，以潜在的方式不自觉地达到美的理性认知。新闻审美的直觉性是能够认知把握美的内涵去获得美感和真理的必要形式。直觉性在美的欣赏中，促进美感产生和认识过程，是审美意象的再造过程，也是最终获得美感的必要过程。

2. 审美的情感性

审美情感是指人对客观存在的美的体验和态度，包括人的生理、理性因素与人们所积淀的一些普遍因素。审美是一种喜悦和愉快的感情体验。新闻的情感性审美以审美的认识判断为基础，是构成审美的要素之一。它不同于带有物质性的、直接单一的、不需要审美的评价就可以获得的生理肌体的舒适感觉。新闻审美的情感性表现出精神的愉悦，和一切情感表现有关，属于精神的范畴，不是情欲性或物质性的简单发泄。作为一种高级的精神活动，新闻的审美可以在新闻的形式和内容中获得强烈的情绪感染，可以在新闻的传播过程中获得理性的感知。新闻的审美情感作为一种精神的而不是物质性高级活动，包含着丰富的理性因素。在强烈的情绪或情感活动中，它可理解到审美对象的深刻和鲜明，不是靠简单的抽象概念通过复杂的逻辑过程来获取的。情感从感性到理性地接受某些新闻形象，审美才可能得到理性的概念或观念，并利用新闻的形象来提升审美的形象思维，再通过这样的思维得到审美的具体结果。没有新闻的情感性就没有新闻的确切审美，也就没有新闻的客观美感，新闻则难以成为有价值的好新闻。形象是诱发情感的直接对象。审美的情感体验必须要依靠新闻的具体形象来实现，并且情感的多样性可以引发不同的审美反应，最终达到人的感性直观统一的情感体验，在对新闻作品的肯定、欣赏、赞美中获得艺术般的享受。新闻审美情感性在心理活动中还可以引发审美的悲剧性感知和理性认知，会出现不同的审美趋向和审美效果。新闻的审美对象极其丰富，情感性的表达也会多种多样，会使情感性的表达更有审美价值和吸引力。

3. 审美的愉悦性

新闻的愉悦性就是在阅读或观看新闻作品时，给人的一种令人感觉良好的、令心理或心情等活跃的正面情绪。新闻审美的愉悦源于人的本能反应或力量，表现出对一种狭隘的超越，是一种审美的形式。新闻的崇高或鲜明的形象总会给人带来不同的喜悦，带来不同的兴奋感和追求感，使人感到或赏心悦目，或心情畅然，或感受倍增，或慷慨陈词等。这样的愉悦在个人身心的集中具体表达，非常容易激情骤来，瞬间突发，也可以潺潺流水，委婉流畅。新闻的愉悦性审美有个性化的特点：无个人的功利性却有社会的功利性；无物质的功利性却有精神的功利性；有情感的陶冶性而没有情感的独占性；有愉悦的审美感而没有愉悦的自私感。新闻的审美愉悦还表现在对新闻形式或内容表现形态的愉悦、对报道效果的愉悦、对新闻所引起的想象、感知的愉悦，以及对新闻链接的其他事物产生的某些愉悦。

新闻审美的愉悦和感官享受存在着巨大的区别。感官的快乐不等同于美感，更不等同于新闻的审美。人一旦进入到审美活动，就超越了现实领域，进入到理想的境界。实际上，审美领域没有限制，任何对象都可以进入审美的领域获得审美的正价值或负价值的评价。新闻审美的愉悦性紧紧依靠感觉与心灵的沟通和互动，在体验中通过情理统一，去掉狭隘的功利和纯粹的生理满足等欲望来实现。这样的审美愉悦才可能由此及彼，实现真正意义上的审美。

4. 审美的距离感

任何审美总是存在着审美的距离。这就是通常讲的"美感距离"，即审美者和审美对象存在一定的间隔。新闻审美同样如此。没有亲身经历采、编、写的过程却可以通过新闻作品获得审美效果，就在于大众利用新闻报道作为审美主体，可以在媒体和自身的距离上感知美的多样性。对审美主体保持的距离美可以增加审美印象和更多的审美感觉。这为审美效应的特征所决定。审美距离太近，就很容易被美的白璧微瑕所影响，对审美对象产生"不过如此"的感觉，审美则常常会以偏概全，出现"象腿就等于大象"的审美结果。反之，审美的距离太远，则会延缓或减弱美的感觉，难以准确清晰地观赏到审美对象的特点特征。这样的审美朦胧迷离，似是而非，达不到审美的真正效果。新闻审美的距离感也因为审美者的个体不同，会产生不同的审美心理。审美心理在思想意识作用下，会对审美做出不同的反应：心理距离的质量不高，面对新闻的报道可能就会随意看看，习以为常，没有更多情感投入，没有审美情趣铺垫，产生不了感染或共鸣，可能就会对新闻形象的审美随意贬低，随意夸张，或简单理解，得不到审美的效果，甚至出现功利欲望，把审美视为一种个人的占有。

5. 审美的综合性

新闻审美特征带有综合性。人在利用新闻获得审美体验的时候，还往往要受到新闻固有的其他特质的影响，审美过程因而并不单一。审美所涉及的新闻要素很多，主要有新闻美的阶级性、真实性、导向性、形象性、感染性、社会性、新颖性和适度性等。大众在进行审美的时候，同样也受到以上要素的深刻影响，并在这些影响之下实现个人的审美需求。没有以上审美综合性要素的配置或参与，任何审美活动都可能是不全面的，或不深刻的。新闻审美的综合感悟还表现在新闻审美的持续性和创新性。所谓持续性，就是新闻审美存在持续审美的过程，即只要有新闻就会有审美；所谓创新性的审美，就是在审美活动中不断吸收新的审美思维、新的审美观念、新的审美功能和新的审美原理，进而促进新闻审美的表现和审美的质量。对新闻审美进行经常性的综合性思考具有相当的积极意义，可以综合性地提高对新闻审美的质量，增加审美的形式和内容，拓展审美的范畴，在整体上把握审美的要旨和审美的全部过程。

(二)审美表达的主要体现

新闻的审美多样化和多元性十分突出。它可以从不同的新闻报道角度、选择任何的新闻层面、依据任何的新闻事实、立足于任何的新闻形式和内容等进行不同的审美。

1. 真实性是审美的首要条件

事实是新闻的本源，真实性是新闻的生命力所在。新闻的真实除要求报道的人和事物必须真实外，还包括思考、采写、提炼、整理、执笔、改稿的真实，遣词用句、谋篇布局、设句分段、引用证据、题目设计等的真实。因为新闻存在的意义就在于传播，它的真实性必然会作为审美的首要条件：一是为新闻这种体裁的属性所定，它必然要在自我的属性范围之内进行真实的反映或表达；二是有新闻的人和事的真实，才可能有新闻的表现形式和内容的真实，也才有了新闻的传播效果的真实，达到主观和客观真实的统一；三是大众还需要接受除一般新闻报道之外的更多资讯，真实性会影响大众从获知到接受的过程，没有真实性，大众不可能接受或认可审美的新闻或审美的结果；四是新闻的真实性会反映大众对媒体的公信度评价，影响到媒体自身的信誉与生存环境，没有真实性的新闻，报道再及时或再新颖，都不可能引起大众的信任与肯定；五是新闻的真实性本身就包含着丰富的美学功能，属于审美的范畴和审美的重要内容，这样的"真美"是新闻审美的最重要的评价指标之一；六是在当今全媒体时代，新闻的真实性更显重要。新闻信息作为宝贵的资源，在信息化、国际化和网络化催生下，没有新闻真实性基础，就不可能对现代社会和现代人的作为有准确的描述与报道。

2. 审美的多元性

多元性审美是新闻审美的一大特征。新闻涉及广泛，题材众多，几乎可以涉及所有的美学原理或内容，涉及自然美、艺术美、社会美等领域，反映的美也无所不有。美学研究的方法是多元的，既可以采取哲学思辨的方法，又可以借鉴当今心理学、人类学、社会学、伦理学、语言学和文化学等不少研究方法。这反映在新闻的审美形式与内容的多元性非常突出。无论是美学或心理美学，都已在新闻审美上有相当积极的多元反映。它使人们通过主观或客观的能动发挥，完成感性的认识过程到理性认知的审美过程。从哲学和社会学等出发，新闻的审美有真、善、美等著名的审美命题；按语言学、文化学等分类，有新闻的语言、结构、表达、逻辑等的审美；从心理学、伦理学等思考，还有感知、认知、理性、本质、道德、价值等的审美，等等。如此多样的审美，为新闻的多元审美带来了极大的审美空间。这样的多元性审美推动了多样化的审美标准，使新闻的审美具有了系列化的维度优势，极大地丰富了新闻审美的形式和内容，尤其是极大地丰富了新闻审美的原则，使之独树一帜，有了优良的审美特性。新闻的审美可以从任何角度、任何层面来进行审美活动，加上新闻领域的日益扩大，审美的多元性已经和其他学科的审美链接互动，成为了美学领域重要的审美内容之一。

3. 审美形式多样化

新闻的审美在多元性的影响下，更多具体的多样化的审美表现极为繁复多彩。抓住新闻主题，可以凭借反映时代风采或社会生活的热点、难点、疑点等进行具有重大意义的报道，形成新闻的主题审美；以新闻结构的金字塔、倒金字塔等的谋篇布局，可以进行结构的审美；善于遣词用句，可以进行语言的准确、具体、简洁、通俗、生动的审美；注重标题的号召力、感召力、吸引力，突出生动性，可以进行标题精炼与新颖的审美；抓住导语，力求鲜明突出新闻的基本事实，注重意境，可以进行导语的审美；利用消息、通讯、评论的分类，可以进行新闻体裁的审美；以时间推移或空间转换，抓住时间的经纬关系，可以进行新闻层次的审美；选好材料，利用背景，也可以进行新闻素材的审美，等等。此外，如果仅仅以新闻美为题，就新闻的形式审美一项，就可以划分出结构、层面、语言、体裁等诸多的要素组合，形成更多的审美形式或审美命题。现代新闻在网络化与信息化的作用下，新闻的多样性形式审美已经不胜枚举，并且内容美将依靠更多的形式美来表现新闻的内在美，使多样性的审美发展步入一个新的阶段。

4. 审美中的内容美

审视新闻的内容美，表现之一在于"新"。新闻的内容新首先要求事实新。新闻报道的是新近发生的新闻事实，必然要突出新闻规律，表现新闻价值，以新闻的敏感度和及时性来进行新闻的表达。事实不新，旧事重提，或相互转发，你抄我、我抄他，或模糊时间，混淆概念，这样的"新闻"已经没有任何新闻价值，更难以进行内容的审美。表现之二在于"精"。新闻事实新还要注意报道的精。没有精炼的组合，没有干净利落的表达，没有经典的要旨提炼，大众读之无味，亦难以有高质量的审美效果。表现之三在于内容的"角度美"。角度美体现在内容的着眼点或支撑点的推陈出新，会使新闻另辟蹊径，或峰回路转，内容更富有新意和吸引力，增加美感，提升审美价值。表现之四在于内容的表达"手段美"。新闻内容有不同的表达方法，托物言志、直抒胸臆、正面描写、伏笔照应、渲染人物，等等，都必然与审美产生联系，具有审美的潜质。所以，内容美必然要保证审美的整体效果，深化出更有意义的整体和形象美。表现之五在于内容的"人本美"。体现人文关怀是新闻审美传播的核心价值之一。新闻写人记事，内容尤其离不开对人的描写和刻画。对人本的审美表现在于对其善良的品德、亲和行为、本质特征、个性特点等进行审美，突出其本质的人本精神，已成为新闻内容审美的一个重要方面。

5. 新闻审美的创新

在当今新闻媒体不断发展壮大的新条件下，新的网络媒体不断涌现出来。信息产业已经成为世界第一大产业，单媒体、多媒体、非语言传播、非语言信号交流、主流媒体、热媒体、手机媒体和微博媒体等新媒体形式层出不穷。仅在媒介的议程设置中就可以看到新闻审美的特征创新：利用新的知觉模式，就可以感知到大众对某些报道的感知度；利用"显著性模式"，突出对某个对象的审美，就会引起大众对该对象的明显关注；利用优先顺序模式，对一系列报道事件按优先顺序排列进行不同程度的审美，会影响到大众对这些事件不同程度的关注、判断和获取程度。现在，媒体传播的信息量进一步加大，审美出现明显的角色互换、资源共享、信息互动的新特征。扩大传播渠道、创新运行模式、抓紧机遇、拓展空间等创新已经不断出现。同时，按照现代写作文本的改革创新，新闻审美的多样、多元、多形式和多内容的审美传播影响已越来越大。

此外，利用使用媒体和信息传播来创新新闻审美已开始形成。它表现在：传播者与使用者之间更注重互动效果；大众通过媒介的丰富性来获得具体的社会感、社交感、人际感以及真实感的体验程度，必然会加快新闻审美的创新速度并提高创新质量；大众对新闻审美有多大的内容控制与使用作用，可以在传播中获得多少属于自己的独立的自主性信息内容，即自主审美的程度；媒介可以给大众多少愉悦感，使之获得有价值或质量的多样审美娱乐；新闻是否提供比较多的内容独特性与私人性的内容含量，给大众以独特的审美见解。同样，针对新闻审美的创新，法国社会学家和法学家塔德提出的"领袖意见"、"S曲线"、"传播中的社会与经济矢量比对"，以及美国学者罗杰斯在其《创新与普及》一书中提出的"多级"和"N级"传播模式，等等，都对新闻审美创新提供了多样性参考。

这些新理论和新实践的出现，也为新闻的审美创新提供了新的发展策略和方向：其一，新闻审美的创新要素、渠道要素、时间要素和社会系统要素为新闻审美创新提供了更多操作依据；其二，任何创新都要靠传播来实现的"全媒理论"，为新闻审美的典型性、代表性、创新性和前瞻性进行了有力铺垫，扩展了它的传播和利用价值，使新闻的审美更具有新颖性、启发性、指导性和借鉴性；其三，在信息传播与知识产业已占据社会主导地位的情况下，媒体运用新闻的审美会结合传播意义协调管理理论即CMM理论，更加重视审美的自控和包装，由此推动了媒体间的"比较审美"和审美竞争与审美创新；其四，当今社会劳动力主体成了信息的生产者、传播者和使用者，必然会推动新观念、新思维、新思想的加速发展，必然要促使新闻审美与时俱进，从整体上提高新闻审美的档次或质量；其五，媒介新传播技术全球化可以创造出更多开放的"网络社区"、信息数字化的"高速公路"、"媒介即讯息"、"冷媒介"、"热媒介"等新媒介理论的实践与探索，为新闻的审美注入了新的活力；其六，新媒体和新美学明显在改变着人们固有的生活方式，人们的审美创新也必然会与新闻的审美互动呼应，审美的多维趋势已经基本形成。

新闻的表达与新闻的审美有着千丝万缕的紧密联系，一直是现代新闻学的两大重要研究体系和应用系统。在当今知识经济社会的发展中，对二者进行更深入的探索与研究，无疑会提高新闻的表达与审美的地位和质量，会对整个新闻事业的发展产生更大的积极作用。基于此，进一步加大对新闻表达和审美的课题研究，在理论与实践之上真正有所作为，要求我们去进一步抓住热点、难点或疑点进行更多的探索与研究。

参考文献：

1. 孙德宏．新闻的审美传播［M］．上海：上海三联书店，2011.

2. 任白涛．应用新闻学［M］．上海：上海书店，2011.

3. 许静．传播学概论［M］．北京：清华大学出版社，2007.

4. 梅尔文·门彻．新闻报道与写作［M］．展江，译．北京：华夏出版社，2011.

5. 李良荣．新闻学概论［M］．上海：复旦大学出版社，2001.

6. 杰克·富勒．新闻的价值［M］．展江，译．北京：新华出版社，1999.

7. 赵宪章．20世纪外国美学文艺学名著精义［M］．北京：北京大学出版社，2008.

现代企业工会个性发展的主要元素

曾文鹏　　　　　　　　　　（四川省第一建筑工程公司）

[摘要]　探索与研究企业工会个性发展具有积极的现实意义。本文对工会个性发展的概念的基本理解、个性发展的功能体现、个性发展的特点认识、个性发展的类型构架以及个性发展的结构形态进行了探索，揭示了个性发展的主要元素，从而展示了工会个性发展的崭新空间。

[关键词]　企业工会　个性发展

中图分类号　D412.61　　　文献标识码　A

个性发展是指组织或团队成立和发展过程中个性的形成和发展过程，也是组织或团队个性化、鲜明化的基本动力。尝试运用现代心理学原理和相关学说，充分利用个性的创新性、发展的广泛性和互动的交叉性，积极作用于当今企业工会建设，已成为工会进一步改革与创新的崭新课题，具有积极的现实意义和深远的指导意义。

现代企业工会的个性发展包括个性概念的创新理解、个性的功能表达、个性的特点体现等基本要素。这些基本要素是构建个性发展的重要结构和材料，也是企业工会创新性促进个性发展的理论和实践的强大支撑。

一、个性概念的基本理解

"个性"一词源于拉丁语，初指演员所戴的面具，后指具有特殊性格的演员。人的个性心理，亦被西方称为人格的心理表现，进而也比较宽泛地指一个人的整体精神面貌，是具有一定倾向性的心理特征的总和形态。

企业工会作为一级社会性法人组织，运用心理学原理显示的个性概念是对工会个性发展的延伸与创新，明显具有创新性和标识性作用。它与原有的且比较单一的工会组织的个性概念不同，存在着个性概念的四个创新性变化：

其一，工会个性发展的概念是在组织共性概念之下的一种独特表现，不是对共性概念的整体超越或置换，但已经在一定程度上体现了工会组织的人本概念和人本思想；其二，这样的个性与组织的群体个性、实际生活中的"个性"意义并不等同，存在明显的意义差别；其三，这种个性概念带有的创意性，是对原有概念的融合、交叉与创新，更具有明确的指向特征；其四，个性发展的个性是一种组织的个性，是一级组织在一定范围、一定阶段内个性的更新和发挥。它可以相对稳定地表现出组织有别于同类组织的行为、状态等，其行为、能力、气质、品格、适应力与平衡力等，必然鲜明突出。

因此，企业工会个性概念是：工会组织在参与物质和精神等各种活动中，依据一定范围、一定阶段相对稳定地表现出的自身能力、气质、品格等的独特性行为或状态，由此形成具有社会意义的稳定的内在特征系统。

这里，工会个性发展存在两个鲜明的特征：一是品格、气质、能力等不同于其他组织的特质，会表现在这个组织的运作、发展等多个方面；二是个性就是一个系统，就是一种积极的构架。这种个性发展的存在方式，在结构上常常以个性内涵的延展而构成不同的个性化子系统或分支构架。

二、个性发展的功能体现

企业工会个性发展必然要体现出它的功能，即表现出个性的作用。个性发展的功能主要体现在四个方面。

(一)个性发展的多元化

个性是多元的。工会组织的个性的多元化，表现为某种程度上相似但有所不同的个性的多种有机组合。受到成员的影响，工会作为一级组织的个性很容易通过倾向性将多元化的联想运用到容易识别的特性，如组织之间的差距、某些运作方式的不同等，来对自身或其他组织的个性进行多元思考和设计，并在动态的多元形态中，引发更多积极要素，使组织个性特色更为突出。工会的个性发展，多元化无疑会增加个性容量，拓展个性空间，其作用表现在：其一，多元化必然会使个性发展更为鲜明、独特，富有引力，会增加组织的形象感，丰富组织的内涵；其二，多元化扩大了个性的选择对象、发展机遇等客观条件，使工会的个性作用发展基础更为明显，绩效则更加突出；其三，多元化的运作会推动组织的综合性发展，在整体上推动工会的目标、举措、功能、实施、绩效、评价等的互动与协调，最容易促进工会实现更大跨越。

(二)体现个性的功效

功效指一个行动所获得的预期结果或者成效。工会个性发挥的功效作用对展示自身整体运作的综合绩效和潜质影响非常突出。它表现个性的多样性、丰富性，可以深刻左右工会组织的综合性绩效发挥，并且可以作用于个性的延伸与更新，使个性的功效持续化、多元化、绩效化。特别突出的是，这种功效发挥对构建一个组织的个性化体系、多元化的个性模式、深化工会个性发展等，具有积极意义，潜质优势特别厚重。

(三)先进性与科学性

工会组织的个性发展是体现组织先进性与科学性的重要指标。先进性指不同于普通的基本的特征、性能、状态。科学性指符合客观实际，反映出事物的本质和内在规律，即概念、定义、论点可靠等。工会组织的个性发展所体现的先进性与科学性，意义就在于它所体现的组织的优秀个性品质。利用个性的概念、定义、特征、状态等，工会可以发挥组合优势，进行资源配置等，从而推动工会工作全面地科学运行，实现既定的发展目标。所以，在工会事业发展中，个性无不体现着先进性与科学性内涵，并且可以长期推动个性发展的深化与提高个性质量，使之更为丰富和多样。

(四)提供范本或模式

任何事物总有自身的发展规律，会反映出相关原理或定律，揭示出内在本质与特征。范本，即可做模范的样本；模式，即解决某一类问题的方法。把解决某类问题的方法总结归纳到理论高度，那就是模式。工会的个性发展同样如此。它依靠某些形态来作为范本或模式，彰显个性，引发联想，造就互动，必然会利用范本与模式进行个性化指导，推动个性设计，促进个性发展。这种范本或模式的作用可以举一反三，助推个性化进程，搭建个性化体系或系统；可以由此及彼，深化组织其他方面的进一步建设；可以为组织标新立异，突出组织形象，独树一帜，引导其他组织竞相效仿与提高，作用十分明显。

三、个性发展的特点认识

企业工会的个性发展特征主要表现为自然性、社会性等几个方面。

(一)彰显独特性

一个组织个性的各种因素在不同的或相同组织内存在着不同侧重与组合，其运作的方式也有所不同。工会在不同的行业或系统中，各级组织在个性的认识、团队情感、成员意志、组织能力、气质表现、个性特色等多个方面，总会表现出自身的独特性。有的组织突出执行力，强调亲和度；有的组织注重办事效率，雷厉风行等。这些组织所表现的个性总是不尽相同，总要反映出组织之间的成员心理、组织行为方式等的不同个性色彩。此外，工会组织依据宗旨和相关法律法规，突出强调员工的"主人翁地位"、劳动协商制度建设、强调法人地位的独立运作，员工享有的知情权、参与权、监督权等，也不同于共青团等其他组织，独特性表现非常鲜明。

(二)完善自我性

自我性指工会组织所具备的自我认识、自我体验、自我调控等的表现，如工会的自尊、自强、自信等。自我性作为一种组织的个性系统的自动调节结构，可以根据不同要素和自我性特征，在不同的成员、时间、地点、环境等作用下，进行互动与排列，通过组合来展示自身的个性化倾向和诉求。工会个性发展中的自我性是形成独特性的构建基础，也是个性化在工会组织属性上的具体表现，其组织的"自我意识"具有鲜明的个性特色。

(三)突出共同性

组织的共同性是指某些群体、阶级、民族在一定的群体环境中生活所形成的共同的典型的特点。工会组织是企业员工的依靠对象，服务功能尤为突出。它尤其注重群体建设质量，群体共同的发展环境和进行群体的意愿表达，体现出共同目标、愿望、意志等。同样，它也要强调团队精神，讲究共同的价值趋向，以自身形成的诸多特性来显示这个组织的共性。

(四)强化社会性

个性的社会性是个性的最本质特征。工会是有一定社会地位和起一定社会作用的有意识的组织。它是社会关系的客体，又是一定社会关系的主体，使工会组织总是处于一定的社会关系中。工会的社会性突出表现在两个方面：一是工会必然会在社会发展中受到社会文化、社会精神、社会环境、社会塑造、社会制约等深刻影响，必然会呈现社会的特质和社会化的结果，已经不是固有的天然物或抽象物，而是成为社会关系的一种总和状态；二是工会的个性发展是组织的自然性和社会性的统一所表现出来的"个性"，离不开社会性的熏陶与作用及影响，由此才可能形成比较特殊的个性特色。

(五)体现自然性

自然环境中自然变化所引起的自然行为，是构成组织个性的物质基础和先决条件。工会的个性发展同其他组织一样，存在着组织先天的自然属性，并依靠这些属性来表达组织是"这一个"而不是"那一个"的不同自然特质。自然性不是物质世界的自然体现，是工会在不同的学习、教育与环境的作用下逐渐形成并发挥作用的一种能动体现。工会作为自然的实体，承载着自然性的内涵，但不是自然的单纯或天然的产物，总会在自然性的基础上反映其社会性的属性。

(六)发挥稳定性

稳定性是指组织的相关特征具有跨时间和空间的一致性。工会的个性发展同样具有时间和空间的一致性。从时间看，工会的个性发展总是在相对的时间阶段或相对的时间层面上促进个性发展。有了时间的延伸和铺垫，个性才会健康发展并且保持其稳定性。从空间看，空间具有的特别跨度和多维特征，使得个性有可能提高其数量与质量的多维优势。这种带有一贯性或时效性的个性发展，稳定性一直贯穿其中，才可能取得周期性绩效。

(七)增加可塑性

可塑性原指物体在不同的环境影响下，某些性质发生变化，逐渐形成新的特性，也指物或人可被塑造的可能性。工会的个性发展的可塑性，是指组织继续被培养改造的可能性及上升空间。工会不同的个性发展不仅可以延伸，还可以在一定条件下出现个性变化，可以在一定前提下进行个性区分，对个性发展的现实与未来进行相关的预测或创新性设计。这种可塑性的利用，充分反映了个性的"可塑作用"及期待的"可塑形态"，进而对发展个性有更为科学的认识和把握。事实上，通过可塑性的延伸、衍变等，常常可以增加工会的个性魅力和个性的丰富性与时代感。

(八)把握倾向性

工会的个性发展是一种特殊的外在表现，倾向性非常突出。它突出在有明确的组织结构和发展目标及不可替代的独特作用等要素之上，个性指向的倾向性非常明显：一是鲜明的积极性和能动性，其行为指向非常清楚；二是工会形态统一的倾向性突出了组织的完整性；三是工会发展的鲜明目标，推动了它个性发展不同于其他组织的倾向性；四是体现了组织的意志和行为的特殊性；五是体现了组织特有的价值观，即具有评价事物、决定行为方式、确定奋斗目标等的自我准则和自我评价。

四、个性发展的类型构架

类型，指由各特殊的事物或现象抽出来的共通点，也指具有共同特征的事物所形成的种类。工会的个性发展受制于组织内的人群影响，依据现代心理学的个性发展现状，工会个性发展同样可以分为外倾型与内倾型两大类，并按照组织成员的感觉（指出某种存在）、思维（指出它是什么）、情感（指出它是否令人满意）和直觉（指出它来自何方和去向何方）四种机能的意识方式，从而可以综合出八种不同的基本类型。

(一)外倾型个性发展

这种类型的工会个性外倾多受到组织内成员的直接影响，更多热衷于积累与外部世界有关的经验，强调现实，突出实用，注重组织个性的形象塑造而不对事物过分地追根究底。它开放度大，善于张扬个性，创意十足，自身的存在感和优越感非常明显。

(二)内倾型个性发展

内倾型的工会个性发展更多凭借主观感觉和相关经验来进行个性的把握，善于突出思维方式，并与外部客观世界始终保持着一定距离。这样的组织个性内敛力强，个性表现更为含蓄深沉，比较稳定，有一定个性的质量优势。

(三)意志型个性发展

这种工会个性类型善于将客观思考上升为支配组织的意志。它通常会抑制组织的一些固有特征，常常强化韧劲、力度等来表现个性色彩，对个性发展赋予了更多个性的倾向性表达和个性意义的外延性。

(四)独立型个性发展

强调个性独立，看重个性的自由度张力或发展空间，是工会个性发展独立型的显著特点。这样的个性不太重视与外界的依附关系或隶属关系，突出自我个性内涵，常常依靠自身的力量去进行相关运作，强调组织的价值倾向。

(五)情绪型个性发展

情绪是个性发展的基本要素之一。这种工会个性发展情绪化倾向比较明显，反应敏感，容易为一些非重大的原因发生较大的情绪波动。作为组织的成员，个性带来的不理性情感色彩及行为状态，会根据情绪变化主要反映在心境、激情和应激三个方面。

(六)顺从型个性发展

顺从，即顺服、服从，不违抗。这里指组织由于群体压力、外来压力等而改变自己行为或信念的现象。工会顺从型个性发展与一般所说的服从不同。服从指一个组织在权威或强制性命令下放弃自己的观点或行为而接受他人的观点或行为。服从对组织来说主动性成分少而被动性成分大。工会顺从型个性发展表现为组织及成员的一种自愿行为，强制性和潜在的惩罚性并不明显。

(七)气质型个性发展

气质是根据形态、环境、特色、行为等元素结合起来的，给别人的一种感觉，是一种长久的内在修养平衡以及文化修养的结合。工会的气质型个性发展会相对稳定地表现出组织活动的强度、速度、灵活性与指向性特征，容易体现组织从内到外的一种内在的组织魅力以及魅力的质量升华。同时也可以表现出组织的氛围、表象、风度等。作为成员，则会表现出一定的修养、品德、举止、表达等不同特点。组织的气质型个性发展可分为活泼型个性、力量型个性、完美型个性、和平型个性等不同形态。

(八)理智型个性发展

理智，指人在感知、记忆、想象和思维等方面表现出来的态度以及行为方式上的特点。工会理智型个性发展类型主要表现在：一是工会主动、被动，还是易受环境信息的干扰等的表现，有自身的取舍；二是对行为敏捷、独立，或迟缓、依赖，或全面、深刻，或片面、粗率等选择谨慎；三是对思考主动或被动，想象丰富或单调等有较冷静的态度。理智型能够冷静地思考问题，善用理智来衡量一切并支配自身的行动。

五、个性发展的结构形态

按照现代心理学个性结构的不同定论，个性结构主要有精神分析论（自我、本我、超我的一体论）、特质论、自我论、个人建构、学习论等几种构成形式。企业工会开始形成的个性结构，主要有组织的个性倾向性、个性内在特征、自我意识三个结构系统或结构形式。

(一)个性倾向结构

个性倾向是个性的显著特点之一，也是个性构成的重要基础。工会个性倾向结构是推动工会个性发展的动力系统，表现极为活跃，决定着工会对周围世界认识认知选择、发展趋向和组织追求。

个性倾向结构包括工会的需要、行为、目标、理想、信念、世界观等构成要素。作为一种重要的动力结构，它常常凭借结构优势，可以避免工会组织先天因素的影响，并在继后的组织发展、成员培养、组织的社会化等不同过程中形成个性的发展特色。这样的结构可以结合不同要素构成需要结构、行为结构、目标结构、理想结构等不同的结构层次形式，并作为结构的子系统或分支来发挥作用。它的结构特点比较明显，即各个结构互相联系、互相影响和互相制约。因此个性倾向结构也是以组织的需要为基础、以世界观为指导的动力性结构系统。

1. 需要结构

需要结构是个性倾向结构的一个分支，指组织缺乏某些客体产生的一种"缺乏感"的渴求状态，通常是以组织的意愿、需求、兴趣、意向等形式表现出来的一种结构。工会个性发展的需要结构，以以上形式表现出来，最终导致产生组织进行活动的动机，从而产生工会的活动。需要结构总是指向某种东西、条件或活动的结果等，具有周期性，并随着满足需要的具体内容和方式的改变而不断变化和发展。需要成为结构的主要构件，是形成组织个性发展的基本动力结构。按需要的范畴分，需要结构还可以分为组织的自然性需要和组织的社会性需要两种结构；按需要对象的性质分，需要结构又可分为物质需要和精神需要两大结构。

2. 行为结构

行为结构是个性倾向结构又一分支，是工会在社会中表现出来的态度及具体的运作方式，是在一定物质条件下，工会组织在社会文化制度、个人价值观念的影响下所表现出来的结构特征。行为结构包括动机、兴趣和信念等，是围绕需要所产生的结构表现形式。一般来说，行为结构由五个基本要素构成，即行为主体、行为客体、行为环境、行为手段和行为结果。

行为主体指具有认知、能力、意志、愿望、诉求、表达等综合能力的一级组织；行为客体指组织的行为目标指向；行为环境指行为主体与客体发生联系的客观环境；行为手段指行为主体作用于客体时所应用的工具和使用的方法等；行为结果指行为主体预想的行为与实际完成行为之间相符的程度。

行为结构可分为外显行为结构和内在行为结构等。

（1）外显行为结构

外显行为结构是可以被他人直接观察到的行为、举措等行为动机或方式的结构。这样的结构可以具体化为具体的行为表现结构、措施实施结构、组织的运作结构等。

（2）内在行为结构

内在行为结构则是不能被他人直接观察到的行为，如组织成员的意识、思维活动等，即通常所说的成员心理活动在组织中的表现。这种结构可以具体化为从成员到组织的意识反映结构、成员与组织的一体化行为结构等。

（3）目标结构

目标是组织成员和整个组织所期望的成果或想要达到的境界或目的。目标结构是工会工作目标指向的终点，是运作成效的依据和标识。根据目标的不同性质、顺序、层次等，可以分为数量化目标结构、进度目标结构、改善目标结构、改革目标结构、协同目标结构、系统目标结构、条件目标结构、成果目标结构、手段目标结构、自我发展目标结构、新目标构建结构等。

（4）理想结构

理想，指对未来事物的美好想象和希望。理想结构按照理想所属的组织的范围划分，有工会组织的成员理想和组织的群体理想结构；按照理想的奋斗时间的长短来划分，理想可以分为长远理想结构和近期理想结构；按照理想的内容来划分，可分为社会理想、组织生活理想、成员职业理想、组织素质理想、组织目标理想、组织愿望理想等不同结构。

（5）信念结构

信念结构指对某人或某事信任、有信心或信赖的一种思想状态，也是自己认为可以确信的看法。这样的结构表现在工会个性发展结构上，有工会组织的信心结构、信任结构、追求结构等。

（6）世界观结构

世界观是人们对整个世界以及人与世界关系的总的看法和根本观点。工会个性发展的世界观结构可以表现出组织对整个世界的根本看法。它建立在自然、社会、精神的、科学的、系统的、丰富的认识基础上，包括自然观、社会观、人生观、价值观、历史观。世界观结构内容丰富，属于最高的结构形式，指引着和制约着工会组织的思想倾向、整个精神面貌，是工会组织的言行的总动力和总动机，包括坚定的信念、鲜明的目标、积极的行动和执着的追求等。

（二）个性内在特征结构

个性内在特征结构指工会组织的多种内在特点的一种独特结合所构建形成的一种个性发展结构。所谓个性内在特征，就是个体在其组织活动中经常地、稳定地表现出来的状况，如能力、气质和个性等特点。个性内在特征结构由组织能力、组织气质、组织性格三个互动的子结构组成。三个子结构各具特征，存在不同的表现形式。

1. 能力结构

能力结构指工会组织顺利完成某种活动的一种技能特征，总是和组织完成一定的活动联系在一起，离开了具体活动则不能表现出组织的能力和发展组织的能力。

2. 气质结构

气质结构指工会在发展中显现的组织内在活动的强度、速度、灵活性与指向性等结构特征。工会的个性气质差异或气质结构，除有先天形成的之外，大部分取决于组织所处的环境及社会各种因素对组织的影响。各级工会组织自身，都存在不同的气质，由此形成了不同的组织的气质结构。

3. 性格结构

性格指一个组织对自己和对其他组织的基本态度及相适应的习惯化行为方式，是对事物存在的客观现实所表现出来的比较稳定的独特的性格特征的综合。性格结构与气质结构不同，它存在着好坏与对错之分，是个性内在特征结构中最为活跃的结构要素。

(三)自我意识结构

自我意识结构又称自我调节系统，指工会组织自身所表现出的自我意识形态，包括组织的自我认识、自我体验、自我调控三个子结构。这样的结构形态，常常表现在组织的自尊、自信、自控等几个方面，并因时间、地点等的不同而组合排列，共同互动。自我意识结构是组织对自身内在活动的一种认识，它包括认识自己的组织属性状况；综合特征；组织自身与其他组织的关系，如自身与其他组织的关系、自身所处的社会地位、自身的作用发挥等方面。

自我意识的调节作用表现为：启动或制止行为；内在活动的转移；内在活动过程的加速或减速；积极性的加强或减弱；动机的协调；根据所拟订的计划监督检查行动；动作的协调一致等。

1. 自我认识结构

自我认识是自我意识的重要认知成分。它又包括自我感觉、自我概念、自我观察、自我分析和自我评价五个基本结构部分。自我认识在自我意识中的首要成分，同时也是自我调节控制的内在基础。

(1) 自我感觉结构

自我感觉结构强调独立自我主体存在的自觉性，意识能动性，即自己的个性、喜好、观点等的感官知觉和感应察觉。

(2) 自我概念结构

自我概念结构也称内省法，用于工会组织，则指工会组织对自身存在的体验。它包括通过经验、反省和其他组织的反馈，逐步加深对自身的了解。自我概念结构由态度、情感、信仰和价值观等组成，贯穿于整个经验和行动，并把个性表现出来的各种特定习惯、能力、思想、观点等组织起来。

（3）自我观察结构

自我观察结构是对自我所感所知、所思所想、情感、意志等内部经验感受的观察和分析，并将结果报告出来的结构。它是研究工会个性发展的基本的、简单易行的方法。

（4）自我分析结构

自我分析结构是在自我观察的基础上对自身状况的反思的一种结构。它对自我理性、深刻、全面的分析，比自我介绍更深刻同时又包含自我评价的内容。其中更强调"知己"才能"知彼"的先导作用。

（5）自我评价结构

自我评价结构是自己能力、品德、行为等方面社会价值的评估性结构，能代表一个工会组织个性发展的绩效状态。

2. 自我体验结构

自我体验是自我意识在情感方面的表现。自尊心、自信心是自我体验的具体内容。自尊心是指个体在社会比较过程中所获得的有关自我价值的积极的评价与体验。自信心是对自己的能力是否适合所承担的任务而产生的自我体验。自信心与自尊心都是和自我评价紧密联系在一起的。工会个性发展所形成的这种结构，强调个性发展的自尊与自信，并在自我的体验中获得个性发展的结果。

3. 自我调控结构

自我调控结构也叫自我调节结构，是自我意识的意志成分。在工会组织中，自我调控主要表现为工会组织对自己的行为、活动和态度的调控，包括自我检查、自我监督、自我控制三个基本结构。自我调控的实现也是我意识的能动性的表现。同时，自我调控结构是工会组织主体对自身内在与行为的主动掌握。自我调控是自我意识中直接作用于个体行为的环节，它是工会组织自我教育、自我发展的重要机制。

(1) 自我检查结构

自我检查结构指工会组织主体将自己的活动结果与活动目的加以比较、对照的过程。这样的结构常常构成各级工会组织的自我检查系统。

(2) 自我监督结构

自我监督结构指工会组织以其道德、情操或内在的行为准则对自己的言行实行监督的过程。它也常常构成各级工会组织的自我检查体系。

在现代知识经济社会中，工会的个性发展具有深远的意义。运用现代心理学原理强调工会组织的个性发展，积极进行各种创新，更具有探索研究的深刻性和科学性，是一个崭新的课题。工会的个性发展的课题研究，不仅会推动对工会法定地位、工会法定权利的运用、工会成员的"主人翁地位"、工会维权、工会现在与未来的生存发展环境等予以更多的关注，并且会进一步拓展工会个性发展的个性化、创造力、想象力、发展观、世界观等探索空间。同时，工会个性发展带来的活力价值、风格审美、能力形象、智能气质、观念意识、信念理想，等等，必然日益深入人心，在整体上促进现代工会的建设。

参考文献：

1. 西格蒙德·弗洛伊德. 自我与本我 [M]. 林尘，等，译. 上海：译林出版社，2011.

2. 唐钺. 西方心理学史大纲 [M]. 北京：北京大学出版社，2010.

3. 张春兴. 现代心理学：现代人研究自身问题的科学

［M］. 上海：上海人民出版社，2009.

4. W. 詹姆斯. 心理学原理［M］. 田平，译. 北京：中国城市出版社，1979.

5. C.G. 荣格. 心理类型［M］. 吴康，译. 上海：上海三联书店，1979.

6. 高觉敏. 西方心理学的新发展［M］. 北京：中国大百科全书出版社，1979.

7. 张述祖，沈德立. 基础心理学［M］. 北京：教育科学出版社，1987.

8. 周冠生. 素质心理学［M］. 上海：上海人民出版社，2000.

现代管理制度因素和人文因素变化及管理模式的创新

刘　勇　　　　　　　　　　　　　　　（成都市第七人民医院）

[摘要]　注重现代管理制度因素在等级管理实现网络管理、新公共管理理论影响等的创新性变化；深化现代管理在人文因素表现、增强现代管理的动力等人文因素的创新性体现；积极探索和研究管理模式创新的特征和模式形态的多样性等，进一步加强现代管理多样性的探索与研究，必将促进现代管理的全面发展。

[关键词]　管理　制度因素　人文因素　模式创新
中图分类号　C939　文献标识码　A

在现代管理学中，制度因素是设计、制定、实施制度管理的重要基础。它分为制度因素和非制度因素两类。从管理角度来看，制度因素依据一定的管理制度而形成的某种管理体制表明自己的存在。在这些管理制度中，某些具体的管理内容或形式对于管理体制来说就是一种制度因素。非制度因素，通常是指与制度相对应的制度运行的环境。它不是指向管理内容，而是提供实施管理制度所需要的相应基础，如人力、物力等基础。制度因素与非制度因素是相对的促进管理的基础性条件，是因素转化为实施要素的一个前提。

一、管理的制度因素的创新性变化

在知识经济社会发展的影响下，管理的制度因素出现了一些新的变化，进一步推动了管理的完善、充实与创新。

(一)等级管理实现了网络管理

等级，即按差异而定出的高下级别。等级管理就是依据管理范围、责任、权限、职能等，把管理分为若干层次、部分、系统、体系进行有差别的管理。这种管理能动性不足，程式化特征比较明显，条块分割突出，已难以适应现代知识经济社会的发展要求。网络管理突破了等级空间的制约，管理完全打破等级限制，将管理的信息、意志、行为、指示等通过网络的数字化传递来实现管理。等级管理到网络管理，是现代管理的一个重大标志，它最为突出的优势主要有两个方面。

1. 管理步入全新模式

现代网络管理融入了大量新概念、新思维、新技术和新知识，并依据不同的管理体系和机制，充分运用管理的制度因素和人文因素，创造了全新的发展模式：一是以多样管理和多元应用模式，大量汲取了预测学、社会学、人文学、营销学、经济学等的管理精髓，构成了自身的管理运行机制，系统性、先进性、前瞻性对现代管理学及其理论研究创造了极大的发展空间。二是管理在结构、种类、应用等管理领域表现上更为丰富多样，互动、链接更加紧密。信息的传播、利用和反馈方式日新月异，数字化传递更为迅速快捷。三是巩固了管理的大众走向，人文化、人本化管理的回归与创新步入了新的发展阶段。四是网络管理超前改变了传统管理的文本模式，管理的实用性、兼容性、共通性、功用性、科学性等表现，已大大超过传统管理，更贴近了知识经济社会发展实际。五是为现代管理的进一步创新奠定了更加雄厚的发展基础。

2. 特征更为鲜明突出

知识经济社会最大的特征是信息化、网络化、国际化的密切结合。在管理智能化、多元化与数字化作用下，网络管理可以涉及政治、经济、法律、文化等所有领域的一切管理形式与内容，借鉴、组合、创新的绩效特别明显；管理的设计、指导、监督、中介、协调、导向、交流等功能更为突出；管理所显示的规范程序、制度建立、运行指向、模式范本、理论研究及最新动态等表现越发鲜明；管理创新带来的制度因素和人文因素的变化，管理制度的选择和利用，管理体制的创立与发展，管理系统、体系和机制的运作，全球管理的大同化与一体化的创新思考等，无一例外地提供了极有意义的全方位参照；管理信息公开、透明与进一步普及，极大地增加了现阶段网络管理的可信度、引导性、可选性、执行力和科学性，其形式与内容、运行与监督、绩效与评价等，有效地增加了管理要素的综合性开发与利用。

(二)新公共管理理论影响明显

新公共管理是 20 世纪 80 年代以来兴盛于西方国家的一种新的公共管理模式。这种模式依据相应的行政理论，对最早由伍德罗·威尔逊提出并由古德诺系统化的"政治与行政二分"理论，以及由马克斯·韦伯提出的"官僚制"理论所形成的传统管理理论形成了巨大的挑战。新公共管理模式是传统行政管理出现理论危机和形式需求二者合力的一种结果。这样的公共行政的理论及管理模式对现行的管理影响极大。它引发了现代管理制度因素创新性变化：第一，它所提出的"三 E"基本目标管理模式，即经济、效率、效能（三个词英文均以"E"开头），弱化了传统的等级管理，更看重管理体制下的制度因素变化，增加了非制度因素的变量分析；第二，它所推出的委托—代理新理论，置换了制度因素与非制度因素的一些内涵，指出管理代理人与委托人利益未必一致会导致制度因素蜕变的情况；第三，它的交易成本理论更强调交易时如何选择适合组织需要的信息成本，对管理的制度或体制因素的考虑，更多的在综合因素之上，打破了管理制度因素的两个界限；第四，它所引发的管理制度因素变化，集中表现在以授权或分权的方式进行管理、坚持"顾客导向"的价值理念、积极引入管理的竞争机制、引入私营部门管理技术和方法、倡导企业家式的管理、绩效管理及产出控制的管理等多个方面，对进一步变革管理的制度因素具有突出的积极意义。

（三）出现从精英到大众管理的趋势

传统管理依靠少数的专门管理者进行精英式的管理，即管理的目标、设计、规程、操作、监控和评价等，都进行高度集中的分类管理。这样的管理往往带有浓厚的政府行政管理色彩，职能与管理权力被分割运用，自上而下，线条单一，强制性和约束力明显，很少有管理的信息回馈，更多强调管理的制度因素，即为制度服务而去打造管理体制，以强制或封闭的管理来实现管理目标。大众自治管理则与之相反，它强调公众的积极参与，突出公众的管理主体作用，让公众管理反作用于精英式管理，从而产生更积极的S型双向或多向反馈，创新了管理的模式，推动了现代管理的更快发展。管理制度因素由此会出现三个变革：一是原有的制度因素已经难以适应现代管理的客观需求，势必要顺应发展，改变固有形态，会出现从形式到内容更大的自我变革；二是随着管理的"政府行为"和"精英管理"的淡化和减弱，制度因素的制度与非制度概念出现互动与融合，管理制度因素更多地为我所用，表现的自由度更为广阔；三是制度因素更多的转变为多样性的运用要素。大众自治管理摒弃了精英"黑箱式"的管理操作，逐渐为公众参与的运作所取代，这是现代社会管理的必然要求。

（四）官僚式管理向企业式管理发展

传统管理的制度因素为一定的管理制度提供管理体制，带有明显的行政管理色彩，官僚式特征明显。它以权责进行分工，把相关的权责和责任视作法定权利或义务，以层次权利的方式对职位进行组织，使每个职位都在更高职位的领导之下；根据技术资格选择和提升管理人员，通过检查、培训与经验进行评价；所有管理活动和决策都以书面的形式展开，留下来的记录可以用做组织记忆和实现一致性的载体；管理者与组织所有权相分离；管理者要遵守规则与程序，保证管理的可靠性和行为可预测性。企业式管理是按企业的生产经营活动进行管理的组织、计划、指挥、监督和调节等，管理建立在以产权制度为核心的企业组织制度和企业管理制度之上。它与官僚式行政管理不同，产权制度界定和保护了参与企业的个人或经济组织的财产权利的法律和规则；组织制度，规定了企业内部分工协作、权责分配关系；管理制度决定了自身在管理思想、组织、人才、方法、手段等的不同结构。这三项现代管理制度共同构成了现代企业的管理制度，它的制度因素与传统的制度因素全然不同。因此，官僚式向企业式管理发展的核心是一个组织权力的转移，即产权的拥有者不再是政府或政府的某些机构。换言之，就是管理已不是拥有相应权力，而是在建立三项现代管理制度上用管理手段来建立制度的管理体制。

不论管理因素概念与作用在发生怎样的变化，管理的制度因素仍然必不可少。因为这些制度因素还会深刻影响管理的人文因素，对人文因素依靠不同的内在动因来促成的不同管理模式，其作用仍然不可低估。

二、管理的人文因素的创新性体现

引导现代管理实现理性化发展，要更多依靠管理的人文因素。社会因素包括历史因素和人文因素两大类。历史因素中有时代因素、民族因素、地域因素等。人文因素是社会因素中最活跃的也是经常变化的因素。它包括人的文化因素、习俗性格、宗教信仰、审美观念、生活情趣等。事实上，人文因素也体现或影响着人的气质、素质、学识、情商、智商等的发展程度。人文因素经充分发育，可以成为现代管理的母本，推出不同的管理模式，完善理性化的管理，加速管理的现代化进程。

（一）人文因素表现更为丰富

人文因素内涵极为丰富。其中，仅从文化因素的狭义看，它就包括宗教、信仰、风俗习惯、道德情操、学术思想、文学艺术、科学技术等。如果具体化到现代管理的应用范畴，就可以推导、演绎出包含着各种制度、礼制、宗族、艺术、绘画、音乐、戏曲、雕刻、服饰等不同表现形式的现代管理模式。人文因素的丰富性和可选性为现代管理提供了巨大的应用空间。这些人文因素被更多地引入现代管理之后，已深深植入了管理学，成了现代管理不可缺失的重要的制度因素之一。随着管理理论和管理模式的不断创新，人文因素的指向更为广阔，其引发的管理因素的作用越发突出。它所包含的各种潜质要素被进一步激活，各种表现形式的运行带来的制约、规矩、原理和定律等，大部分都被现代管理接纳和吸收，逐一演变成了现代管理的可用要素。其中，它包含的人文主义、人本主义等因素对现代管理的影响尤为深刻。

（二）增强了现代管理的动力

人文因素在现代管理中运用的一个明显标志，就是它巨大的动力作用。尽管社会发展基础和背景不同，人们的意识、行为、交往等不同，现有的管理思想、管理行为和管理手段也有所不同，但人文因素作为一种内生变量和推进管理的强大动力，总会在不同的经济组织发展中发挥至关重要的作用。这种动力来自人文精神的渲染和人文文化的熏陶，具有人类的共同性、相容性，没有先天的制约和自然性毁损，因而动力表现十足。在现代管理中，人文因素作为管理的一种动力源，它的强化作用日益明显，表现为四个关键点：首先，这种动力已经成为一种宝贵的管理资源，开发、利用、转换、互动、再生和优化过程会更加完备充分，动力对管理的可控性大为改观；其次，动力作用被系统化、机制化，作用的多向性与集中性改善了管理的动力结构，动力的附加值管理效果日趋明显；再次，在日益强调管理以人为本的作用下，动力的充分发挥，已进一步形成了多元性管理的成效动力，这种成效动力的综合绩效推动了管理机制或体系的自我完善和自我创新；最后，动力所提供的长效性、稳定性，保证了现代管理的投入产出，对管理意识、理念、思想、行为等提供了两个优质的创新面：一个是创新更多先进模式和管理原理，引发更多探索与研究的新课题，助推现代管理的理论和实践双向迅捷发展；另一个是动力资源的开发利用，必然会促进不同社会发展形态、不同经济模式和不同管理群体的聚合与交流，共同的知识经济社会趋向、需求或目标，会将现代管理推向"地球村"那样的大同化管理，实现现代管理的终极性目标：人类的共同管理。

（三）人文因素促进了人本管理

人本管理思想产生于20世纪30年代，而真正将其有效运用于企业管理，是在20世纪六七十年代。人本管理理念从物本管理向前推进发展为"以人为中心"的一个新阶段，是现代企业管理思想、管理理念的一次革命。人本管理的核心是把员工作为企业最重要的资源，以他们能力、特长、兴趣、心理状况等综合性情况来科学地安排最合适的工作，并在工作中充分地考虑到员工的成长和价值，使用科学的管理方法，通过全面的人力资源开发计划和企业文化建设，使员工能够在工作中充分地调动和发挥工作积极性、主动性和创造性，从而提高工作效率、增加工作业绩，为达到企业发展目标做出最大的贡献。

人文因素体现的伦理文化和人文文化，强调人性本善，长于协调人际关系，追求群体的和谐。这种通过引导形成自我管理、自觉管理，员工在接受企业准则和伦理的条件下孕育的人性化管理是对人文因素的深化和延伸，最终形成了人本管理的多样性范本或模式。人文因素在此中的最大变化突出表现在几个基点上：一是张扬了人本要素，助推了管理方式以人性为中心，按人性的基本状况进行管理，确立人本管理的基本架构，即员工既是管理的主体，又是管理的客体，二者的核心是对人的管理、对人的行为的管理。二是人文因素的环境因素助长了现代管理环境。它对环境类型及环境因素的作用、公众关系影响、组织内部的公共关系及环境改善等，起到了极大的催化成形的作用。三是人文因素促成了企业的文化背景，影响着现代企业文化的构成，增强了企业文化的功能、特征、价值和文化形象。四是增加和丰富了人本管理的价值观。人文因素对价值观的影响非常明显：增加价值观形成要素；价值观更富有时代特征；价值观具有特定的经济性。同时，人文因素在提升人本管理的价值观对人的影响和价值观的综合作用上，也有充分表现。

（四）丰富了现代管理制度的内涵

完善现代管理制度的构建，是人文因素作用发挥的又一特征。这样的完善主要表现在五个方面。

1. 进一步深化了产权制度的法律保证

产权制度是现代企业三大制度中的核心制度。人文因素在两个执行环节助推了产权制度的运行：其一，以人本为基点，在进一步明晰权责的基础上，增强了产权在法律上的明确界定和交易边界的人本性认识，有助于规范经济主体的人本行为，使其形成稳定的收益预期，从而提高社会合作效率；其二，通过人本的基础性铺垫，加大了产权制度在市场经济中的作用，即通过制度的力量使经济主体保持强烈的经济欲望，明确的利益相关人可以充分利用提升经济行为和自我利益的理性行为。

2. 促进经济理性的形成

经济理性指经济活动的任何参与者追求物质利益最大化的动机。对于消费者而言，就是追求效用最大化；对于生产者而言，就是追求利润最大化。追求利润的最大化必须根源于管理文明和商品文明的递进，最终根源于优质的经济理性，即优质管理下的良好的经济动机追求。经济理性决定了企业管理行为必然呈现出理性化的色彩。人文因素可以提供或增加理性化管理要素，如道德、素质、知识、情商、智商等，依据自身利益的最大化原则，在商品文明过程中完善自我理性化的设计，丰富每个经济主体完备"理性人"、"经济人"的假设内容，并利用这一假设来实现利益的最大化。

3. 催化企业家阶层出现

广义的企业家包含着居于企业领导层顶端的职业经理。企业家阶层的出现是企业现代产权制度运作和综合性管理绩效的产物，是管理实现理性化的一个标志。企业家作为一种职能概念，会不断反映出理性化管理的进程和基础。这种不断变化着的进程和基础，人文因素在其中的催化作用非常明显：可以针对不断的变动提供参考要素，帮助人们做出理性的选择；可以以人为本，注重人性内涵思考出发，影响企业家的产生、企业家个人或群体的数量与质量；可以影响企业家理性精神，表达企业家的内核实质。

4. 提升管理价值的评价质量

人文因素为现代管理提供了极为丰富的管理材料，还可以对现代管理价值进行综合评价。管理的价值评价点多面广，价值评价主要表现在：第一，评价企业全面管理，从战略上突出现代管理"以人为本"的核心管理理念，显示出人本管理绩效；第二，评价企业三大制度管理，为核心的产权制度建设不断提供参考标的，随时进行动力补充；第三，评价企业文化建设、管理和经营业绩，进一步调整三者关系，促进互动，增加活力；第四，评价企业员工价值体现、员工地位保证、员工受益状况，进而更充分调动其积极性和主观能动性，达到整体利益、群体利益和员工个人利益的总体平衡，尤其注意对员工实行利益倾斜的价值趋向；第五，评价企业的近期、中期、中远期和长期利益管理价值，增加其发展后劲；第六，助长管理机制建设，优化体系，完善系统，突出价值评价机制、价值创造和价值分配的可行性、可控性和科学性。

5. 优化人力资源的开发和利用

人力资源是企业发展中最宝贵的资源。现代管理的决策、设计、实施等全部管理运作，核心在于人的管理。它包括人的情商、智商、学识、能力、心理、思想、意志、行为等多元化的管理。人文因素最能以开发和利用的人本价值来评价人力资源的综合绩效，反映出以人为本的价值核心。人文因素的优化作用会集中体现在四个方面：首先，可以优化人力资源开发、设计和配置，达到资源的规范化、科学化和标准化，建立起人力资源的管理体系和竞争机制，促进人力资源的可持续发展；其次，增加资源数量，优化资源质量，更注重对人的利用和培养，促进个人和群体的成长；再次，打造人才环境，促进人才互动，增进人才交流，加大人才库量；最后，人文因素所涉及的各种文化因素、习俗性格、宗教信仰、审美观念等内容，可以为人力资源的创新性研究等提供丰富的人文参考、相关的比较和印证，推进人力资源的创新性开发、利用和更新意义的管理。

三、管理模式创新的再思考

现代管理的制度因素和人文因素的创新性变化和体现，必然会带来管理模式的进一步创新。依据现代公共管理的最新理论，将公共管理理论概念及范围指向广义化进行管理模式的进一步创新，具有相当的实践价值和理论研讨意义。

(一)扩展模式创新的特征

可以作为标志的显著特点就是特征。创新模式的特征就是指模式个体与生俱来的、不可被模仿或极难被模仿的某些形态所表现出的独有的信息或行为。模式特征的固有性和独特性，规定了模式创新的前置条件。

1. 创新模式的依据

经合组织（OECD）在 1995 年度《转变中的治理》报告中，把新公共管理的特征归纳为八个方面：转移权威，提供灵活性；保证绩效、控制和责任制；发展竞争和选择；提供灵活性；改善人力资源管理；优化信息技术；改善管制质量；加强中央指导职能。我国学者陈振明教授在 2000 年将新公共管理的研究纲领或范式特征归纳为八个方面：强调职业化管理；明确的绩效标准与绩效评估；项目预算与战略管理；提供回应性服务；公共服务机构的分散化和小型化；竞争机制的引入；采用私人部门管理方式；管理者与政治家、公众关系的转变。

如果依据以上特征进行归类选择，可以创新出若干带有系列特征的新模式。它们是：保证绩效、控制和责任制系列模式；发展竞争和选择系列模式；改善人力资源管理系列模式；优化信息技术系列模式；改善管制质量系列模式；强调职业化管理系列模式；明确的绩效标准与绩效评估系列模式；项目预算与战略管理系列模式；提供回应性服务系列模式；竞争机制的引入系列模式；采用私人部门管理方式系列模式；管理者与政治家、公众关系的转变系列模式。

2. 模式特征的现实或潜在表现

按照公共管理理论特征创新的模式，其现实或潜在的模式特征可以显示在四个方面：第一，经创新的选择、责任、控制、竞争、质量、评估、绩效、人力、信息、职业、项目等模式，都会依据模式所表现出的独有的信息或行为，表达其固有性和独特性，即特征具有不可替代性，特征揭示了模式的固有属性。第二，这些模式创新主要依靠两个基础：一个是对已有的模式或研究课题进行补充和创意，引发新的概念、功能，是对现有模式成果进行延续性创新；另一个是完全依靠创新性的研究成果填补模式空白的创新。第三，创新模式的特征必然存在现实的特征表现和潜在的特征表现，表现了模式特征的丰富性和独有性，即模式的个性。第四，由理论特征演绎出模式创新，无疑是管理理论与实践互动的结果，这样的特征最终会形成模式的特质，既显示了模式的鲜明突出，又揭示了模式现实和潜在的运用价值。

(二)模式形态的多样性

模式创新的多样性延续和支撑是现代管理发展的原生性动力。仅以公共管理理论特征范畴创新的模式论，若经进一步的推导，其创新的模式会呈现 N 次延伸，模式的式样即表现形态等将会无限量地出现。如果以"保证绩效、控制和责任制系列模式"中的"绩效"进行模式演绎分解，可以引申出几乎没有止境的模式链条：绩效与管理的关系互动、管理绩效的多元化形态、人力资源的主流绩效，等等，极大地展示出了绩效模式的巨大创新空间。此外，创新模式的形态多样性还表现在内涵的衍生上：形态的独特化会衍生出表现的个性化、作用的特别化和模式的特殊化；形态的多样性外延会深化模式的种类、特征、性状和实体数目存在的各种类型，会极大地丰富创新模式的库量。

（三）注重模式主题的经济和学术价值

按照模式的主题基本概念，它是指作者通过运用全部材料和表现形式所表达出的基本观点、基本思想或题材概念。模式的主题意在揭示模式内容的主体和核心。显然，在现代管理不断创新的情况下，创新模式的主题已经不是简单的基本观点、基本思想或题材概念的表达，更多表现在主题的延伸或创新主题的更多内在价值上。这样的主题价值表现值得进行开拓性的探索与研究。它们表现在：其一，更多看重主题的实物边界和价值边界，即具有更多的确定实际应用和具体的价值形态体现。它的价值界线明确，价值功能会更加突出。其中，物质性的价值表现应该更加充分并重点体现在经济与学术两个价值的回馈上。其二，模式的主题应该增加基本价值和价值功能的概念及运作手段，以价值运用为重要职能，扩展主题所蕴含的经济创新的要素或含量，有明确的价值目标。其三，确立模式的主题经济价值在运作、研究开发、质量控制等方面行之有效的管理和机制。其四，注重结构，通过主题重组深化、课题研究、主题扩展等方式谋求模式的主题扩展，可以通过制度、体系、机制等手段进行价值排列，将主题的经济价值、学术价值、模式基本观点、基本思想、基本题材和基本概念等要素进行紧密结合与资源的再配置。

现代管理的制度因素和人文因素对于现代管理的发展意义重大。在当今现代管理制度建设的不断催化下，这些基本因素的互动、交融、整合、内在变化等，会进一步引发两个因素体系的优化选择和要素扩大，推动管理制度与管理体制的持续性发展，进而加速对创新管理模式内涵与确立更新的价值体系的探索与研究。

参考文献：

1. 丹尼尔·雷恩. 管理思想的演变 [M]. 赵睿，等，译. 北京：中国社会科学出版社，2011.

2. 赵志军. 管理思想史 [M]. 北京：高等教育出版社，2009.

3. 斯文·艾里克·肖斯特兰. 管理的两面性——雅努斯因素 [M]. 赵康英，译. 沈阳：辽宁教育出版社，2000.

4. 陈振明. 公关管理原理 [M]. 北京：中国人民大学出版社，2005.

5. 董四代. 文化观念创新和管理革命 [M]. 天津：天津社会科学院出版社，1997.

6. 弗雷德里克·温斯洛·泰罗. 科学管理原理 [M]. 胡隆昶，等，译. 北京：中国社会科学出版社，1997.

7. 赫伯特·西蒙. 管理行为 [M]. 詹正茂，译. 北京：机械工业出版社，2007.

8. 马克斯·韦伯. 新教伦理与资本主义精神 [M]. 彭强，黄晓京，译. 西安：陕西师范大学出版社，2002.

9. 亨利·艾伯斯. 现代管理原理 [M]. 杨文士，译. 北京：商务印书馆，2011.

10. 张初愚. 西方管理学经典名著选读 [M]. 北京：中国人民大学出版社，2005.

11. 王明江. 东西方企业管理差异的文化探源 [N]. 中国企业报，2001-02-15.

企业纪委工作的新特征及反腐制度建设的新思考

曾文鹏 （四川省第一建筑工程公司）

[摘要] 积极面对当前党员意识多元化、党员思想多变趋势明显等企业纪委工作的新特征，进而对反腐制度建设主题、提升反腐制度规范化质量、注重探索和研究新课题等进行多样化创新性思考，对进一步促进纪委反腐工作具有积极意义。

[关键词] 企业纪委 特征 反腐制度 创新思考
中图分类号 D261.1 文献标识码 A

如何认识和把握当前企业纪委工作面对的新特征，是坚持标本兼治、综合治理，不断推进企业纪委工作制度规范化和程序化的重要前提。在此基础上，积极进行反腐制度建设的新思考，进一步推进党风廉政建设和反腐败斗争，积极发挥企业纪委在党建工作中的监督保证作用，其作用和意义重大。

一、企业纪委工作的新特征

在新形势下，企业纪委工作出现的多元性特征日趋明显。这些新特征，在客观上已对当前的企业纪委工作提出了更新的要求。

（一）党员意识多元化

在当今互联网、手机等新媒体迅猛发展的影响下，社会思想形成和传播渠道日趋复杂，新媒体、新意识覆盖面大、影响度高、针对性强，更具有吸引力和影响力，企业党员意识多元化引发的感知与认知的多样性已非常明显。党员群众对纪委工作的评价变化、怎样体现纪委工作的核心价值、党员主流意识的更新认识、信息技术运用与创新的深刻影响、对反腐制度建设的深度理解等，已构成了纪委工作必须面对的新课题和重要的工作新内容。党员群众意识多元化的表现主要集中在六个方面：一是新思维、新概念等的影响，固有意识出现变化，产生意识的置换或飞跃；二是多元意识互动交叉，对新意识的认可、吸收、消化作用在不断加大，极易导致思想的多向性变化，其中个性化思想的集纳方式多样，深度思考比较明显；三是表现为个人或某些群体的相互影响、相互认同，从而形成新的共识，经多向思维和判断，已引发出一些新的意识形态；四是对原有意识的自我改造、否定或创新，使思想变化加快，党员群众的思维、观念、认知、行为等出现不同表现或差异；五是党员个体或某些群体愿望、期待等诉求的互动性增加，原有意识的层次、结构、内涵出现层面性断裂，受社会思潮或人本思想等影响，其中个性诉求导致意识变化的特征越来越明显；六是受现代社会网络化、知识化、智能化及信息化进程等深刻影响，党员意识多元化的表现还会进一步增加，多样性行为表现会更为突出。

(二)党员思想多变趋势明显

源于现代社会各种思潮日趋活跃的影响，企业利益格局的进一步调整，一些党员群众的思维模式、认知循环、自我行为等的多变趋势已比较突出。

1. 各种利益关系更趋复杂

企业利益，即以实现企业宗旨为目的的同时包括所有相关当事人的利益，是一种集体利益的体现，也是社会利益的主要组成部分。企业利益所涉及的相关者,就是指那些能够影响企业目标的实现或被企业目标的实现所影响的个人或群体。企业各种利益关系复杂程度不断加深,利益新格局所形成的关系更为复杂。

(1) 内部利益分化明显

企业一般存在三种基本利益,即法定代表人(法人)、出资人(股份占有者)和相关领导者等的利益;总经理、经理、项目或工程责任人、相关实施者、管理者等的利益;执行者、员工、雇员及劳动者等的利益。三者在利益的机会、分配、执行等不少环节上的差距被进一步拉大,部分人的利益被边缘化、弱化的情况比较突出。一些企业推行的年薪制与一般企业员工的月薪制、承包制等不同利益体现出的结构性矛盾和明显的利益差距,必然增加了一些员工包括党员群众在内的群体思想和行为的多变性。

(2) 外部利益变数加大

它反映在企业的供应商、分销商、消费者等几个节点上。供应商构成较为复杂,形成的利益关系及利益的多样化占有形式活跃,不确定因素和隐性矛盾比较突出。分销商与企业存在买者和卖者的关系,尤其看重现实利益,注重利益的数量与质量,利益指向明显。这些企业外部利益相关者的关系日趋复杂化、隐性化,企业纪委常常鞭长莫及,知之不多,受权限、职能、监督、执行等具体问题制约,对一些利益的负面影响防患性介入与作用发挥能力明显不足。

(3) 间接利益多样化

企业与政府部门、非政府组织、社区、媒体等,一直存在着这些部门、组织等不直接参与经营等而获得相关利益的关系。这常常被称为企业的必要的"公共关系"支出,反映在利益行为上,如企业赞助、相关费用付出、共建活动开支、相关的经济支援等,实际上内含着利益相关者之间的利益分配关系。这些利益体现日趋类别化、细分化，一般不公开操作，透明度差，企业纪委监督与介入常常难以到位。

2. 一些矛盾引发思想变化

企业协调各方关系、化解相关矛盾的压力加大，一些党员群众的思想、愿望、行为等诉求更为明显，极易出现思想的多样变化。

（1）两个基本利益的影响

两个基本利益，即企业员工包括广大党员群众的政治利益和经济利益。在基本利益中，由于存在事实上的利益差距，更多的党员群众如同一般员工一样，对自身利益的获取更为关注。从政治利益看，表现为包括党员群众在内的企业员工主人翁地位的进一步确立、劳动协商制度的建立与运行、员工群体和党员群体法定性知情权、监督权、参与权等的体现等。从经济利益看，表现为劳动报酬获得方式与数量、劳动保护、各种经济利益分配、相关福利享受、个人具体经济权利的维护等。两个利益的关联与互动，所存在的一些问题或矛盾，在相当程度上会催化一些党员的思想变异。同时，这些互动带来的变异，还表现在党员群众对各项改革的深化与提升、民生质量的切实提高、党员主人意识、党内民主建设等的各种诉求上，极容易引发党员群众思想的倾向性与多维性的思考

（2）利益诉求的催化作用

毋庸置疑，党员群众也是企业相关利益的参与者和利益的获得者。他们既有实现自我利益相关的个人或群体目标，也有和不同利益相关者的共同目标，并通过种种诉求方式来表达自己的愿望与期待。由于一些诉求被搁置或一些政策的变更等，一些党员群众的互动与平衡被打破，实际利益的不相称和不平衡，必然导致一些利益冲突。利益诉求的催化作用主要表现在：一是党员个人或群体的思想与行为模式出现新的思维模式，期待要求被进一步提高；二是诉求力度加大，个性思考增多，期

望值进一步增加，更带有实质性和目的性；三是对利益的关注已不仅仅限于利益层面，更带有综合性色彩；四是相关利益滞后表现，受表面化或形式化的影响，一些党员利益意识淡薄，导致思想变化；四是纪委工作表达党员群众反腐意愿与利益诉求的链接尚不够严密。

(三)社会思潮多样化干预

社会各种思潮客观上扩大了党员群众的思维空间，增加了党员思想的可变性与可选性。社会存在的一些腐败现象带来的一些常态化表现，在一定程度上弱化了企业凝聚党员群众反腐共识，影响了企业纪委发挥反腐主流职能，一些党员群众的思想亦出现变化。

1. 多样化的形态表现

这些形态比较集中在：其一，社会思潮不断更新，新问题、新观念等不断演绎与发展，一些社会道德、公信状况、资源配置、分配制度、民生等新热点的形态日渐增多；其二，国有、股份制、集体、民营等经济组织差异性扩大，部分利益资源被垄断或异化，对企业员工潜移默化的影响越发深刻，反映在党员个人或群体的形态出现多样趋势；其三，反腐难度加大，一些具有代表性的腐败事件引起人们更多反思，引发了更多深层次的思考，容易催生更多不同的表现形态；其四，在社会影响下，社会成员的群体化、层次化速度加快，人们的思维、观念、意识、思想、行为等方式不断变化，各种形态出现频率加快；其五，社会主流意识及其价值观的作用及影响明显，极容易催生思想、观念的新潮流，必然会对原有的社会意识、思想体系等形成新的挑战。

2. 多样化要素的影响

社会思潮的多样性是社会发展的一大动力源头。这种多样化要素表现在人本主体、民生问题、社会关注度、大众趋向、新媒体影响、信息传播等多样性表现上，影响在于：促使人本意识、民生内涵、大众舆论等新要素不断产生，影响力不断加大，为人们带来了吸收、借鉴、利用、交流、综合等多样性选择与干预，促进了观念、思维、意识、感知等的相应转换；相关要素组合的社会主流发展形态、社会思潮的相关模式或范本，综合作用加大，绩效功能进一步凸显；多样性要素影响从单一思维走向多样思维、单一观念转为复合观念、表象一般认识深入到本质创新认知、放射状思维与聚合性思维双向结合等，在不同层面、不同时段的具体表现，使企业的纪委工作及党员群众的思想定势发生变化，目标、职能、执行等能动空间已越来越大；一些多样化要素的沉淀、易变必然会带来相应的负面效果。

3. 多样化的形态干预

形态，指事物在一定条件下的表现形式，也是事物的客观形状或表现。社会思潮多样化的形态化结果，其形式及表现对企业纪委工作的干预主要有：静态干预和动态干预；时段上的前期、中期和后期干预；结构上的构架与组合干预；作用上的单一干预和多样干预；效果上的积极干预与消极干预等。多样化干预的介入、渗透，对企业纪委工作和党员群众形成对社会性思潮的能动反应已带有相当的常态性。从静态干预和动态干预看，社会思潮的静态干预会以某种形式或某些有社会代表性事件的反馈、处置、执行、监督和举措反映出来，并且会以动态的前因后果来影响党员群众和纪委工作；从时段上的前期、中期和后期看，社会思潮前期的提示、引发到中期的展开、发展，再到后期的处置、评价等，都会引起不同反响。它包括思想、心理、环境、过程、结果等的有形或无形的影响，表现为反映、举措、对比等干预方式的出现。干预带来的直接结果，无论是积极的还是消极的，都会萌发新的思考，催生新的课题。

(四)新目标的提升需求

在党所处的历史方位（阶段）和执政环境已发生深刻变化的情况下，一些企业纪委面对反腐长期化、复杂化，状态不足、能力不足、职能弱化等问题已有显现，纪委的工作将更为紧迫和繁重。在日益强调党员在党内的主人翁地位和主人角色以及遵循党的反腐防腐大目标前提下，依据反腐的更高要求，强化制度建设的规范化和法制化等，进一步提升反腐目标亟待进行。

1. 提升目标的切入点

纪委工作目标的自我提升，切入点多种多样：利用大目标创新小目标以形成纪委工作的自我目标分解优势，积极作用于目标设计、方案、实施等各个环节；可以实现目标跨越，举一反三，链接党建工作、工会工作等，从而形成强力支撑，丰富内容，增加工作绩效；可以切入热点问题，积极进行探索与研究，创新原理，把握规律；可以依据纪委工作的难度与深度，切入重点部位，抓住关键要素，进行重点突破；可以根据现实反腐的形势及要求，切入党员群众对反腐的不同反应、不同评价，借此完善自我，创新设计、运作、监控、评价体系，促进反腐机制健康运作；可以运用反腐绩效激发人心，鼓舞信心，提高能力，使企业反腐更具操作性、可选性和可信性。

2. 提升目标的方式

在大目标之上提升自我目标主要有五个基本手段：一是扩展大目标内涵，增加自我目标，增加目标的透明度、可信度和可操作性，以多样性目标模式进行自我选择，增加自我目标的发展空间；二是围绕自我目标进行相关设计和资源配置，制定相关工作条例、规章，为执行奠定基础；三是运用现代信息传播优势，构架目标平台，增加实现目标的各种参数、措施、方法，把握目标的实施过程，力求实现目标要求；四是紧紧依靠广大党员群众，调动积极因素，积极发挥个人积极性与能动性，利用综合资源优势提升目标质量；五是必须选择多种方法或模式，进行目标优化。如对总体目标之下的阶段性目标、重点目标、特殊目标等进行因地制宜的组合选择，并注意对目标进行创新性思考，保证目标的先进性和科学性。

(五)信息共享与交流

不同层次、不同部门利用信息系统，进行信息的交流和信息产品的共用就是信息共享与交流。信息作为一种极为重要的资源实现共同分享，可以达到资源优配，节约成本，创造更多的绩效。

企业纪委工作同样要建立在现代社会巨大的信息平台上，充分利用信息优势创新性地推动自身工作。如何进行信息共享与交流，在相当程度上可以反映出纪委工作的实际效率。它主要基于两个方面：第一，按现行运行体制，纪委领导者多由企业相关领导兼职，班子建设的专职或兼职人员的缺失一直比较突出。从工作程序看，企业纪委的工作仍然存在分散与集中的结构性调整矛盾。在纪委总揽下，大量的监督依然分散在企业相应的各个职能部门。信息不通，监督难以一步到位，渠道不够畅通，实效仍然不够理想；第二，在现代知识经济社会发展中，网络化、信息化、知识化已成为社会发展的三大根本性要素。企业实现信息化、网络化办公，信息共享与交流已成为人们工作必不可少的手段。纪委工作同样如此，信息共享与交流势在必行，需要在四个基点上进行思考。

1. 信息标准化和规范化

标准化指在一定的范围内获得最佳秩序，对实际的或潜在的问题制定共同的和重复使用的规则的活动。它包括制定、发布及实施标准的过程。规范化指在经济、技术、科学及管理等社会实践中，对重复性事物和概念，通过制定、发布和实施标准（规范、规程、制度等）达到统一，以获得最佳秩序和效益。

企业纪委工作的标准化和规范化也必然要通过信息系列的统一化、通用化、组合化、模块化手段，以及相应的实施规程、制度等，来改造信息过程和适用性，实现信息共享与运用的统一，促进和扩大信息合作。标准与规范，同时也提高了信息资源利用率，避免在信息采集、存贮和管理上重复浪费。

2. 法律或法令的保证

企业纪委信息资源的共享与交流必须有序和规范，具有强制力保证，以规定当事人权利和义务为内容的具有普遍约束力的工作规范。这种规范即党组织的相关领导机关、上级纪委部门等所颁布的规定、指示、决定等。这种保证是实现信息共享与交流所必需的重要手段。

3. 信息安全和保密

纪委工作的信息常常涉及反腐目标、举措、执行等机密安全。在网络环境下，纪委安全体系是保证信息安全的关键，包括计算机安全操作系统、各种安全协议、安全机制（数字签名、信息认证、数据加密等），直至安全系统，出现任何一个安全漏洞便可以威胁全局安全。因此，纪委特别要注重信息泄露、信息碎片、非法使用、窃听、假冒、旁路控制、授权侵犯、计算机病毒等的危害，提高安全和保密的常态化实施水平。

4. 注意选择信息模式

模式就是解决某一类问题的方法。把解决某类问题的方法总结归纳到理论高度，就是模式。选择纪委工作信息模式一要靠党建目标和工作大局的支撑；二要靠上级纪委的工作监督与指导；三要靠自我信息利用、传播、反馈等的设计与自我运行；四要选择恰当的、先进的不同信息运作模式。

二、反腐制度建设的创新思考

企业纪委工作的核心是坚持反腐制度建设。纪委强化制度建设，可以增强基层党组织和广大党员纯正廉洁、全心全意为企业员工服务的责任感和聚合力。

（一）创新制度建设的主题

纪委的各项制度建设必然会包括党建工作的基本纲领、组织原则、组织制度、领导制度、党员权利义务、党的纪律等重要内容，并且要明确地体现在纪委工作纲领、目标和执行中。纪委依靠制度的创新性建设，可以更加有效地规范党员的行为，保证党组织的纯洁，引导纪委工作进一步深化。创新制度建设主题有四个创新点。

1. 推进反腐制度体系建设

体现纪委工作原则，促进纪委反腐制度建设，由此形成完整配套的制度体系，是反腐斗争的主要系统工程。在现实工作中，没有完善的组织制度，则难以保障反腐的成效，无法真正遏制违法乱纪、腐败现象的滋生和蔓延。

2. 创新和完善民主机制

健全民主机制，防止个人专断，不管哪一级干部，都要受到广大党员群众的监督。这样的监督，必须创新党员群众的"主人"地位民主基础，反对领导的个人极端化，反对教条主义，增强党员群众民主意识。在个人服从组织、少数服从多数、下级服从上级、全党服从中央的组织原则基础上，推进民主建设制度化进程，在反腐中真正形成多数制约少数、上级服务下级、下级监督上级的党员"主人"式的民主制度，充分调动广大党员群众的积极性和主观能动性，加大反腐力度，真正发挥出党员的民主监督、参与、知情、介入、制约等作用。

3. 强化党内外共同监督制度

形成规范化的反腐制度，一是在党内，任何党员和党的机关或领导者都有接受监督的义务，也都有进行监督的权利和责任。互动监督，相互促进，不仅要制度化、常态化、一贯化，更要法制化、公开化、民主化。二是强化企业各级党组织、干部和党员，必须接受制度性的群众监督。纪委工作必须与企业广大党员和员工密切联系，知晓他们的利益，清楚他们的愿望，反映他们的诉求，了解他们的疾苦，倾听他们的意见，体现他们的意志，助推他们的理想。三是创新性地推行党内外共同监督制度，使之立体化、法律化、民主化，形成强大的互动推力，增加反腐动力，才可能真正取得反腐成效。

4. 创新制度绩效程序

程序，即为进行某活动或过程所规定的途径。企业反腐绩效如何与创新程序化过程、充分发挥程序的作用密不可分，是制度创新的重要前提条件和核心要素。企业纪委的运行程序一般有指导程序、决策程序、工作程序、职责程序、纪律程序、作风程序等，通过这些程序的规定和管理，纪委可以顺利实现既定目标。创新性的程序化，就是通过创新程序的具体运作过程，增加新的运行元素，提高程序质量。创新程序可以使纪委工作目标明确，途径清晰，程序更为简单明了，运行更加可靠易行，可以有效防止当前企业纪委工作中的程序繁复、责权不明、形式教条、相互推诿等现象。

(二)提升反腐制度规范化质量

通过制定、发布和实施标准（规范、规程、制度等）达到统一，以获得最佳秩序和制度效益，就是制度规范化的核心。在创新型程序引导和作用下，提升反腐制度规范化质量已是企业纪委工作的一个重要内容。提升制度规范化质量主要表现在两个基本方面。

1. 优质程序的有效介入

它表现在：一是必须以优质程序为先导介入制度质量的提高全部过程，杜绝制度建设的教条主义和形式主义；二是强化程序在规范化过程中的介入力度，充分发挥程序的干预、引导作用，防止规范化过程中出现的负面干扰；三是以相关程序严谨的逻辑结构和内涵意义，增加制度规范化的能动性，创新出更多更好的制度形式；四是通过积极介入，使规范化的制度更新颖、严谨，更具有发展和操作空间；五是以介入增加反腐的行为模式，并辅助制定出各种行为的相应的纪律后果；六是程序的积极介入可以使制度的规范化更具可操作性和科学性，最终成为一种具有普遍约束力的制度规范。

2. 重视制度规范化绩效

规范的目的在于提高，提高的功用在于实效。反腐能否深入，制度并不能保证最终的反腐绩效。制度的体系选择、实行状态、内涵发挥等多种运行性变化，都会影响制度带来不同的结果。显然，单靠上级制定，下级遵循；上级号召，下级响应；上级发文，下级执行等体现制度规范的模式，已经不能充分反映制度的适应性和当前纪委工作的实际需求。由于缺失自下而上的信息反馈，缺少党员群体的共性和个性与上级党组织作用的双向发挥，缺乏现代信息资源的综合利用和多向传播的共享平台等，制度模式化倾向的形式和教条极容易影响纪委工作的持续创新力度。

制度建设的规范化绩效表现之一，就是制度规范化建设的进程日趋强化，绩效成果实实在在，而非形式主义的摆设；表现之二，规范化的绩效必然会重视制度资源的科学利用和效率质量，改变重形式轻内容的建设倾向；表现之三，必然会保证制度客观的运作效果，避免人为干扰，防止扭曲制度功效，使制度仅仅成为对一部分人的强制或约束；表现之四，创新内容，丰富内涵，贴近需求会更加务实求真，尤其看重制度实际效率；表现之五，必然要杜绝制度仅仅是少数领导者意志、愿望和需求的体现，而非广大党员群众的意愿、诉求、期待的体现或期待中的一种渴望和归宿的现象。

(三)积极探索和研究制度建设新课题

反腐工作任重而道远。党的反腐制度体系化和规范化要取得实效,还需要在制度相对稳定的基础上,做好对原有制度规范的反腐败效能的调查和研究,加大信息反馈,在清理、借鉴或废除已不适应当前反腐需要的制度时,做好新制度的制定,注意完善、创新、效能三个环节的内容更新,突出在改革开放新形势下反腐斗争的新内核、新要求、新举措和新作为;保证各项制度在反腐斗争中的针对性和实效性,还必须要加强对制度建设的课题探索与研究,利用理论、原理、规律对制度建设的新概念、新功能、新思维、新意识、新模式、新运作、新绩效等进行多样性课题研究是延续制度规范化、法制化和体系化的重要手段。

1. 注重课题的类型

制度建设一般有开放性研究课题和发展性研究课题两大类。

发展性研究课题是对别人曾经研究过的制度再作进一步研究。这类研究补充、纠正特征明显,一是补充"前说",即补充、完善前人已取得的研究成果;二是纠正"通说",即改变一些制度常态,赋予其新的意义。它的基本形式有:一是深化、补充已有的制度;二是对已有制度的功能等进行创新,赋予其新的意义;三是依靠现代科学互动优势,利用"边缘学"之长,釜底抽薪,重新审视现行制度,实现制度的创新性飞跃。

开创性制度研究课题是指研究别人没有研究过的制度课题。这类课题研究创新性极强,研究的成果常常可以填补研究的空白,意义重大。当前反腐新概念、新思维、新技术、新思想可以提供相当多的研究课题和研究领域,使开创性研究制度的研究空间极为广阔。进行这样的研究,相关资料少,借鉴模式不多,存在不少困难。也正因为这样,一旦有了研究成果,其价值更大,对研究者的意志、能力提高并形成个人研究特色更具有积极意义。

2. 研究课题的选择

课题选择主要有三个基本范围。第一，选择客观上有重要意义的课题。它主要表现在五个方面：在制度建设中具有普遍意义的课题；在制度建设中具有学术意义的课题；在制度建设中从未探索过的课题；在制度建设中有意义的热点课题；在制度建设中承上启下的课题。第二，选择在主观上有见解、能解决的课题；具有独特见解的课题；有能力完成的课题；有兴趣完成的课题；有条件完成的课题。第三，利用突出矛盾选择有价值的课题。

3. 不断创新制度建设模式

不断创新反腐工作模式是取得反腐成效的基本条件之一。体现制度建设规范化的模式多种多样，在实践中运行较有创意的模式主要有S反应模式等。

(1) S（反馈）反应模式

这种模式通过一些具有新含义的论述，通过回应、对比、暗示来影响和启发制度的规范化建设内涵。它以S形的回绕，形成上下两级的比对与回应，突出了信息的反馈特征，有非常大的自由度。在S中，上部指制度的设计者、制定者或领导者，下部指制度的执行者、承受者或遵循者。它通过S形的回绕形成反馈，即党组织的上级机关与下级基层组织有了沟通渠道，信息运用更为充分，保证了制度建设的全面性、科学性和民主性，极容易提升制度规范程度和质量。

(2) 引发设计模式

它是以满足某种需求来影响选题行为进而构成的制度建设模式。它包括现实和未来的需求，通过制度事例、反应现象、存在问题等，从而触发感受，获得认知。如我们可以从"党员主人翁地位"来设计模式，突出制度规范化中的人本要素的运用。依据主人翁内涵，模式就可以从满足广大党员群众的政治需求、民主需求、尊重的需求、主人感的需求、自我价值的需求等多个方面进行设计，创新和丰富制度建设内容。

（3）R（认知）设计模式

这样的模式以人的心理认知为基础，从事实、逻辑、信息等的推理出发，来增加或改变对制度建设的认知程度。它从制度建设的多角度考虑，以人本心理学、群体以及个人行为的压力、规范、趋同性等来进行模式设计，并常常以个人、集体的诉求表达来反映出整体的赞同或反对。如从人本角度出发，以民主方式依托某些有代表性的党员个人或群体，集中其诉求进行有针对性的制度规模式设计。

（4）自我设计模式

自我设计模式即从一个党组织的个性表达或个性需求，结合党建大局需要，从制度建设来进行个性化制度建设模式的设计。它在遵从党的反腐整体要求、目标、规定等原则基础上，突出自我个性的特征、表现形式、自我认知意识等的积极表达。如联系实际而因地制宜制定的富有个性的反腐条例、规定或办法。

企业纪委工作与反腐制度建设密切相关。充分认识到当前纪委工作的新特征及其表现，坚持标本兼治、综合治理、惩防并举、注重预防举措，用制度管权管事管人，健全民主集中制，才可能对反腐制度建设进行创新思考，不断推进企业纪委工作建设的制度化、规范化、程序化，积极发挥企业纪委在党建工作中的有效监督保证作用，创新企业纪委反腐工作，以取得实际成效。

参考文献：

1. 胡锦涛. 深入贯彻落实以人为本、执政为民理念，扎实开展党风廉政建设和反腐败斗争［N］. 人民日报，2011—

1—10.

2. 杨凤春. 中国当代政治制度 [M]. 北京：中央广播电视大学出版社，2006.

3. 侯建良. 公务员管理概论 [M]. 北京：中国人事出版社，1998.

4. 朱光磊. 当代中国政府过程 [M]. 天津：天津人民出版社，1997.

5. 高民政. 中国政府与政治 [M]. 济南：黄河出版社，1993.

6. 中央纪委. 关于严格禁止利用职务上的便利谋取不正当利益的若干规定 [OL]. 2007.

7. 中央纪委. 关于加强和改进中央企业和中央金融机构纪检监察组织建设的若干意见 [OL]. 2010.

再论钢琴教学中的共性与个性关系

周媛媛 　　　　　　　　　　　　　　　　（四川音乐学院）

[摘要]　　欲获得钢琴教学共性与个性的再认识，就要对钢琴教学的共性和钢琴教学的个性进行新的认知，从而实现共性与个性的教学新取向。同时，还要坚持深化共性与个性教学的实践性创新，力求通过创新教学的形式和内容、注重教学方法的共性与个性需求、提高教材共性与个性的互动，以及深化技术共性与个性并举来进行创新性理论和实践，才可能真正使钢琴教学资源更为丰富，作用更加显著。

[关键词]　钢琴教学　共性　个性
中图分类号　J624　　文献标识码　A

钢琴教学共性与个性的不同表现构成了钢琴教学的显著特性，是钢琴教学必然的一种和谐过程，也是共性和个性矛盾的融合、交替、互动的必然结果。利用钢琴教学共性和个性的各自特质，进一步形成共性和个性创新的教学特色，仍然需要抓住教学内容和课程体系的实际运作，对共性和个性内涵、特征、作用等进行更有深度的探讨与研究，同时加快钢琴教学相关形式和内容必要的调整和拓展，才可能真正提高钢琴教学的科学水平和艺术水平。钢琴课作为高等音乐院校一门重要的专业主干课程，同时又拥有相当的校外钢琴教学需求和教学资源，依据钢琴教学实际，对钢琴教学中的共性和个性发展进行更深入的探讨自然非常有必要。

一、对钢琴教学共性与个性的再认识

（一）钢琴教学的共性

共性指不同事物共有的普遍性，是一切事物固有的性质，即可以反映事物的共同性质和共同结构。共性决定事物的基本性质和表现形态。共性和个性在一定条件下会相互转化。钢琴教学的共性表现在教学过程的共同教学性质和结构，带有一般、普遍和完整形态，是一种宝贵的教学资源，应用性和共同性特质十分明显。

1. 钢琴教学的共性特征

钢琴教学共性的基本特征反映在多个方面：钢琴学习上的通悟，即需要共同把握的钢琴知识，突出了教学上的同一性要求，即需要实现的共同教学目的；共性化的学习，表达了对钢琴知识学习一致性的行为需求；共性化的教学模式，明确了教学的方式或方法，决定不同时段或不同阶段的统一的教学程序；教学共性存在的多样性比较，表达了不同教学阶段的教学形式和教学内容。这些不同的形式与内容，构成了具有系统化优势的教学式样或教学程序；在共同需求的基础上，强调教学的统一、整齐与完美，教师或学生（指一切学钢琴者，下同）都有共同的教与学的愿望与追求，等等，都是钢琴教学的共性表现，体现了共性的基本特征。从具体的教学过程看，钢琴教学的共性特征更多表现在使用同一的教材，实施统一的钢琴技术，拥有共同的教学方法或模式，学生具有基本相同的学习基础、条件、环境、形式和内容；具有共同的考核测试的基点和条件，显示出比较一致的学习技能与实际水平；更多表现在学生一旦完成学业，就可以把握钢琴弹奏的技能技巧，在钢琴教学、钢琴伴奏、钢琴即兴伴奏和自弹自唱上运用较为顺畅，可以有意识地分类选用带有各种常用伴奏织体、音型的曲目，达到钢琴学习技能或演奏水平的自我完善。

2. 共性化的教学形式和内容

钢琴教学不是简单的一对一的教学。在不同教学阶段、不同学生或不同教学目标的条件下，为提高教学的整体效果，钢琴教学总是在一个特定的环境中依照系统的、相同的教材，实施同一的整体性教学。这样形成的教学形式和教学内容是钢琴教学共性的核心表现，包含着教学形式与教学内容的一种统一与和谐。

(1) 形式与内容的共性关系

形式是指某物的样子和构造，区别于该物构成的材料，即为事物的外形。钢琴教学的形式，就是教学表现出来的姿态或外形。它是教学的表象反映，通过姿态或外形的意义性运作，使学生得到教学的具体感受，获得教学的理性认识。内容指构成事物的一切内在要素的总和。钢琴教学存在的基础，也是形式的具体的内在反映，带有物质特性。钢琴教学的内容包括教学中的各种学习方法、相关的钢琴练习、相关教材的教学要求，以及由这些内容所决定的教学共性特征、教学过程和教学手段等。二者关系紧密，在教学中缺一不可，体现着教学形式与内容互动、平衡与和谐的形态或模式。这里的共性，也有一定的广义含义，也包括小组、班级等学生人群的共性。

形式与内容的共性关系有显著的特点：同一内容在不同条件下可以采取不同的形式，同一形式在不同条件下可以体现不同的内容。内容与形式互相联系、相互制约；形式与内容互动在共性条件制约下，存在教学范围的要求。通常教学的一个章节、一节教学课等，就是在特定条件下进行的教学形式与内容的互动；二者的共性带有普遍性，是绝对的、无条件的，但不排除其中蕴含有一定的相对的、有条件的个性表现。共性化的教学形式和内容代表了钢琴教学的主流，是绝对的教学核心。

（2）形式与内容的共性互动

从形式看，钢琴教学常常把钢琴学习的形式分为初级到高级四个阶段。按四个阶段划分，它包括音阶、琶音学习等在内的手指练习阶段；使用巴赫等教材为特色的复调练习阶段；以练习车尔尼、拜厄等教材为主的练习曲阶段；中外名曲学习阶段。这样的教学形式划分，表现了教材选择范畴和使用的共性特点，也表达了共性互动的基本教学内容和教学目的。按钢琴班学生的年龄来划分，可分为幼儿、儿童、少年、成人四个阶段。对幼儿、儿童的启蒙教学一般都采用我国创编的《钢琴初级教材》和汤普森教材。汤普森教材又分为大汤普森教材和小汤普森教材两类。对音乐素质较好的儿童直接使用大汤普森教材，反之则使用小汤普森教材。此外，钢琴教学的"一对一"、"一对二"、小组课、大班课、演奏会、讲座、公开课、座谈、讨论、名曲欣赏、教学考核，等等，都是教学不同形式共性化的多样性运作与互动。

从内容看，钢琴教学的内容决定了钢琴教学的形式，体现着钢琴教学内在要素的总和。由于教学内容是教学的主体或核心，因此，共性化的教学内容不仅庞大，系列或体系特征非常明显，并且常常以互动方式对教学形式起着决定性的作用。据实际教学反映：目前我国高师钢琴课程所持的教学内容大都集中在从 J. S. 巴赫至德彪西这一音乐史段中重要作曲家的代表性作品范围之内（包含少量中国钢琴作品）。仅仅在"巴赫——德彪西"这一音乐史段，教学内容就非常丰富。在主选独奏作品的条件下，它就涉及主选巴赫的作品进行复调学习，主选车尔尼的作品进行练习曲练习，主选莫扎特、贝多芬作品进行奏鸣曲练习，等等。若具体展开，共性化的内容互动数量之多，内容之盛，可谓数不胜数。在基本涵盖西方音乐历史的巴洛克晚期、古典时期、浪漫时期及印象派风格时期，这些经典作品辈出的年代，就其中任意的某一时期来看，作品之多、内容之繁，也共同反映出了钢琴共性互动的显著特征。

(二)钢琴教学的个性

个性就是个别性、个人性，指个人在思想、性格、品质、意志、情感、态度等方面不同于其他人的特质。这个特质表现于外就是他的言语方式、行为方式和情感方式等，形态多样，内涵各异。任何人都有个性，是一种个性化的存在。钢琴教学强调的个性指个人学习的精神面貌，反映在学习中具有一定倾向性的心理和行为特征与他人不同，是个人拥有共性中所凸显出的，具有特征的一部分。这些特征常常也表现在个人智慧、悟性、气质、技能、求知和德行等品格方面与他人不同。同时，这里的个性也指钢琴教学形式和内容等的个性表现，含有广义的指向特征。

1. 钢琴教学的个性特征

钢琴教学的个性特征特别明显，"这一个"所具有的特别的外部特征非常突出。这里的个性，包括钢琴教师和学生两个不同的个性表现层面。

依照现代心理学个性的定义范畴，认为个性是"一个特殊个体所作所为的总和"，表现在钢琴教学中就是个性的丰富性；认为个性是"个体与环境发生关系时身心属性的紧急综合"，表现在钢琴教学中则是个性的聚合力；认为个性是"个人所有有别于他人的行为"，表现在钢琴教学中就是个性的独有性。美国著名的个性心理学家阿尔•波特认为"个性是决定人的独特的行为和思想的个人内部的身心系统的动力组织。"表现在钢琴教学中的个性，不仅具有富有个性的行为和思想的鲜明性，并且更具有强大的内在动力和恒久的表现力。用性格或人格内涵来分析个性，表现在钢琴学习中的个性还具有高乐群性、高聪慧性、高稳定性、高特强性、高兴奋性、高有恒性、高敢为性等特征，因而更敏感、更具幻想性、更独特。

2. 个性化的教学形式和内容

钢琴教学同样不是简单的所谓"小课"那样"一对一"的教学。钢琴教学依照特定的教学环境、使用相同的教材，进行共性化的教学活动。然而，教师和学生是不同的群体，有不同的教学理解力等，必然会出现有别于共性的个性化的教学形式与内容。它是共性化教学的补充，又是共性化教学的延伸，是钢琴教学的另一种表现和钢琴教学中必然会出现的一种积极结果。

（1）形式与内容的关系

个性化的钢琴教学具有共性化教学的基本特征，即个性化的教学形式和内容由共性化的教学形式和内容演绎而来。它同样遵循"同一种内容在不同条件下可以采取不同的形式，同一形式在不同条件下可以体现不同的内容"的原则，并且也在形式和内容的互动中表现个性化的教学形式和内容。在这里，它的形式和内容总是相对的而不是绝对的。在形式上，个性化教学更强调"一对一"或"一对二"等不同的小课形式，即个别教师指导个别学生这一传统的、单一线条的教学。这种教学形式不在乎数量而在乎个性的教学质量。在内容上，它多以利用某些教学的内容环节、重点章节等，深化共性化教学的某些教学局部，内容量不大，但有相当深度或难度。事实上，共性化的教学形式和内容的关系所表现的，也正是个性化的教学形式和内容的关系，是共性化的教学形式与内容的一种移植或深化，只是所表现的范围和教学效果有所区别而已。它们表现之不同在于教学的对象多少不同，教学的纵向与横向度有所不同，评价与取向的特征有所不同。二者关系同样密切，不可分离。

（2）个性化教学的价值体现

个性钢琴的个性化教学的价值在两个方面有突出表现：一是钢琴教师的个性表现。钢琴教师作为施教者，个人具有的思想状况、音乐素质、施教能力、文化修养、学识程度、美学认知、性格特征等所表现出的气质、魅力、情操、意志、观念、包容等，对钢琴教学影响极其深远。富有个性色彩的教师，往往更具吸引力和号召力，最容易获得公认度，且有恒、敏感、敢为、稳定，极容易引发学生兴趣、激情、灵感、幻想，很容易体现出教师的个性特色和个性张力。二是学生的个性在个人思想、音乐素质、性格特征等基础上，自我表现出的渴望、恒心、韧力、求知、聪慧、亢奋、恃强等，对教师的影响极大，最容易引起教师的关注。与此同时，个性教学的成效建筑在教师与学生的有相当起点的积极互动之上，体现出的教学价值非常明显，且比较独特。这些价值主要体现在钢琴教学的教学价值、人本价值、情商价值、智商价值、艺术价值、个性价值等比较独特的个性表现上。这些价值建立在共性化教学的基础上，因而更精粹，更具影响力和感召力。由此可以这样理解：如果钢琴教学的共性是皇冠，那么，个性就是皇冠上的那粒璀璨的宝石。

(三)共性与个性的教学新取向

共性和个性是一切事物固有的本性，每一事物既有共性又有个性。共性决定事物的基本性质，个性揭示事物之间的差异性。表现在钢琴教学上，共性是绝对的，任何共性都可以包含个性，共性只能在无数的个性中存在，并可以作为个性发展的一种基础。个性是相对的、有条件的，体现并丰富着共性。任何个性都不能完全被包括在共性之中，二者在一定条件下会相互转化。

1. 深化对共性与个性的认知

从共性与个性的矛盾属性看，钢琴教学的共性与个性是矛盾的对立和统一。共性与个性的原理贯穿于钢琴教学对立统一规律的一切方面。把握这条矛盾主线，就可以处理好共性基础和个性提升的关系，实现二者的互动与和谐发展。共性与个性的辩证关系又是正确理解和认识钢琴教学辩证思想的钥匙。人的认识过程由个别到一般，又由一般到个别，它是共性与个性矛盾的展开，不理解这一原理，就不能正确认识事物。从教学原理分析，充分认识共性与个性的内涵，才能依据教学规律既发展教学共性，也同时发展教学的个性。除此外，钢琴教学强调的共性是一类事物与另一类事物的区别，如钢琴教学与声乐教学的区别。而个性是同一类事物中不同个体的区别，是在钢琴教学的范围内应该把握不同的侧面。形象地说，钢琴教学的共性与个性，就是一组键盘艺术，共性是艺术中的表达工具，个性则是具体的不同音阶。

2. 关注共性与个性的绩效

钢琴教学的绩效，就是教学期望的结果，是教师和学生为实现教学目标在不同层面上的有效输出。钢琴教学的绩效包括个人绩效和钢琴学习集体的绩效。个人绩效的实现可以保证集体实现绩效，但并不一定保证集体的所有绩效。如何看待钢琴教学绩效，对教学的共性与个性发展尤为重要。在绩效中，绩就是业绩，体现着钢琴教学的目标，包括教学目标管理和教学的职责要求。效就是效率、效果、态度、品行、行为、方法、方式。它是一种行为，包括纪律和品行两方面，会体现钢琴教学管理的质量水准。关注这样的绩效才可能全面提高钢琴教学质量，使共性和个性教学发展更为顺畅，互动更为紧密，作用更加明显，优势更加突出。共性和个性的教学绩效主要表现在共同运用优化管理和职责落实，进而圆满地实现钢琴教学的目标。二者共同实现的目标主要包括钢琴教学取得的艺术成就、创造的精神成果和其他效益。共性的绩效带有整体性，如学生钢琴技能的共同提高、教师施教的效果显著、整体性目标管理和教学管理充分到位等。个性绩效则更多地带有共性绩效基础上的个性化绩效，更突出绩效的某些局部优势和绩效的独特表达，代表性更强，可以高度集中干预或影响共性的绩效。

3. 共性与个性的取向原则

钢琴教学的共性与个性取向体现了教学双向发展又合二为一的整体循环规律，价值的取向原则表现多样，主要表现在：一是共同具有教学共性与个性的清晰目标。目标既有共性的普遍性，又有个性的特殊性，尽管二者分分合合，但目标取向始终一致，即整体性提高钢琴教学的实际水平。二是共同取向于量化的管理，具有清晰的判断或考核的标准，有非常客观的表述方式。三是共同要求钢琴教学具有良好的职业化素质、道德、水准和能力。四是共同坚持取向可控和可实现的原则，突出其艺术性、可选性和可信性并贯穿于整个钢琴教学之中。五是共同具有明确的审美原则、审美情趣和审美意识，在大音乐的背景下，特别注意凸显钢琴教学的美学价值和自我的共性与个性美。六是共同取向于绩效考核，即教学的业绩考核和教学的行为考核。七是共同注重钢琴教学的五个环节，即制定教学目标、注重运作过程、善于发现问题并解决问题、促进教学成长、注重绩效获取与绩效资源分配环节。八是共同强调和坚持教学互动，教学相长，即教师施教态度、施教能力、学识水平、知识构架、情商与智商等的发展，学生受教条件、个人特征、个性表现、潜能质量等的体现，二者共同高度融合，紧密互动。九是共同关注钢琴教学资源配置，包括目标、计划、资源需求、过程控制，以及教学环境、人本氛围、组织实施、行为监控、激励鼓舞及信息反馈。

二、坚持深化共性与个性教学的实践

钢琴的共性与共性化教学由来已久，对此的课题研究亦不少。在理论上的探索已有了更多拓展，而在教学实践中还有不少欠缺的地方。教学形式与内容的拓展、教材共性与共性化的运用、教学手段共性与共性的创新等，都还没有更新的突破。

(一)创新教学的形式和内容

当前，创新钢琴教学的形式和内容主要体现在拓展钢琴教学的形式与内容等四个方面。

1. 拓展形式与内容的必要性

钢琴共性教学与个性教学至今没有更丰富的创新性理论成就，缺乏独具特色的教学实践模式或方法。钢琴教学的形式与内容拓展不够，有更深层次的原因。现代社会对钢琴教学的新要求，当前教学存在的一些疑难问题，教师存在的教学、经验、素质、方法等的差距，教学流派的不同教学特色，等等，对钢琴教学的影响依然明显。特别是钢琴教学受到传统教学的深厚影响，它所沿袭下来的一些教学方法，依然占有较大比例。这种钢琴教学的独特性传承，致使类似单思维与单模式的"一对一"教学形式和内容还在大量应用，对钢琴教学形式和内容的局限仍然比较明显。

2. 教学形式的进一步创新

钢琴教学的教学特质、固有的属性和形态，决定或影响着钢琴教学形式的创新。这种教学的形式创新受到钢琴自身条件和教改的影响，创新的难度历来很大，是钢琴教学中的重要研究课题。

钢琴独奏性很强，对学生的个体要求比较高。形式创新应该巩固与创新同步进行。小课，即"一对一"可以变为"一对二"、"一对三"等教学形式，可以在小范围内进行教学比对；大课，即某一个班级或几个小组的集体性教学，要突出教师示范形式和围绕教材进行的综合性指导，增加学生理解的质感；演奏会，可以利用钢琴演奏方面具有一定地位和影响的人，以固定的场所开办个人或集体的演奏活动机会，增加学生自我演奏的形式，扩大演奏的双向互动和一定范围的交流；讲座，是由教师不定期地向学习者讲授与钢琴学科有关的内容或新的发展以扩大他们知识面，或由主讲人向学习者传授某方面的知识、技巧，或改善某种能力、心态的一种公开半公开的学习形式。那么，可以利用讲座形式增加声像配套，增加反馈环节或形式，将"一人讲多人听"，转换为"一人引多人议"；公开课，可以利用有组织、有计划、有目的一种面向特定人群作为正式的公开课程讲授形式，增加教师不同教案的比较和学生的教学欣赏等内容，突出互动性和实效性；名曲欣赏结合教材进行选题，但可适当增加不同学派或不同表现形式的其他名曲欣赏，增加学生的艺术感等；对于比较随便、不拘形式讨论的座谈会，可以结合对某一问题交换意见，进行辩论或进行专题议论，再相互表明见解或论证的讨论会，将两种形式相互渗透，增加形式空间，利于展开和扩大座谈与讨论的内容，进而增长学生见解。至于教学考核、主修课和必修课设置、按教学大纲进行专业方向的课程设置等，形式创新的空间很大，方式很多，要改变一些传统的考核和设置方法，突出人本精神，创新的力点要多放在潜能开发、潜质学习、教学的预测思考和绩效之上。

　　3. 教学内容的进一步创新

　　钢琴教学内容创新空间大，方式多，相对于形式创新，它的运作更为容易，但可选性、可行性和针对性要求很高。针对钢琴教学实际状况，教学内容创新主要体现在五个方面：第一，为提高学生钢琴艺术的自我修养和艺术底蕴，要突破钢琴课程的一些限制，增加教学的丰富性和吸引力，加大钢琴艺术发展史、钢琴发展的各种背景介绍、钢琴家与作曲家的作品和风格提示、著名钢琴作品赏析和钢琴演奏家的声像资料回顾、美学原理概论等教学内容，开设钢琴综合艺术欣赏课程，对现有的钢琴教学进行创新性补充；第二，创新现有教学模式，实现多样性链接的"背景教学模式"，将相关的教学内容与相对应的音乐发展历史、相关作品与相关人物、流派等形成照应。如谈到 J.S. 巴赫作品，就离不开对巴洛克时期的 G.F. 亨德尔、F. 库

76

普兰、C.P.E. 巴赫、J.P. 拉莫等个人与代表作品的提示等；第三，为提高合作演奏或练习质量，注意增强学生的团队意识和集体精神，培养他们的多向性综合能力，可以利用教学过程或课余练习时段，增加四手联弹、双钢琴或多钢琴配合、钢琴协奏曲、钢琴与管弦乐等的合作演练，并以开小型演奏会、外出表演等形式进行交流；第四，切实提高学生钢琴伴奏能力，在增加钢琴伴奏的专门课程基础上，加大声乐伴奏教学力度，包括在伴奏谱弹奏和即兴伴奏两个方面进行更大的突破；第五，对教材欠缺的相关内容进行必要的补充和提高，因地制宜地增加学生的知识面。可以利用开设辅助性课程或讲座内容，对钢琴音乐取得的辉煌成果、钢琴音乐与美学的关系、健康心理与钢琴学习互动、钢琴学习的个性培养等，进行相应介绍与学习；同时，要拓展视野，适当引入非教材的教学内容，扩大对有代表性的作曲家、钢琴演奏家和相关作品的认知，以知识性手册等形式进行一些系列化介绍。

4. 新钢琴教学法的再认识

针对钢琴教学的五个基本，即基本内容、基本过程、基本规律、基本原则和基本方法，一些钢琴教学者和钢琴音乐研究人士提出了内容有所不同但主旨又密切关联的新的钢琴教学法。参照现行的钢琴教学大纲，依照内容、过程、规律、原则和方法，以及钢琴教学法指向高师钢琴课程的针对性，加上目前不少院校钢琴教学时间长短不一等客观因素，有必要依据钢琴教学法的相关部分所涉及的钢琴教学要素进一步深化认识：其一，钢琴教学法的使用范围不能仅仅局限于高师的钢琴教学，应该扩展它的两端，即本科钢琴教学和校外钢琴教学。其中校外钢琴教学涉及幼儿、儿童、少年、成人学习四个阶段，拥有更多的不同阶段的学琴者，他们更需要规范的、比较统一的教学法予以指导；其二，内容、过程等五个部分的编目和大纲设计要充分照顾到不同的学习群体以满足更多人的需求；其三，具体的内容应该怎么选择、过程应该如何阐述、规律应有何种体现、教学应该怎样要求，至今众说纷纭，没有真正形成可以基本运作的教学模式或系统，更有必要进行更多与之相关的教学实验，把握更多钢琴教学不同模块的实际应用情况，听取更多的钢琴教学设计者、施教者和相关专家的见解、建议和意见；应该进行更多的课题研究，切忌轻率从事，一拥而上；其四，在起关键作用的内容、过程和方法中，涉及现有的钢琴教学体系、不同的钢琴流派、不同的教学手段和模式、不同的师资力量等各种重要的教学要素，钢琴教学法显然还处于不算成熟的课题研究阶段，实践性的验证与运用明显滞后，因而需要充分酝酿，认真思考，多多试验，在逐步成熟中再逐步展开；其五，钢琴教学法论述的教学环节、实施细则、具体运作等还有不少地方缺乏代表性和可行性，增加了可操作和可持续发展的难度，基础性的、带有支撑作用的教学设计并不十分理想，还需要理论和实践并举，进行更多开拓性试验。

（二）注重教学方法的共性与个性需求

钢琴教学在具体的教学中采用何种教学方法，存在共性和个性的双重需求。从专业角度的教学方法出发，教学的共性需求具有明显的一致性：共同的教学大纲；相同的教材；相同的基本教学要求；一致性的手指站立、手腕配合、手臂运用等，包括各阶段有层次的各种基本练习；各种演奏法，包括快速弹奏或伴奏，等等，都大同小异，趋同性很强。共性需求在教学方法上的表现，代表了钢琴教学基本的共同行为和需求，也是每一个个性的共同需求。在共性需求得到满足的同时，教学方法的个性需求同样需要得到满足，即在因材施教中解决因人施教的问题。不同的学生还会有不同的要求。如某些教学内容、某些练习技巧、学生的个人理解与个性发挥等，显然都不尽相同。特别是教师形成的个性化教学特征、自我教学风格和教学体验，都会触发个性，加大教学方法的不同表现和产生不同的教学效果。满足个性需求的教学方法很多。学生对教师的选择、教师教学的个性化表达、学生对选修课的选定、教师对某些学生必要的"一对一"的施教补充、学生对教师教学表现的理解等，都是教学个性需求的表现。个性需求还存在双向性特征。教师施教过程中富于激情的表达，以充满活力的举止言谈介入教学相关内容的个性表现，就会引发学生的激情感和宣泄感，形成双向的个性互动。反之，因为不同的教师和教学方法，学生也总会有不同的教学效果，反共性与个性需求在教学中的反映非常充分。如学习贝多芬的作品，教师以《致爱丽丝》等著名作品确立教学突破口，可以围绕贝多芬的个人经历富有情感地进行介绍，那么，学生可以调动情感，感悟形象，激发灵感，增加更多学习的想象力。实践证明，对于不同年龄段的学生，更需要教学方法的个性发挥来提高教学的针对性，才能有的放矢地进行教学。

(三)提高教材共性与个性的互动

教材的共性主要反映为钢琴教学的不同阶段、不同的施教对象和不同的教学环境条件下，钢琴教学教材形成的共性关系。按不同的教学阶段，可以有初级到高级的四个学习类型，即前文已提到的指法、复调、练习曲练习、名曲练习；有按年龄来划分为幼儿、儿童、少年、成人四个钢琴学习阶段；有按不同学习对象的年龄、能力、基本素质、综合条件等进行分类教学的形式等。在这些共性的表现中，教材的共性要求处于很重要的地位。教材共性与个性互动常常是在一个阶段、一个教学范围内、一样的施教对象等条件下进行的。如目前高师钢琴音乐教学使用的通用性教材、本科钢琴音乐按大纲要求选用的教材、幼儿钢琴通用的基本教材等。教材使用的共性功能，决定了它的共性特点，即固有性、通用性和系列性。依据钢琴进行实践，按上述不同的学习类型，根据学生不同的音乐素质及条件，灵活科学地组合选用实用性更强的教材亦非常有必要。教材简单采取"大一统"的办法，用一个教材体系决定一种教学系统极不利于现代钢琴教学，也不能真正反映钢琴教学的实践。教学效果说明，使用拜厄的作品做教程，对于幼儿及儿童的钢琴教学非常重要，但成人就没有必要完成每课的具体教学要求。学习德彪西、贝多芬、莫扎特等人的作品，没必要一味突出其学习深度而忽视或淡化对其他作品的学习，由此还可以涉足布莱兹、巴列夫斯基、勋伯格、拉威尔、巴托克等名家的作品。如果深知贝多芬钢琴作品的内涵与深刻，却不了解舒伯特、巴赫等人的钢琴作品内涵所在，那真是难以想象的事情。按教学逻辑，假如以共性和个性来分别划出主教材和次教材，那么，主次之分必须体现这样的要素前提：教材必须以相对的互动来实现教材和教学的互补；某些次教材对于提高钢琴学习水平可能更有帮助；必须重视次教材后来居上或锦上添花的作用，二者缺一不可。因此，应该把握好教材使用方面的共性与个性之间的关系，精心为学生安排对不同教材的更多利用。比如，对音阶、琶音等的练习，大都选用车尔尼的带有明显的伴奏因素、左手多是功能和声连接的"599"教材。对有丰富的音型变化和伴奏特征的其他教材，其实也可以加以分析作为伴奏学习的辅助教材。利用教材共性与个性的互动来考虑教材的浏览性和重点性，并以此进行分类和选择教材非常重要。生搬硬套地采用一种教材模式，僵化呆板地进行钢琴教学练习，只能造成教材和教学资源的浪费。

（四）深化技术共性与个性并举

所谓技术，就是钢琴教学中的施教能力在具体教学中的一种能动反映。钢琴技术运用是钢琴教学实践性很强的基本教学手段。按照教学要求、教学的内容及教材要求，教学所反映的技术一致性，就是技术共性的反映。不同的教师有不同的钢琴技术，不同的学生有不同的技术吸收反应，这种不同的反应，就是技术表现的个性所在。理解力强的学生，在练习中手指运用可以克服手小指头跨度不够等的不足，弹奏跳跃比较自如，可以比较快地解决大音程、八度双音和弦、声部较复杂的乐曲的弹奏、快速跑动、高抬指速度和力度互动练习等问题，并可以比较轻松地记背比较复杂的乐曲。同时，对钢琴音乐的感悟，对作品的理解以及怎样进行富有个性的演奏，技术表现的共性和个性优势非常明显。反之，从个性表现看，手指独立性差的可加入"636"练习曲；左手不灵活的可加入"718"练习曲；能力条件不够理想的，可以由浅入深地先练习分解八度，进行没有太多跳动大的音程和八度双音练习；背谱，则要循序渐进，由少渐多，逐步积累，多进行记忆锻炼，同时教师要运用教师优势多指导、多点拨，多予以技术的个性启发和帮助。至于跑动不快或高抬指缺少速度和力度的，教师在技术上可以抓住两个关键点进行技术帮助：一个是解决手指、手腕和手臂的进一步优化问题，突出轻松自如的特点；另一个是由慢至快，以慢为基点，逐步加快，切不可抢时间、图进度，结果因噎废食，得不偿失。这些个性化的主要表现，既是个性的自身反映，也是对共性的积极补充与提高。

钢琴教学共性和个性并举的方法很多。有的教师根据教学技术的运用实践，对琶音技术类型，按初中级练习曲选用车尔尼"849"的15或25首、"718"的3或16首等，乐曲可选用默克尔的《蝴蝶》、李嘉禄的《清江河》等；中级可从车尔尼的"299"中选用，乐曲有圣桑的《天鹅》、平井康三郎的《樱花》等，取得了相当好的实际效果；有的为解决弹奏中的音粘连、断音和音跳问题，使声音流畅厚实，如行云流水般自然，重点就放在解决学生的手腕、手臂僵硬和使用手腕、手臂的力度来弹奏的两个毛病，强化手指弹奏能力，稳定指尖，灵活关节，使力量凝聚于指尖，让手腕与手臂合理利用自然力度配合手指弹奏；有的针对速度训练，要求手指跑动速度快，在瞬间提高手指击键的速度，过程是高抬指到近距离的快下键和快起键。而对一些具体学生的要求，则更注意结合重弹法，合理利用重量、重心转移、惯性、反作用力等因素，要求根据乐句走向、分句，调整运动方向、呼吸，解决支撑点、平衡点以顺应弹奏等；至于连奏，有的共同使用多用于高抬指进行手指跑动训练的《哈农》，认为它篇幅短小、规律性强、便于学习归纳；关于演奏或练习声音均匀的共性要求，即包括时值（节奏）的均匀和音量（包括音色）的均匀，有的主张利用音乐强弱明暗的变化和手指触键相应的深浅来进行区别，有的强调借助于节拍器对时值均匀进行训练，等等，都是钢琴技术共性和个性并举的范例。

钢琴教学的共性和个性表现，对促进现代钢琴教学意义重大。对此进行有深度的分析与思考，加大二者的互动与协调，使之更加和谐发展，就需要进一步对其内涵、特征、作用等进行更有深度的探讨与研究。钢琴的共性与个性关系作为一项创新性极强的课题，也作为钢琴教学极重要的资源，只有在理论研究和实践验证上创造更多应用方法或创新模式，把握更多的原理和规律，积极创新，认真实践，才可能真正促进钢琴教学中共性和个性的发展。

参考文献：

1. 约·霍夫曼. 论钢琴演奏［M］. 李素心，译. 北京：人民音乐出版社，2000.

2. 应诗真. 钢琴教学法［M］. 北京：人民出版社，2007.

3. 代百生. 钢琴教学法［M］. 武汉：湖北科学技术出版社，1998.

4. 樊禾心 . 钢琴教学论 [M] . 上海：上海音乐图书出版社，2009.

5. 魏廷格 . 钢琴学习指南 [M] . 北京：人民音乐出版社，1997.

6. 梅兰 . 论钢琴教学中的共性与个性关系 [OL] . www. zlunwen. com，2011.

7. 张殿坤 . 关于幼儿师范专业钢琴教学改革的思考 [J] . 北京：艺术教育，2009（7）.

8. 菲利普·津巴多 . 心理学与生活 [M] . 王佳艺，译 . 北京：中国人民大学出版社，2008.

9. 张春兴 . 现代心理学 [M] . 上海：上海人民出版社，2009.

关于企业党组织工作的几个要素分析

王启虎 　　　　　　　　　　　　（四川西南铁路国际旅行总社）

[摘要]　注重企业党组织工作的新特点及表现形态，进一步优化党组织工作的两个重要关系，以及对提升党组织工作质量进行积极思考，对强化当前企业党组织工作具有极其重要的作用。

[关键词]　企业党组织　特点　关系　质量　创新

中图分类号　D261.1　　　文献标识码　A

企业党组织是体现党的领导，贯彻党的方针、路线和政策的一级组织，是企业发展壮大的根本保证。在新形势下，企业党组织自身的党建工作成效如何，对企业的发展影响极大。在今天党组织工作所面临的新局面、新环境下，党组织工作进一步创新至关重要，对企业党组织的自我完善与自我发展影响深刻。

一、党组织工作的特点创新

特点，指人或事物所具有的独特的地方。企业党组织工作的特点鲜明突出，一直是体现党组织个性的独特的重要指标。坚持党组织工作的特点持续创新，已成为党建工作强有力的支撑。

（一）信息化的创新

现代社会发展在信息化、网络化和国际化作用下，智能化、知识化为特征的知识经济或智力经济已经形成，企业党组织信息与知识开发、配置和运用已经形成优势。党组织工作信息化特点集信息、智能、知识为一体，吸纳了经济、政治、文化、教育等诸多要素，是企业党建工作特点的重要创新内容。信息化优势带来的优势主要表现在三个方面：

1. 工作步入全新模式

党组织工作融入新思维、新概念，全面地接受各种发展模式，系统性、先进性、前瞻性特征表现突出：一是它不断扩大党建体系所表现出的多元应用模式，构成了设计、应用、创新新模式理念，构建了模式的创新体系；二是运用信息传播，大量汲取了政治学、社会学、心理学、管理学等知识所长，补充、完善或创新了党建工作的特点和内涵；三是充分利用信息化进程，使党组织工作的形态、种类、评价、表现等的多元化更为丰富。

2. 模式特点多样化

模式特点多样化表现在党组织的信息、调查、决策、组织、指导、协调、监督等特点模式多样化，使固有特点的内涵、定义、范围、指向发生了不少质变。随着这些模式的特点不断增加，潜在的应用要素亦不断增多，互动速度明显加快。同时，其实用、兼容、互动等功用表现日趋丰富，并与党建其他工作要素紧密结合，对党组织工作的促进作用越发突出。

3. 体现了更多价值

在新信息、新媒体、新思潮和新概念作用下，受传播形式、吸收存量等影响，党组织工作的信息化出现了更明显的从平面化到立体化的转变，并在转化中表现出更多的现实或潜在的价值特征：表现了党组织工作的应用化、知识化与体系化和细分化等的多样价值；促进了党组织工作功能、类型、结构、组织、实施等的互动融合；推进了党组织工作特点的演化、交替、创新等进程，展示出党组织工作的形象、特色、潜力、优势和前景日益明显。

(二)创新力度增强

创新党组织工作包括党建目标、体制创新、思想创新、配置创新、机构创新、制度创新、规程创新等各项创新。党组织工作创新性特点被放大与深化，更强调了三个创新基础的拓展性运用：强化原始性创新，即通过研究和开发，努力获得更多新发现，新节点，促进党组织工作技术层面的创新；注重集成创新，即通过各种相关党建成果融合、汇聚、催生和开发了更多党建资源；突出多元创新，即采用引进、消化、吸收手段，加大了党组织工作多元化创新。这三个创新已经成为党组织工作的重要基础。

(三)规范性内涵放大

企业党组织的规范性，指目标、实施、环节、步骤、流程、岗位、监控、评价等具有的相应的规矩和标准，也指党组织每个成员的言行、举动、思想、意识、观念等的规矩和标准。规范性作为行为规则或规范，明确规定了党组织或每个成员的行为模式，并以一定的权利和义务为自己的主要内容。党组织工作规范性特点的内涵放大表现在已不是格式化地强调党组和党员所必须遵循的行为规则，简单要求组织和党员该做或不该做什么，该怎样做或不该怎样做，而是更多的从内涵上突出了个人和组织的新型规范关系，增加了规范性指向，并以党员主人翁地位的确立来进行制度民主建设的规范、党组织与个人的互动规范、反腐明细化的规范等，使规范化带来的制度、目标、组织、法规建设等都有了新的内涵意义。

(四)党纪强制性日益鲜明

以党纪强制力来保证党组织对规则、指示等的实施，是党纪强制性的具体体现。它将党的意志通过党纲党章党纪明确表达在党的制度上，严格要求全体党员必须遵守，否则就要受到党纪制裁。强制力还包括法律强制力、组织强制力、强制影响力、制度强制力、强制执行力等。它作为党组织工作的特点之一，已更多地出现了意义上的增强。它表现在：一是党纪的强制力与其他强制力多样性组合与交叉，使党纪强制力有了更鲜明的个性色彩，阐述和表意更为贴切；二是更明确了党纪的强制力必须置于国家大法即宪法的框架内，不能以党领导一切的惯性思维来左右、超越或替代宪法的强制力；三是强制力突破了二元判断价值的选择范畴，注重了强制力的强制力度、宽度和深度，增加了人本参照要素，其修正、补充、完善越发明显，有力地增加了强制力的后继效果。

(五)程序性再度优化

程序性即以严格的过程次序，依规定的途径进行某些活动或实现的某个过程。党组织工作的程序化表现，常常是以明确、规范、条理的文字性阐述出来的各种文本、执行形式或制度章程等。程序性被进一步优化，最显著的特征是形式从繁至简，扩展了程序的可选性和可行性，使党组织工作的相关文本、法规等选择、制定的空间加大，力点增加，内容更为丰富，作用更加明显。不仅如此，经优化的程序性延伸所提供的稳定性、长期性和选择性，也为党组织工作优化程序特点、简化相关议程、提高工作实效、建立党建机制等，进行了更多的铺垫。

(六)长期性活力扩大

党组织工作长期性保证了工作的稳定性、有序性和开拓性。

这种长期性特点作用于党建各项工作，延伸了制定目标、计划设计、运行模式等各个环节与时段，保证了党组织工作的生命活力。党组织工作长期性的活力增加，表现在运用相关逻辑规则以长期性为前提，进行新的推理并获得新的认知：其一，长期性的延伸更多以连续性指标的系数变化为前提，为执行党的意志、目标、路线、方针、政策提供了时效与持续保证；其二，党组织工作的交换、互动、变更等链接更为长效，过程更为完备，党组织工作更为畅通与持久，防止了断层或裂变的发生；其三，长期性活力扩大，也增加了更多时段化的工作内容，带有一些特殊性和针对性的重点活动、举措等有了更大运作空间。

二、进一步优化党组织关系

关系，即事物之间相互作用、相互影响的状态，或指可以体现人和人、人和事物之间某种性质的联系。优化党组织关系一直是党建的重要核心之一。党组织关系包括自身和上级的关系、组织与组织之间的关系、反腐与倡廉的关系、监督与被监督的关系、党纪与国法的关系、领导与执行的关系，等等。

(一)党内关系的自我优化

党内关系是政党发展的基础。政党成员、组织体系、党内关系是任何一个政党组织都不可缺少的三个最基本要素。从党内一般关系看，有组织与组织、领导者与被领导者、上级组织与下级组织、党员个人与党的整体的关系等；从权力关系看，存在权力的授予、监督制约和党内的"主仆"关系等；从党员干部与普通党员的关系看，有选举的委托责任、主体与客体、决策与执行、监督与被监督的关系等。

1. 强化党内民主制度建设

党内民主是指党员在党的政治生活中，平等享有《党章》所规定的直接或间接参与、决定和管理党内各项事务的权利。

党内关系是政党活动的基础，要反映党的价值取向。在党内关系中，民主集中是最本质的属性和要求。

党员是党内的权利主体。强化党内民主制度建设要进行更新的思考：其一，要进一步调整党员权利主体与党组织的关系，高度尊重党员主体地位，切实保障党员民主权利，要真正改变党内权力过度集中、党员权利相对弱势的状况，还原其"志同道合"的内涵，巩固权利平等的基础。其二，将更大发挥党员主体地位作用作为优化党内关系的重点和方向，保障党员民主权利，推进党务公开，营造党内民主讨论环境，在制度上创新民主制度体系，使党员主人地位制度化、常态化、深入化，绝不能成为一种形式上的摆设。其三，坚持民主集中制，突出维护党的共同理想和要求，以民主与集中作为党内关系调配的重点，以此构建和谐民主制度，更多地充实民主内容，强化党员民主地位，特别要防止以集中来弱化民主，异化"少数服从多数，下级服从上级"的组织原则概念，干扰或偷换民主建设的内涵。

2. 完善和保障党员主体权利

稳步扩大党内民主，科学构建党内和谐，凸显党员的主体权利依然是当前的一项重要工作。党内关系重点是权利关系。保障党员主体权利要在四个权利范畴进行进一步的探索和创新：第一，党的机关或干部持有的相应权利，党员拥有对其进行批评、质询、弹劾、罢免的权利，可以解除权力的授予关系，最终收回委托权力的权利以维护自身主体利益。第二，党内权力机关的权力由全体党员共同授予，党员必然要通过监督与制约的权利对其进行更改、修正或补充，运用主体权利来保证监督和制约绩效，从而显示主体权利的尊严。第三，党员是主体权利的终极所有者，被授权的干部或机关只是权利的使用者。党员是党内管理的主体又是管理的客体，表现的决策者与执行者关系和确立的监督与被监督关系等，都改变不了党员的主体权利属性。第四，党员主体权利表现在党员在党内的主人翁地位，必须要进一步体现出党员的知情权、参与权、监督权、罢免权等主体的权威，并在制度、体系、组织、规定、执行等各个环节上予以充分体现，对党员权利的长效机制进行有力保障。

(二)优化反腐与倡廉的关系

反腐倡廉一直是党建工作的重中之重，意义极其深远，关系尤为重大。反腐倡廉要进一步调整关系，就必须要优化监督与被监督关系等六个基本关系。

1. 优化监督与被监督关系

反腐工作中，监督与被监督的关系不是主体与客体的简单链接。执行纪律和强化监督存在不同含义：一个是以党组织纪委为代表的监督与保证；一个是监督者自身被监督的保证。监督者执行必严，严行必果。从反腐规程的要求看，监督者在执行监督权的同时，同样存在自身被监督的问题。事实上，有相当多的腐败行为的实施者常常自身就是拥有监督权与执行权的领导者。这种权力滥用导致的权力腐败现象，对监督与被监督二者关系提出了更多的要求：一是必须注意优化监督与执行队伍，选拔优秀的党建工作者充实纪委等机构，解决好优秀的纪委人才倒流，防止出现监督与执行的真空。二是以制度和纪律作为监督者的执行保证。在执行过程中，执行者也必须接受来自党员群众、党组织领导班子和上级监督机构的有效监督。特别是在执行之后，不能以所谓的保密要求进行推诿和回避。三是建立监督保证制度，在加强监督的同时，积极进行相关指导，保证人、财、物上的必要投入，并要防止监督与执行机构的兼职化、班子形式化、工作虚拟化倾向。

2. 理顺党纪与其他法律的关系

党纪，是指党的制度、政策和纪律。党纪是党建的核心内容和党组织工作的关键要素。其他法律，即宪法、政府相关法律法规等。依据现代法理和法制理论，党的制度、政策和纪律等原则规定必须置于国家法律之内并为宪法所确认。党纪自身有三个突出特点：一是根据宪法的原则制定反腐败的法纪法规，具体确定反腐依法执行的体系框架；二是有计划地进行党纪的配套建设，强化它的科学性、可选性、可信性和可操作性；三是党纪必然会有目的、有计划地与政府等相关法律法规进行连接与互动、借鉴和比对，最终形成不同的反腐体系。这样，进一步理顺党纪与其他法律法规的关系非常必要。党纪着眼于党内执行，如纪律处分、开除党籍等。需要追究相应的法律责任，承担刑事责任与处罚的，则必须移交检察机关。党纪作为一种政党的法规和法纪形式，不能替代其他法律法规的实施，不能产生相应的法律效应；党纪置于国家大法之内，与其他法律法规并不等同，在法律责任上不可相互替代，党纪不能凌驾于其他法律之上，更不能以执行党纪来冲抵其他法律法规的责任追究。理顺关系可以有效防止以党纪取代法律法规、以党纪处罚代替其他法律法规的责任追究，造成此地被党纪追究而彼地仍继续任职等现象。

3. 强化制度建立与执行的统一

建立制度是反腐的重要基础，执行制度是反腐的必然结果，二者关系不能扭曲。其一，建立制度必须防止不规范、不深入、少宣传、少贯彻，或照本宣科、或束之高阁的现象。其二，在源头上就要重制定、重内容、重系统、重表现、重执行、重落实、重质量，要杜绝指定性与执行性的反差。其三，必须重视制度的建立者常常居于领导地位，在执行上置身于外，居高临下，自我监督和执行意识淡薄的情况，要突破"官本位"，优化制度建立与执行的关系。其四，防止由于一些特殊关系，执行被一再弱化，甚至放弃执行，出现虎头蛇尾的现象。其五，在执行过程中，注重发挥执行力和强制力，严防执行偏差，改变了制度精神与制度要求，出现执行违规。其六，根除"民不告官不究"现象,真正体现自上而下和自下而上的强制性与约束力,有相应的监管举措、严格的执行过程和客观的科学的评价与考核,保证执行的连续性和执行的有效性。

4. 注重有法可循和违法必究的一致性

建立健全党纪制度,以党法党规作为反腐的重要前提条件,必须做到党纪完备、措施到位、规章明晰、条款清楚。这是违法必究的基础,重在不断补充、完善和提高,使违法必究的可能性变成现实。实现二者的一致性,关键在违法必究的执行上。要真正发挥法纪效能,就要做到一个前提、多种处理和监控到位。一个前提,即违者必查、违者必惩,必须严肃处理,绝不姑息养奸,包庇纵容。多种处理,即一般违纪行为,也要进行相应的批评或警告,不可听之任之;对于腐败行为严重者,除进行必要的党纪处置外,触犯刑律的,还要依据国家相关法律法规依法惩办。监控到位,即杜绝用撤职替代刑罚、以党纪替代相关法律法规的刑责追究,做到在党纪法纪面前人人平等。

5. 协调严惩与防微的互动

坚持党纪,对各种腐败行为严惩不贷,更要防止"抓大放小",忽略个别性的违纪违规行为。这类行为常常会由小至大、个别引发一般、少数影响多数,会出现"法不责众"的严重后果。怎样防微杜渐,在严惩之前防止腐败极端化非常重要。二者协调互动的关键在以防微的手段及措施,形成反腐屏障,阻止产生量变到质变的异化。这样防患于未然,最大限度地将其控制在最小范围内。除了加大宣传力度、打造防微氛围用制度进行监控等之外,还要特别注意结合反腐实际,高度重视对制度建设的环节、末端、细部的控制;高度重视常态化宣传的务实性和实效性;高度重视个人或群体的素质、理想、学识、情操、志向等教育;高度重视领导者的自我形象和表率作用的发挥;高度重视党组织的自我综合性系统化建设;高度重视对个人或群体的关注度、关怀度,以人本精神来增强亲和力、凝聚力和互动性。

6. 关注制度建立和健全的职能搭配

建立和健全，二者关系密切，但概念不同。在反腐新形势下，建立必要的反腐制度，突出党纪权威、注重打击力度非常重要。但建立制度依然面临三个延续与创新的要求：一个是新形势下新制度的建立；另一个是新制度的可行性、科学性与可操作性；再一个是必须重视制度建立与健全的有效互动。制度建立和健全的职能搭配还需要在几个环节进行调整：第一，建立和健全相辅相成，缺一不可，必须调整关系，把握平衡，但要防止倾向性、趋同性的相互干扰，出现厚此薄彼的情况；第二，通过职能搭配取长补短，相互协调，更要注意二者档次整体性的提高；第三，要防止二者数量增加质量却下降的情况发生，结果造成形式僵化，实效降低，制度成了某种摆设；第四，职能搭配的根本在于创新和提高，就必须要紧密结合党组织工作，积极引进先进经验与先进模式，充分运用现代信息优势，作用于职能搭配，指导于职能搭配，使制度建设真正富有成效。

三、提升党组织工作质量的几点思考

企业党组织工作有自身的规律性和操作性。切实提高党组织工作质量，还需要进行多样性思考，以多元化手段来促进工作进程。党组织工作质量多种多样，主要表现在进一步优化思维、观念和行为，进一步完善有效监督等几个方面。

(一)进一步优化思维、观念和行为

党组织工作离不开思维、观念和行为的优化。优化是一种宝贵的创新形式，对党组织工作的班子建设、创新力度、绩效优化等，现实与潜在的作用都很巨大。

1. 优化思维的方法

思维是人脑对客观现实概括的和间接的反映，它反映的是

事物的本质和事物间规律性的联系，包括逻辑思维和形象思维。思维的形态极多，如个人思维、群体思维、社会性思维、创新性思维，等等。党组织工作优化思维在于改变旧有思维，以新模式来促进观念改变，推动思想进步。

(1) KJ（川喜田二郎）思维法

KJ 思维法即卡片法思维。它将无数卡片进行排列，按卡片之间的联系或能解决的问题，编出小卡片群，附上标题；由此再编成中长卡片群，最后形成大卡片群，并以大卡片群标题为纲，逐一排到其他卡片群，组合成新的观点或内容。这种卡片集团化的使用，容易出新创优，用于编写提纲，非常明晰简洁。

(2) NM（中山正和）思维法

NM 思维法即指人的记忆系统中的点、线结合的思维方法。它以人的第一信号系统对具体事物形成的条件反射作为着力点，第二信号系统对事物抽象化形成的条件反射作为着力面，再把积累的点加以集中，产生线的记忆，形成新的组合，推动创造性思维的发展。例如，人们的陆上代步工具有牛车、马车等，把这些非人力为动力的代步工具集中起来，人们就会找到规律，设计出速度更快的装置，于是发明了汽车、火车。

(3) 综摄思维法

综摄思维法即集合不相干、无联系的各知识要素，并取各要素之长，将其综合，创造出新概念、新观点或新产品。它可用新技术、新知识，从新角度对现有成果进行分析和处理，从而创造出新成果，也可以借鉴现有知识，在分析、综合中丰富自己的新设计或新设想。

(4) 假设思维法

假设思维法即打破习惯性思维模式，大胆设想，实现思维的创新和跨越。它可以虚设希望，提出假想，不受现有事物束缚；可以假想推测，以推测带动假想，将看似不可能发生的假想视为已经存在的现实，从而丰富想象，有形象思维的深化特征。

（5）汰略思维法

汰略思维法即面对复杂的事物，可先找出一个线索进行分析，如行之不通则放弃，再找另一线索进行分析，直到分析出我们想要的最终结果为止。

（6）缺点列举思维法

缺点列举思维法指列举事物多个缺点或全部缺点，然后针对缺点拿出办法加以改造，从而获得新的发现或新的发明的方法。

2. 更新观念设计

观念是党组织在实践当中形成的各种认识的集合体。党组织会根据自身形成的观念进行各种活动，从而不断丰富工作内容和提高实践水平。

（1）利用观念的主观性

观念的主观性关键在个人或群体的主观能动性的发挥。这种自觉能动性或意识的能动性，可以加深对党建工作的深刻认识，促进党员和干部有目的、有计划地进行积极活动。通过感知和认识，将工作目标等转化为一种无形的动能，更明确了应当做什么，以及怎样去做的途径。主观能动性可以引起物质具体形态的变化，是优化党组织工作的重要途径之一。

（2）利用观念的实践性

观念的实践性即指人们在进行创造性思维的过程中，必须参与实践，并在实践中促进思维能力的进一步发展，从而检验思维成果的正确性。党组织工作在改变观念前提下，可以积极开展创造性思维，以思维先进的表现形式来修正、补充感知与认知的深化，从而形成党组织工作的新思维和新模式。

（3）利用观念的历史性

历史性，即自我生成的一种思维本质属性，在时间的作用下所形成的一种思维形态。利用观念的历史性，可以进行思维的新旧对比和选择，加快思维改变，进而促进新思维的发展。它可以经过对比，促进思维选择，客观上可以加大思维转换，为优化党组织的工作绩效打下厚实的基础。

（4）利用观念的发展性

观念的发展性，指在动态条件下的思维方式或思维主张，进而在动态中形成思维结构，实现情感能力的协调发展。充分利用这种开放性思维对于党组织工作的发展与创新非常重要，并且极容易创新性地引发各种思维模式，如双向的 H 形模式、S 形回归模式等。

3. 注意研究行为的多样性

行为，指生物适应环境变化的一种主要的手段，也指人们受思想支配而表现出来的外表活动。行为方式多样，行为内涵、行为手段、行为结果等存在不同的形式。个人和群体行为、上级与下级行为等，都会对党组织工作产生极大影响。按党建目标、工作要求，对这些行为的多样化进行研究很有必要。行为多样性的思考主要有三个基本点。

（1）突出共性，尊重个性

行为规范也正是依靠众多的个性沟通与互动来整合出共同的行为。从创新意义看突出共性、尊重个性的关系，就要做到：一是突出党建的人本思想，在坚持共性的同时尊重个性发展。没有个性就没有共性。具体来看，就是要充分尊重党员群众的主人翁地位，积极助推有意义和有价值的个性发展，不能动辄以组织名义进行压制或打击。二是在组织的框架下，个性发展不能超越共性的原则要求或规定。不论赞同或反对，都必须从大局出发，在保留自我个性的同时，积极参与党组织的相关工作。三是要更多探索、研究个性化发展的趋向和影响力，充分进行个性设计，以个性的鲜明内涵和多样性延伸，来构建组织的个性，形成组织的个性特色和工作风格。

（2）深化行为与组织的关系

组织决定行为，还是行为决定组织？二者关系定位尚不充分。长期以来，党的组织原则确定了组织决定行为的普遍形式，但对行为影响组织的课题探索并没有实际性展开。按辩证唯物主义观点，二者的互动会在一定的条件下转化，即存在阶段性的侧重面，会有组织决定行为、行为反作用于组织曲线发展，不可能一个侧重面贯穿到底的情况。在新形势下，二者互动推进，而行为对组织的阶段性影响已日趋明显。这样的影响必然会增加行为主体的能动作用对组织的干预，行为与组织关系更具有可变性和互动性。同样，行为的改造和变异还会影响组织的运行模式，行为的价值取向及潜质，会加深党建的深刻性和复杂性。因此，行为对组织的影响已是党组织工作必须面对的新课题。

（3）重视个性发展的积极意义

个性，即个别性、个人性，是此与彼不同的特质表现。任何个人和组织都会以个性来表现个性化，进而表达自身存在的方式。个性的最容易显示的特点就是创新。组织、群体和个人的个性培养受到人际关系学、人力关系学、系统学等影响，形成了不同的个性发展模式。积极开发组织、群体和个人的个性非常必要：其一，党组织、群体和个人的个性深刻反映出人本价值；其二，党员的主人翁地位、主体作用需要个性培养；其三，尊重个人的心理、思维与行为，是体现党组织先进性的要素之一；其四，探讨个性发展空间与党组织工作个性的必要性、可行性和科学性，可以促进个体资源的开发和利用；其六，通过深入研究个性与创新、超越与进步、进步与跨越的密切关系，有利于认识和把握个性原理或规律。

（二）进一步完善监督机制

有效监督是执行的根本保证。完善监督机制主要表现在两个方面。

1. 认清监督重点与难点

现行的监督机制主要有上级监督、同级监督、下级监督、党内监督、群众监督、新闻监督等多种监督方式，但仍存在监督空白和监督不力的现象：同级班子成员的职权依附于党政主要领导，监督最容易被架空；执法执纪机构、人财物主管部门常常由企业法定代表人直接掌控，监督难以插足；党员或群众对领导班子的具体运作知之甚少，监督常常又落不到实处；现有权力运行使企业党政"一把手"处于单位核心，有效监督更容易流于形式。因此，监督必须要解决监督的重点与难点所在，才可能使监督行之有效，落到实处。

2. 注重监督的实效

注重监督实效必须要重视两个重要前提：一个是避免形式与教条主义的深刻影响，党组织工作摆架子、装门面的弊端；一个是深刻认识党建的重要性和紧迫性，真正树立党员和群众的信心，提高党组织的权威性和公信度，从五个方面提升监督的实效：第一，加强制度建设，强化制度保证，必须要公开透明，监督到位，上下一致，取信于民；第二，监督必须有广大的党员和群众的积极参与，做到监督的常态化、制度化、体系化和法制化，其监督权、参与权、知情权、决定权等必须充分到位；第三，监督必须务实求真，内容实在，条款清晰，执行严格；第四，积极创新推行"党员主人"的追究责任制，深化党员主体作用；第五，抓住疑难问题进行热点阐释，促进交流，只有实实在在搭建桥梁，才能实现真正的有效监督。

重视企业党组织工作的新特点、新的关系形态，进一步探讨提高党组织工作质量等，是企业党组织工作的重要内容。企业党组织工作在新形势下，通过对党组织工作的相关要素进行创新性思考，促进党组织工作创新至关重要，也必然会对企业党组织的自我完善与自我发展产生影响深刻。

参考文献：

1. 曾庆红. 关于党的建设工作 [M]. 北京：中央文献出版社，党建读物出版社，2010.

2. 徐敏捷. 新编思想政治教育概论 [M]. 大连：大连理工大学出版社，1992.

3. 黄卫平. 中国基层民主发展的最新突破——深圳市大鹏镇镇长选举制度改革的政治制度解读 [M]. 北京：社会科学文献出版社，2000.

4. 浦兴祖. 中国当代政治制度 [M]. 上海：上海人民出版社，1990.

5. 中国大百科全书·政治学 [M]. 北京：中国大百科全书出版社，1992.

6. 杨清辉. 党内关系：政党和谐的突破口 [OL]. 新华网（WWW. NEWS. CN），2009—12—21.

7. 孙其昂，邱建中. 思想政治工作学概论 [M]. 南京：江苏人民出版社，2001.

财产保险企业财务管理现状及对策

李 科 　　　　（中国人民财产保险股份有限公司成都市青羊支公司）

[摘要] 财保企业财务管理现状提示了在管理过程中存在的一些具有普遍性的问题。根据这些现状，本文提出了进一步促进财务管理的相应对策，对财务管理的优化进行了创新性阐述。

[关键词] 财保企业　管理现状　对策

中图分类号　F842　　文献标识码　A

银行、保险与信托投资称为现代金融业的三大支柱。保险业作为三大支柱之一，地位举足轻重。其中，以财险为保险主体的财产保险企业（下称财保企业）自身更具有明显的经营与管理特征，对内部财务管理必备的经营风险、转移风险等的职能要求更高。它所涉及的管理控制风险、人力资本风险和经营的战略风险等，自身依附性极强，运载系数大，要素活跃，可变性强，预测性差，对提升财务管理的风险意识与风险防范提出了更高的要求。

一、财保企业财务管理的现状

依据 IAA（国际保险协会）风险结构划分，财保企业自身风险有资产风险、负债风险、资产负债管理和操作风险四大类。

其中，财务管理主要涉及操作风险，又包含人力资本风险、管理控制风险等多样性风险，影响着财保企业财务管理的运行手段与模式。随着财保业的不断发展，经营规模的进一步扩大，财务管理已面临两个新的变化，即以偿还能力为基础的操作风险在不断扩大，财务管理的风险种类在逐步增加，而现有的财务管理配套不力，反应迟钝，管理滞后，创新乏力，财务管理现状不容乐观。

(一)财务管理风险意识淡化

财保企业财务管理存在的各种风险，一直是财务管理极为重要的预警和防范对象。管理作为一种职能反映，各种具体管理风险的承载力极大，化解要求极高。这样特殊与专一共举的财务管理，存在事实上的管理单一、相应制度监管乏力与管理层面被日益固态化的情况。一切可以按部就班，照章执行的现状所形成的管理既定模式或管理习惯，管理者的风险意识常常容易被淡化，风险抵御能力被弱化，一旦发生风险事故，便举措不力，或责任上交，或推诿规避，有效管理常常难以到位。财务管理风险意识淡化还表现在几个深层次的管理环节上：一是财务管理在职能上没有完全融入企业的全面管理，简单的财务被动式控制形态比较明显，深化管理的空间狭小；二是财务管理平面化，单线条上下对应，管理依然比较粗放。特别是在一些基层单位，财务管理风险还没有完全进入常规性管理，从保单运作到最后的保险完成，中间诸多环节受控度小，随意性大，监控不力，加重了风险管理难度；三是个别财务管理者管理技能、财务学识、操作方法、责任意识等淡化明显，难以面对市场、信用、经营、控制等多样性风险，不能承担风险责任并进行有效管理；四是对财务能动管理、绩效评估、资本化运作、信息利用等管理常常处于无序状态，意识、观念、行为等无承担、无作为表现比较明显。

(二)财务管理整体绩效不明显

财保企业强化财务管理的基本标志之一,就是管理理念与机构行为的和谐并存与有机互动。前者主导性强,是管理思维、观念的具体体现,有相当的持续性和创意性要求,对建立相应的风险管理机构关系重大。后者是思维、观念等的行为与形态体现,表现在以机构的形式来进行有效的风险管理以取得绩效价值。管理上的风险意识的淡化,必然导致理念陈旧,创意与开拓不力,进而影响财务管理的绩效。资料表明:不少财保企业,尤其是一些基层分支机构,财务管理理念较差,没有建立健全财务风险管理体系、风险管理监控班子和相应的防灾防损举措。单一的财务管理导致机构亦配置欠缺,人力、物力难以到位的状况依然比较突出。按照财保企业的财务管理要求,已设立的财务稽核部门技术力量严重不足,功能难以发挥,无法在客观上强化财务管理,进行全力监控,更难以对整个财务的风险管理进行预测、分析、策划、实施与考核。这样,财务管理绩效所反映的各项绩效中,除经营性指标的大量数据显示经营绩效外,其他绩效,如风险管理、人力资本管理、经营风险介入等分项管理综合性绩效测量、绩效评估、动态调整、资源最优配置、实际盈利水平分析等,都没有形成最终的绩效体系。经营业绩单打一情况没有突破性改变。

(三)管理者综合素质参差不齐

财务管理者的综合素质状态对财务管理影响极大,往往会左右财务管理的运行效果与管理绩效。它表现在:其一,具有相应的学历或学识,但技能高低参差不齐,一些管理者个人实际财务管理能力薄弱;其二,继续学习能力欠缺,满足现状,不求上进,知识经济与技能转型表现不尽如人意,个人综合能力明显滞后;其三,财务管理存在的法定代表人任命制或上级委派制,在相当程度上承袭了原国有企业的用人之道,股份制企业法人治理模式被表面化,几乎没有实质性的渗透或突破,人力资源的竞争与转换机制运作表现不充分,影响了财务管理人才的开发与利用;其四,现有的财保企业与寿保企业一样,两大国有控股之下形成的经营垄断性,在财力、物力、人力、资源、运作等方面均在同行中占有绝对优势,唯我独尊,导致自身竞争力不断隐性退化,财务管理遵循现有模式,使不少财务管理者与国外先进的管理意识、管理理念、管理模式等已形成了不小的差距;其五,为保险业的经营特性所决定,财务管理人员与保险业务人员一样,同样存在着人才流失问题,造成财务管理者的引进、任用、培养等链条脱节,财务管理布局失衡,此强彼弱的局部反映比较明显,对财务管理大局构成了潜在威胁。

(四)财务风险管理缺乏执行力

财保企业的财务管理风险的类别不少,表现形态主要有两个方面。从明的执行力看,企业的经营业务主要以当地保费收入的多少来衡量经营业绩。保费量将直接与市场份额挂钩,那么市场份额即市场占有率便成了企业重中之重的经营指标。这样做的结果是导致企业经营过分看重规模,重速度,轻质量,低价格竞争份额、承保盲目加大,增加了财务管理的难度和绩效。由于财务管理表面化,就可能出现年初或年中明账看似清清楚楚,年终岁末却空账、呆账、死账时有发生,财务管理常常束手无策,企业出现空头业绩。从暗的执行力看,企业经营以市场份额多少为经营业绩,经营操作不明朗,对风险认识不足。加上为求市场份额,一些经营方式从设计到推出,并没有认真权衡利弊,可信度与可选度存在隐性缺失,成了一种潜在的暗风险。同时,经营质量下降与财务的管理不对称,还极易引发企业的多种风险发生。暗风险带来的执行力的模糊特征,往往加重了财务管理的内在压力，短期的、突击性的经营，不仅使财务管理短期化，还会极大地影响到企业财务的决策与实施，财务管理的法规基础、制度环境、操控体系、运作绩效等，都会受到极大牵制，执行空间被扁平化，加大了执行的难度。

(五)管理协调平衡能力不足

财务的风险管理，从企业内部与外部两个剖面看，如何实现二者之间的协调平衡发展，一直是财保企业的一个难点。在通常情况下，过度淡化外来财务风险，看重内部财务风险，管理失衡的现象在不少财保企业中还比较突出。仅仅把握保费催缴、入库，统计好相关数据等，在扩展市场份额的激烈竞争中，要达到管理内外平衡，协调发展已成为发展的瓶颈。财务管理协调平衡能力不足主要表现在四个方面：首先，财务管理人员与具体各个客户之间存在隔断，不了解具体客户的财务状况。这种仅靠企业经营人员的运作与举荐，财务只是被动办理财务手续，完成财务的进出管理，客观上误导性极大，最容易出现操作风险。其次，同行竞争影响市场行为规范。由于企业经营机构的具体经营人员操作简单，与客户一对一的经营方式非常普遍，财务人员坐等、坐办、坐收，没有适当的监控程序或手段进行匹配，管理人员对保费缴纳等介入性差，一边倒的管理运作，极易造成风险管理的整体失衡。再次，在相关的法律法规滞后和行业组织自律性差的情况下，财务管理者对一些保险中介经营资格、职业道德状况、运作基本手段等不了解，对中介机构等可能带来的风险举措贫乏，防范不力，难以进行有效控制。最后，财务管理被动，协调平衡能力不足，难以主动出击，面对一些负面影响认识不足，对可能出现的保险欺诈等对应的管控措施到位率极低，防范难度进一步加大。

(六)财务管理上下监控不到位

财保企业财务管理上接上级财务管理部门,下接一些分支机构,处于财务管理的中间环节。对上而言,财务管理职责就是按时提供企业财务报表,接受相关财务检查监督等,更多的依赖数据进行管理。至于上级部门知道多少具体财务情况、财务运行现状存在的问题等,自己并不十分清楚。对下而言,财务管理并不十分了解各分支经营机构具体经营情况,不清楚这些分支经营机构可能或正在面对的一些经营风险。加上一些分支机构,特别是一些基层保险单位和中介机构违背市场规律,盲目发展与违规经营,更多通过合同外口头承诺、系统外违规操作等方式来争取业绩的状况,使非理性竞争手段更为隐性化、渗透化,致使管理难度进一步加大,监控失衡,财务管理的处置能力、偿付能力、追欠能力等均受到相当大的威胁。同时,这些分支机构自身管理不当,数据不规范,经营人员未在规定时间将投保资料和保费及时上缴,结果造成上、中、下三级财务管理的经营数据与财务数据不匹配、不统一,有的甚至成了一笔难以理清的糊涂账。

(七)难以介入人力资本管理运作

财务管理的一个重要管理核心,就是对人力资本的风险管理。保险业的快速发展对人才的需求越来越大,人才供应脱节的现象非常明显。财保企业同样如此,同行之间彼此"挖人策反"的现状,使财务管理对人力资本的掌控难度越来越大。在当前人权、财权高度集中于企业"一把手",或者两权被高度集中于上一级单位的情况下,财务管理涉及人力资本管理,是看似有资本管理而实际并无资本管理可言,"空对空"情况普遍存在。在这种基础上,财务管理基本没有涉及人才引进、人才素质、个人品质、个人能力等多个方面内容的人力资本工作,更没有介入人才队伍建设、人才结构调整等关键性实施环节。调查表明，财保企业的财务管理机构对人力资本的风险管理几乎成了一项管理空白。对于企业自身人力资本队伍建设、人力资本开发与利用，财务管理没有实质的知情权、建议权、参与权与监督权。这样的真空，必然会影响企业自身队伍的建设与稳定，难以有效防止企业人员跳槽现象，对杜绝市场"跳蚤"更是难上加难。

(八)管理的动态管理能量不足

财保企业财务管理的主要形式仍然是大量的静态性的报表，经营状况多依据月度、季度报表进行经营绩效分析。这种事后的分析与评价，难以及时反映相关经营情况与财务管理实际运作情况。它更多看重数据，看重相关指标是否达标的静态表现，很少动态的分析与总结，更难以在事前或事中对不理想的指标及时进行调控与修正。管理能量不足，带来的财务管理风险明显存在于四个方面：一是管理过程中没有实实在在的风险掌控能力与举措，出现问题时难以按相关规程进行及时处理；二是对相关分支机构所分解的具体经营指标难以量化，缺乏财务监督，事后弥补性的管理非常被动，出现管理被异化的情况，即经营常常左右财务管理，财务管理对经营的能动反应或介入几乎消失；三是缺乏风险管理评估体系，没有相应的分析与评价系统进行相关指标的量化，没有评价、考核与总结的动力；四是风险指标、行动绩效与监控操作不协调，财务管理常常无所适从，仅能依靠呆板的数据进行对应管理，导致一些经营的呆账、死账一拖再拖，久拖不决。财务管理动态能量不足，举措不力，报表来报表去，加之配套的监控措施不到位，很难在经营全过程中积极发挥作用，管理的针对性与主动性没有渗透到经营的各个环节，被动管理、被动处置，对财务的综合性管理阻碍极大，影响不小。

(九)行业大一统管理忽视了企业财务管理的深化

风险防范机制、内部运作效率、资本约束机制、人力资源管理体制等在当今的财保企业早已成形。由于目前财保企业的中坚力量仍然属于国有控股，企业长期背靠国家信用支撑所形成的垄断性经营特征非常突出。因此，企业自身的财务管理创新能力与开发能力一直不高。企业多靠上级部门和保险监管部门等来制定管理规程，确定财务管理基本模式，建立财务管理制度，并且在业内进行统一的贯彻实施。在行业网状管理机制或体系管理下，按照"大一统"标准，企业财务管理只能依据相关原则与规定来进行管理。这样，以地方为经营主体发展业务的各地区性分支企业则难以结合地方实际，及时处理经常出现的财务问题。在管理日趋僵化、职能越发单一的情况更为突出的情况下。僵化、乏力的财务管理加重了企业资本消耗，管理风险越来越大，隐患越来越多。特别是在盲目追求经营业绩的负面影响下，财务管理仅仅是被动办理财务手续的工具，没有真正体现出管理绩效的增长点和潜力优势，功能被进一步异化现象越来越明显。

二、全面提高企业财务管理的对策

财保企业的财务管理既有一般财务管理的共同性与稳定性，又有自身的易变性和难以预测性。上、中、下，即上级财务管理部门、企业自身管理机构和对下的分支单位管理的"竖井模式"纵向优势虽然比较明显，但横向的管理一直比较薄弱。依据现代企业财务管理要求与企业自身发展需要，财务管理工作与时俱进，要在管理体系或运行机制上进一步取得突破，就必须强化管理以满足财务管理的现实与未来需求。

(一)切实改变现有财务管理的理念

从财务管理表看来，它形式比较固化，稳定、高效、严谨等要求非常明晰。管理人员相对稳定，管理方式延续性比较持久，数据反应比较敏感，对风险防范意识等亦有明确要求。但从实际财务管理对风险意识的防范、举措等多个层面看，由于强调求稳、强调严谨，财务管理对综合性的风险管理极容易被单项化，往往局部管理替代了全面的管理。改变理念，创新思维，进行富有创意的现代管理已迫在眉睫。改变财保企业财务管理的理念主要体现在两个方面：一个是必须树立财务管理的现代理念，要在管理意识、思维、观念及行为上不断吐故纳新，积极吸纳现代保险财务管理的先进思想、创新模式和配置要素，不断进行自我更新。另一个是改变理念要注重管理人员综合素质的整体性提高，利用新理念、新思维来引导企业现有的管理工作，对现有管理机构、班子、人员等及时进行调整、充实与提高。特别要注重用先进理念引导思维创新，用创新举措深化财务管理，用个人管理技能来深化管理。在当今财务管理进行经济资本和人力资本双新运作的前提下，充分发挥个人能动作用与综合素质优势，突出重点，使现有的管理多元化、全面化，用立体管理替代平面管理，在稳定中求创新，在创新中求发展，已成为财务管理理念更新的迫切要求。

(二)积极进行财务管理的统筹运作

对现有财务管理进行统筹，目的在于构建经营与管理互动的新构架，在管理中体现决策，在决策中推动经营，在经营中充分发挥人力资源优势，进而提升企业财务管理现有水平。统筹主要体现在企业三大模块之上：一是经营与财务管理的统筹，在全局上要实现二者的协调和谐发展，即以财务管理作基本动力，夯实经营基础，改变经营行为单一主导财务管理的方式和经营行为制约管理运作的现状，实现二者的有机互动；二是财务管理要具体深入地积极介入经营风险与管理风险，利用经营人员与财务管理人员二者的充分融合与协作，制定方案，实施举措，变双向风险为单一风险，利用经营和财务管理的双向优势，构建具体的联动机制，优化资源，集中运作，增强化解风险的能力；三是注重优化企业经营与财务管理的整体优势，积极建立经营与财务管理的体系或系统，实现经营与财务管理近期、中期与长期规划统筹，在人力、物力和财力上进行必要的投入，尤其要注意对人力资本的充分利用，尽快将人力资本转化为经营与管理资本，用人力资本强化企业经营与管理职能，实现财务管理的多元化运作。

（三）注意改变传统绩效考核方式

财保企业要真正减少经营主体自身潜在的经营风险、资本风险、道德风险等多种风险，真正杜绝为达到经营目标而违反市场规律或相关制度的短期经营行为，就要切实改变传统的绩效考核方式。从财务管理角度分析，忽视长期经营利益，损害企业公信力、道德信誉、职能潜质等诸多现象的发生，与现行的绩效考核系统关系极大。改变考核现状，必须要做到四个改变：一是改变传统绩效考核过分看重经营指标而轻视人本服务功能的做法。考核看重经济效益，更要看重社会效益，看重服务质量，看重企业、市场和客户的潜力。财务管理在运作考核时，应该配合企业相关部门，一看经营实效，二看个人经营业绩与财务管理的互动实绩，三看个人的经营素质发挥与潜质状态。二是利用绩效考核，强化企业自身财务管理风险机制的建设，注意个人经营行为可能导致的经营风险对财务管理的负面影响，在财务管理机制上及时进行补位和调整，尽力控制风险的发生。三是改变经营层级过多、管控不力的现状，用财务管理密切影响经营管理，互动移植有效的管理方式和手段，强调

"面对面"或"一对一"的财务管理，实现管理与经营的双向深化。四是运用企业现代财务管理优势，积极引进财务管理的先进模式，运用模式创新绩效考核，配置优化考核的相关指标，改变目前绩效考核平面化、单一化状态，实现以人为本，达到资本、经营、风险等的管理全面创新。

(四)积极打造财务管理的优势环境

财务管理环境建设十分重要，但在不少财保企业还没有真正形成环境优势，对保险资源的急功近利的随意性开采依然比较突出，财务管理大环境非常脆弱。促进环境建设的优势要素比较多，利用率高，操作性可选度较大，对于积极防范各种企业风险作用非常明显。打造优质的财务管理环境从硬要素看，必须保证一配置，即人力资本利用与开发，包括企业领导者、管理者、执行者、相关人员综合素质、技能与运作能力等的配置，使财务管理具有"软着陆"的环境条件；二建设，即财务管理目标、机构、体系、运行机制的深化建设，财务管理监控、考核制度的建设；三保证，即保证财务管理组织、流程、技术、模式等的正常运行与健康发展，并不断调配、补充和完善。建设有效的财务管理环境还特别要注意对带有隐性特征的"软要素"的充分利用。它包括企业的文化建设的潜在影响、企业管理大环境的积极引导、财务管理风格或个性的发挥、企业相关的强力支撑等。其中，企业文化对构建财务管理优势环境潜移默化的影响最大，对财务管理环境的培育与发展持续力很强。开发和利用企业文化建设资源，并及时巩固与财务管理环境建设的对应点与共通性、互助力，是企业文化要素与管理要素的紧密结合，课题新颖，对于财务管理优势环境建设意义深远。

(五)强化财务制度与经营流程的双向管理

财务管理要保证管理绩效，必然要依靠财务制度与经营流程的双向管理来提供强力保证。制度体现管理的思路与目标，流程体现管理过程的状态与质量，也最容易创新财务管理的新模式。这样的双向管理，可以凭借制度强化流程监管力度，推动人力、物力和财力资源实现科学配置，利于资源效益的最大化，实现综合绩效的立体化。更重要的是，经强化的监控"风险底线"，可以在实际运作中有效杜绝或减少利用假赔、截留报废、拖延保费支付、滞留呆账、中介洗钱、倒卖发票、套取资金、违规退费等现象，加大对重大违法违规行为的打击力度。同时，双向管理有了财务人员与经营人员双向监督，实现了经营与财务管理"面对面"、"一对一"的操作，可以及时协调双方关系，及时处理管理与经营问题，提高管理与经营双实效。在财务管理与经营流程互动中，财务管理与企业经营还可以信息联动、信息共享，财务知晓经营、经营了解财务，可以实现企业自身、业内、社会的资源再生与调配，确保双向管理顺利运行和健康发展。

(六)严格现金交易和见费出单双向制度

财务管理要充分实行资金收付转账结算制度，并纳入企业财务管理的内控范围，引导业务处理流程，充分利用银行结算工具，尽可能减少使用现金所带来的风险。在积极向社会和客户倡导资金收付转账制度，动员客户亲自办理缴纳、退保和赔款领取手续等基础上，加强POS（刷卡机）机设置、账户建立、柜面建设、记账刷卡、柜员转账、银行交现等多种交易方式，从而实现资金收付的直接结算。鉴于财保企业目前采用的通过应收来发展业务依然普遍，即先出单后收款的业务流程，极易出现人为操作风险的现状，推行见费出单制度可以在客观上杜绝或减少风险发生，增加了保险系数，特别有利于当前的财务管理。按照见费出单流程，财务管理可以采用管理的递进模式，形成客户投保、经营人员预核、财务人员审核、投保生成、缴费提示、客户缴清保费、财务管理生成、缴费凭据、完成保单并提供发票的流程，可以进一步减少风险，保证客户和企业双方利益。

(七)强化投保提示和保单回执制度

投保提示指客户投保前，财保企业依据投保内容、范围等向客户提供的相关保险信息。它具体包括：准备投保的保险标的情况；保险实际期限界定；准备投保的险种的明细价格与总额；缴费与签单并领取保单及发票的提示；缴费期限、缴费方式以及可供转账结算的开户银行及账户；经营人员的相关行业自律提示；客户自办过程及环境介绍，等等。保单回执制度旨在加强客户对企业经营人员的监督所履行的一种防范风险的制度。具体指完成保险事项或保险内容后，在送达保单时，由客户在保单回执上签字予以认可并交付企业审核备案的过程。投保提示和保单回执制度不仅加强了企业诚信建设、提高了行业公信力和促进了社会监督，并且可以确保经营过程的公开、公正与透明，它以客户、经营人员的互动与反馈的S回归形式，限时、限地、限人，简洁可靠，操作方便，为财务管理提供了清晰的管理信息，也是经营人员与财务管理人员的具体互动形式。

(八)注重批单退费管理的规范与完备

在财保经营过程中，由于种种原因，保单批改退费时有发生。按照相关原则，财务管理必须要注重两大环节：一个是保单批改退费须由投保人或被保人提出书面申请，并且理由充分、内容完整。非自然人业务退保申请书必须加盖单位公章，提供符合财务入账要求的有效凭据。另一个是自然人业务退保必须在退保收据上签字或有与预留印章一致的签章，同时提供有效证件复印件。全单退保业务必须收回与保险合同有关的所有单证的正副本。退费资金只能支付给被保险人、投保人或受益人,承保企业不得接受任何其他形式的支付委托。依据原则,财务管理强化规范与完备的目的在于:尽可能减少人为因素影响,降低财务风险;突出经营与财务管理规定程序,规范经营和财务管理人员的操作行为。

(九)加强财务对经营业务的动态认知

财务管理与经营业务互动性差一直是当前财保企业财务管理的一大盲区。二者往来过程单一,财务管理对企业一线经营的动态运行情况知之甚少,缺乏互动管理与相互作用的衔接。财务管理对经营业务的动态认知对于促进财务管理非常有必要:财务管理对经营业务的动态反应,可以知晓经营各个环节,针对不同环节实施财务管理的不同调控;及时配置优势要素,协调、支持一线经营工作,发挥财务管理优势,提供财务相关规定或警示,做好经营人员的财务参谋;利于财务管理人员全面了解企业经营的业务进展状况,增加自身的综合技能;利于协助企业制定相关经营策略或经营决策,完善企业经营机制。

(十)加强财务管理新课题的探索与研究

提升企业财务管理工作,不断创新发展,是当今知识经济社会发展的客观要求。财务管理要创新发展更进一步,就必须要注重对相关财务管理课题的探索与研究。它主要集中在五个方面:其一,积极探索,与时俱进,不断改变思维方式,创新观念,提高意识的认知程度,促进思想与行为的不断提升;其二,不断吸纳、引进、消化、借鉴国内外同行的财务管理先进经验,创新模式,注重对财务管理的新课题、新规律、新理论、新发展的研究,如正在探索研究并已经逐步实施一种新的风险评估方法,即经济资本的多样性研究;其三,进一步强化财务管理机制、体系建设,不断拓展管理空间,尤其要加强财务管理控制风险、人力资本风险和经营的战略风险的研究与调控，对市场风险、信用风险、保险风险、商业风险、运营风险等管理进行系列化掌控；其四，不断加强财务管理队伍建设，积极引进人才，建立人才竞争机制，提高管理人员的业务素质和综合素质；其五，要扬长避短，在注重加强企业自身管理、增强抵御风险能力的同时，做好发现问题、处置风险、解决空白、消除盲区等带有负面影响的课题研究。

财保企业的财务管理与企业发展生死攸关，也是现代企业管理的核心要素。对此，进一步强化财务管理，推进现代管理制度与机制健康发展，真正在财务管理中取得实际成效，将是财保企业财务管理探索与研究的恒久课题。

参考文献：

1. 周玉华，张俊. 保险公司合规风险管理 [M]. 北京：法律出版社，2010.

2. 霍冉强. 现代金融风险管理 [M]. 北京：科学出版社，2004.

3. 王国军，徐高林. 后金融危机时代，保险业的风险防范与战略选择 [M]. 北京：法律出版社，2009.

4. 唐庚荣. 我国保险企业操作风险管理现状及对策[OL]. 中华会计网校，2010-10-22.

企业党建工作主要问题及创新思考

王启虎 （四川西南铁路国际旅行总社）

[摘要] 认清企业党建工作存在的一些综合素质不高、机构与制度建设滞后等现状问题，由此结合强化企业党组织的总体工作，加大在建立健全反腐体系、规范党组织整体行为、增强三个监督力度等七个方面展开创新性探索与研究，对促进党组织自我创新，进一步取得工作实效具有重要意义。

[关键词] 企业党建　现状　创新

中图分类号　D261.1　　**文献标识码**　A

　　企业党建工作是党全面建设的重要组成部分，同样体现着全党的党建工作实效与成果。企业党建工作必然要紧紧扎根于党的宗旨和目标，要高度集中体现党建工作"以人为本、执政为民"的实质，以党建工作的科学性、丰富性、先进性和指导性来引导、评价、检验企业党建的全部工作及成效。如何进一步开拓企业党建工作，创新性地提升党建档次与质量，已是当前企业党组织工作的重要标准和崭新要求。这就需要对当前一些企业的党建工作的现状以及党建工作中存在的一些问题进行分析，并积极进行探索、研究和改革，创新性地开展工作，促进企业党建工作再上新的台阶，力争党建工作实现新的跨越。

一、企业党建工作存在的主要问题

企业党建工作成效明显，主流发展优势突出。企业党组织的自我建设、自我完善、自我提高，在领导、组织、指导、监督、反腐等不少层面上，已实现了既定目标，进一步巩固了党组织执政为民的地位，党组织的先进性和创新性得到了更大的发挥。在党建工作日益信息化、创新化、程序化、规范化的影响下，不少企业党组织各项工作已步入了一个新的发展时期。但从整个党建工作的大局上看，一些企业党组织的党建工作参差不齐、实效各异的现象依然比较突出，还存在着一些亟待解决的问题。

(一)综合素质亟待提高

有高素质的企业党组织，才可能有高质量的党建实效。党建工作体现的素质要求，即具体的领导、监督、组织等的作用发挥；党员与党组织领导者的意识、思想、行为等的具体表现；反腐倡廉、规范制度、工作状态、服务体现等的制度落实等，在一些企业党组织中表现得还不尽如人意。

1. 以人为本体现尚不鲜明

以人为本是科学发展观的核心，是党坚持全心全意为人民服务的根本宗旨的一大体现。它摒弃了旧哲学人本思想中的阶级局限和唯心主义缺陷，强调以人为本并鲜明地回答了发展"为了谁"的问题和发展"依靠谁"的问题。企业党组织为民的核心表现在积极发挥全体员工作用、维护企业员工利益等基础工作上。但在一些企业中，表面以人为本，实际见物不见人的现象依然比较明显。一些领导者权力在手，高高在上，以我为本，视员工为"零件"或"机器"，官僚主义、形式主义、命令主义依旧没有多大改变。党的"党员主体地位"、"主人意识"、"四严"、"两治"等核心要求不能及时到位，以人为本的人本思想体现仍然缺乏力度。

2.综合素质参差不齐

部分党组织领导班子成员和一些党员表现出的综合素质差异比较明显，已难以实现党组织发展的要求。综合素质参差不齐、良莠不分主要表现在六个方面：一是政治素质，即世界观、思想、观念、意识等僵化保守，缺乏创新度，意志、韧力、行为等质量水平不高；二是一些成员相应的学识不够，知识结构老化，知识化、专门化和信息化程度不高，个人智商、情商和能力等的发挥有限；三是组织或个人综合性能力不足，能力的多样性、系统性和实践性配套不足，协调不够，在实际工作中技能单一，处置乏力；四是一些人满足于现状，看重既得利益，工作照本宣科，或敷衍塞责，或束之高阁，或轻描淡写，或应付了事，组织结构呆板，个人实绩平庸；五是继续学习目标不明确，缺乏后续动力，表现为个人能力日益欠缺，个人行为拖拉松散，对党组织发展和促进党组织自我的创新性建设消极处之，影响已经不小；六是防微杜渐意识和处置能力难以适应反腐的新要求，对反腐认识不深，流于形式，监控能力明显不足，举措仍不充分完备。

(二)机构与制度建设相对滞后

机构建设不到位，表现在党组织领导班子和一些基层组织配置还不完备。一些党组织领导班子主要领导兼职现象突出，工作面面俱到，重心经常转移，常常力不从心。一些基层组织成员配备空缺，基层党组织活动极容易被闲置或流于一些形式；一些党组织工作部门常常与其他非党组织工作部门出现人员的工作和职务交叉，"你中有我，我中有你"现象突出，相互干扰，工作效率难以提高。而且，因为机构建设不到位，党组织相应的制度建设亦被明显拖后。它表现为依样画葫芦，用上级的大制度来"套出"自身的小制度，立足于形式，翻新样式，应付检查，敷衍考核，没有党组织自身的个性化设计和创意性表现；制度建设没有充分结合自身实际，要么内容单调，空洞无物，要么堆砌条款，刻意装饰，致使监督被架空或虚化，难以真正发挥效用；执行不力，监控、责任、考核与评价经常被淡化或公式化；党建工作缺乏创新力、感染力和吸引力，工作跟不上形势、跟不上需求的情况比较突出。

(三)操作性与执行力有待加强

操作性与执行力是执行党建目标、展开各项工作的根本保证。按照党组织现行的上下、同级、党内、党外等操作和执行方式，一些企业党组织仍然存在操作与执行监督不力的现象。它表现在两个大的方面：一个是操作难。一些班子成员与党组织领导依附关系密切，自上而下的一些操作被隐性化，且操作单一，缺乏信息反馈；企业一般员工难以知晓领导班子具体运作情况，只有无条件地执行；企业通行的法定代表人状况，权力被高度集中，特别是面对一些核心信息，容易出现"一人操作，群体执行"情况，操作形式化、虚拟化比较突出。另一个是执行难。由于缺乏操作性，执行由此大打折扣，程式化、教条化与形式化更为明显。谁来执行、为什么执行等问题没有根本解决。二者因此缺乏有机结合，互动性较差。加上一些制度本身就缺乏可操作性，更是极大地影响到了执行的成效。

(四)党员监督作用的发挥有限

由于职能不同、岗位不同，党员群众的监督更多流于形式而缺少实质性监督对象和监督内容。按照目前的运行体制，除了上级监督以外，对企业党组织的监督还面临两个难题：一个是党组织限于自身职能权限，对企业行政等的监督还不充分；一个是党员群众发挥主体作用，对党组织的监督因各种原因而仍然被架空。再加上企业各个部门归属不同、结构不同、运作不同，党员群众的监督作用渠道不畅、信息不通，没有监督与信息共享的体系或平台。这样的监督便常常成了有条理、有内容而无监督行动的空对空；有规章、有制度却少了监督的考核与评价。党员群众在没有自上而下、自下而上的强力法规的保证下，他们的监督权、知情权、参与权、执行权并没有真正体现出来。

(五)党建资源开发利用能力不足

党建是一种极宝贵的资源，是党组织发展的重要动力。党员个人或群体更是一种特殊的人力资源。如何实现资源优化开发、优化配置，进行可持续发展已成为党建工作的一个新课题。但在实际工作中，企业党组织被更多地视为党的一级执行与保证的组织，党员群众被视为一种简单的上行下效的执行者，是"齿轮"或"螺丝钉"，更看重他们的劳动功能和无条件的执行作用。党建资源的开发与利用不足主要表现在：其一，党员在执行中的个人或群体主观能动性发挥明显滞后，他们的才智发挥对党建工作的积极推动作用没有因势利导地诱发出来，没有形成一种资源优势；其二，党组织自身工作的潜在空间没有进一步扩大，潜质开发不够，新要素利用率差。党组织的作用更多地表现在强调统一、实现目标的指挥与执行上，组织的自我资源存量不清、类别不明，闲置的情况非常突出；其三，没有改变观念去创新意识提升党组织的价值观，缺乏积极性去借鉴或运用相关的社会和经济发展的原理、规律及模式，对党组织资源进行规划、设计、开发和利用；其四，现有资源的浪费较大，有限的资源常常被用在一些形式的摆设或应付性的活动上，功效低下，浪费严重。

(六)对反腐常态化认识不足

企业党组织反腐倡廉是党建工作中的重要任务，是党组织长期性的重要工作。反腐必然要制度化、机制化才可能实现常态化。二者是反腐常态化的两个重要支撑：制度化以制度建设来反映反腐的系统或体系的建设形态，是反腐的重要前提；机制化以反腐的机制运行来保证反腐的成效，是反腐常态化的结果。

1. 制度被教条化

它主要反映在四个方面：首先，从制度制定到监督一切按上级指示办，按固有的观念或意识办，不从实际出发，具体情况不做具体分析，将反腐斗争简单化、规章化、教条化；其次，不分析事物的变化、发展，不研究反腐的最新情况，忽视反腐斗争的复杂性和特殊性，提到反腐便按章执行，依法开路，一切按规矩办，将反腐制度绝对化、执行极端化；再次，在实际的执行过程中，有制度而少行动，有行动则生搬硬套，简单对应相应原则或概念，依据定义、公式或原则，套入性地处理相关问题；最后，反腐的日常性自我检查、常规性的制度执行等，都源于条条框框、本本主义，理论被教条、思想被僵化、实践被弱化、绩效被虚化的现象比较突出。

2. 机制被形式化

机制被形式化主要反映在三个方面：第一，形式完美，内容枯燥，搭架子弄结构，却内容空空，目标不明，举措不清，言不由衷或言之无物；第二，照本宣科，依样抄转，条款清晰，表意明确，却常常用来应付检查、敷衍上级、忽悠群众，虚构反腐形势和绩效；第三，上有指示，下有形式；上有目标，下有对策。系统体系样样有，法规制度条条在。总之，表面冠冕堂皇，机构运行依然，机制彰显清晰，但无创新，并容易"边缘化"、模式化，使得机制没有坚实的反腐基础，自我发展无根本动力。

二、必须创新企业党建的基础性工作

无创新就无进步。企业党建工作千头万绪，归根到底在于加大创新力度，用新观念、新思想扩大基础性工作，推动党组织建设的进一步深化。

(一)健全和完善反腐体系

要进一步完善企业反腐工作，就要以法治腐，推进反腐法制进程，强化反腐体系建设。它主要表现在两个基本方面。

1. 进一步强化反腐常规化建设

反腐的法制建设是一项系统工程，必须形成科学、严谨和完整的体系。将经常实行的规矩或规定动态化，并在动态化运行中加以不断调整、补充与完善，使之成为一种可行性极强的日常规矩或规则。它首先表现在反腐的常规化之上。所谓常规化，主要有五个关键点：一是反腐必须形成一种常态，并且始终处于运行之中，构成动态性监控系统；二是常规化必须成为党组织工作和党员群众思想、概念及行为的可靠定势，富有先进性、科学性和启发性；三是具有发展的优势空间，将常规化变为常规性、一贯性，突出可调可控可创新的要素开发和应用价值；四是必须加大常规化的创新力度，对常规化的形态性、演绎性、稳固性和创新性等特征进行常态性的探索，扩大常规化课题的研究范围；五是在常规化基础上，特别注重常规化行为与反腐体系化建设的配套，进而在体系化建设过程中提升常规化的档次与质量。

2. 加强反腐的具化性创新

反腐的具化性创新指反腐制度建设中的各项具体化的建设，如环节、重点、难点、局部、阶段等的建设。具化性建设在党内，主要指党纪等各项制度具体化的综合性建设。具化性的反腐制度建设开拓性强、范围广，有鲜明的反腐目标，重点突出，要害清楚，可以借此推进创新，使反腐更具活力、影响力和感召力。具化性作用于对外链接同样重要。在国家宪法的框架下，具化性可以使党纪与相关的政策法规、军队法规等实现相关联的资源配置、关系协调与和谐互动。这样的具化可以取长补短，相得益彰，更突出法制建设的优势，并且可以分清党纪与国家法律、法规等的不同属性特征和不同实施对象，明确各自的处罚与追责关系。反腐的具化性创新还特别表现在两个大的方面：一个是在党内推进了各项制度的建设进程与建设质量，制度化、规范化、长效化与创新化有了坚实的发展基础，法制和执法的法定程序及实施有了更清晰的基本原则；另一个是可以避免一些法律法规滞后的现象，可以有效防止党纪替代相关法律法规进行处罚的情况，并明确了党纪置于国家大法之内，党纪处置与追究相关刑责有不同的法规依据和不同的法律结果，突出了法律面前人人平等的法理原则。

(二)规范党组织整体行为

规范党组织整体行为依据法理概念和功能，有三种行为模式：一是禁止性规范行为模式；二是命令性规范行为模式，三是授权性规范行为模式。规范党组织整体行为更多的是前两种行为模式，并可以借此进行整体规范的创新性思考。

1. 注重禁止与命令的规范

禁止，即以某些禁令加以制止。禁止性规范模式主要依靠党纪制度以明令禁止的形式来规范行为；命令，即上级向下级发布的权威性的指示。二者含义和具体行为指向有所不同。从禁止看，创新力着重在禁止的广度与深度上。两个度互动性强，特征非常明晰。如何利用二者的对比性来实现齐头并进，互动平衡，一直是禁止性规范行为模式研究的一个热点。从命令看，由于它不是法规的明确文本，带有的指示性不如法规制度那样严谨和具有明确的强制性，下级就可能存在全部执行或部分执行的情况。注重禁止或命令的规范度，即利用二者互动与结合，体现规范的程度与规范的质量，已经是企业党组织规范整体行为要切实考虑与研究的新问题。

2. 加大制度法本性的约束力

党纪是党内法本精神的体现。凡违纪者必要受到纪律的制裁，包括警告、记过、开除党籍或公职等；触犯刑律的，超越党纪处置范畴的，必须按照相关的法律法规，承担相应的刑事责任，直至被依法剥夺生命。依据法本精神，无论警告、记过直至刑法处罚，都要扩大警戒范围，提升威慑力度，强化约束力，使党纪和国法成为反腐和社会稳定的不可或缺的有力武器。加大约束力带有根本性、全局性、稳定性和长期性，意义的延伸表现在：一要提高自我约束的自觉性和约束能力，不仅是为了反腐需要，更重要的在于可以切实提高整个党组织和全部党员的自控意识、自我韧力和自我辨别力；二要注重党组织和全部党员整体综合素质的提高，尤其是个人的意志、思想、行为、学识、素质等的综合性提高；三要更多地从人本思想出发，增加约束性的凝聚力和亲和度，把约束力变为一种高尚的精神和意志体现，变为一种人人遵从的共识和行为。

(三)力求增强三个监督力度

企业党组织自身的三个监督力度，即事前、事中和事后的监督力度。它包括目标监督、决策监督、执行监督、绩效监督、知情监督、参与监督等各种不同的监督。事前监督力度主要体现在针对相关目标、相关计划、相关举措、要素配置等在实施前的监督。这样的监督可以优化工作要素，激发更多积极性，使工作更为完备，其防患于未然的作用非常明显。事中监督包括进程监督、环节监督、运行监督等，可以随时进行补充完善，解决一些突发事件，特别有利于提高工作质量。事后监督有评价监督、考核监督、总结监督、上报监督等。这样的监督，可以优化工作绩效，有利于评判总结与提高，弥补性极强。要创新性地突出三个监督力度，突破口主要集中在四个工作环节：一是对党组织用人制度的监督，重点要关注用人的公正、公开与透明的监督环节；二是对执行党纪的监督，包括反腐倡廉、行为规范等的责任性监督富有成效；三是对党组织重大事项决定权的监督，特别要注意优化"集体领导、民主集中、个别酝酿、会议决定"原则；四是对突出党员主体地位真正落实的监督。它表现在民主制度建设的参与和监督、党员主人地位各项权利落实的监督，等等。

(四)提高党组织的优化意识

优化党组织是保证党的各级组织的战斗力、号召力和影响力的重要手段。党组织进行各种优化必然要联系实际，科学预测，重点选择，根据自身优化条件和优化项目进行立体型优化。从优化途径看，党组织优化主要有上级的监督性优化、同级党组织互动以取长补短的优化、社会影响力带来的优化、组织内部的自我优化等。从优化意识看，有认知的感知意识、精神的感悟意识、理性的思考意识、概念的把握意识、定义的运用意识、原理的成效意识、规律的发展意识等。此外，结合党组织的群体或个人，还有自主性意识、自新性意识、自律性意识等。

优化党组织的意识在结合自我发展实际、满足自我需求的前提下，要开创性地提高意识的优化质量：首先，要深刻认识意识的成因，理解意识的类型及其多样的表现形式，搞好意识的培养和意识的选择工作。其次，要充分利用意识的基本原理和内在规律，分析党组织意识的优化途径，进行意识的优化思考。具体看，就是要搞好组织成员或群体的意识的开发利用、择优选项、方案设计等工作。还要利用意识的内在作用介入党组织相关工作，构成意识体系或系统，搭建好意识平台。再次，要走出一些意识的误区，认识到意识的丰富性和可选性，不是简单地利用组织的手段来制定模式，统一意识，而是要允许不同意识的存在与互动，尊重个人意识，集纳优化意识来影响组织的行为。最后，要充分利用意识的潜能作用，具体结合本职工作，把握好意识的转化、意识的创新和意识的研究，特别是组织在不同时期的意识需求、个人或群体意识的形态表现，以及意识对思想、观念、行为的潜在影响，都要积极进行探索与研究。

(五)突出党组织"一把手"的表率作用

"一把手"是党组织权力的集中体现者，是一级党组织最高利益的代表者。"一把手"的思想境界、道德质量、学识水平、能力表现、综合素质、个人魅力、性格特征、情操气质，等等，对党组织的影响极大。如何进一步提高"一把手"的个人综合素质，已经是党建工作成效考核的一项主重要指标。因此，"一把手"的具体表率作用尤为重要，主要体现在七个方面：一是个人综合素质的表率。它包括个人的智商、情商、道德、才能等多项性的质量水平。这种带有综合性的作用发挥，优势越明显，个人影响则更为深刻。二是反腐倡廉、完善自我监督和自我教育，自觉接受监督的表率。它具体表现在党性党风党纪教育、履行党风廉政建设责任、正确的权力观和政绩观、拒腐防变的意识和能力等多个方面。三是"一把手""以人为本"的表率，即摆正个人与组织、个人与群体的关系，可以充分激发群众的个人积极性，尊重维护党员的主体地位，在民主制度建设中可以有所作为。四是敢于用人和善于用人，要从多数人中选人，从多数人中选出好人，真正选好人用好人培养好人。五是具有开创性工作能力，敢于积极吸纳新思维、新意识、新思想、新观念来影响组织，感召组织，将创新性开展工作的表率变为一种创新的引力。六是在组织、管理、指挥、运作等方面具有相当丰富的实践经验，做到行为鲜明贴切、行为引人入胜。七是具有个人工作、生活、社交、情感、亲和、关爱等优质品质，道德清廉，情操高尚，具有持久的影响力和潜质的能量发挥。

"一把手"的表率作用不可能一蹴而就，更不可能面面俱到，完美无缺。党组织的"一把手"只要严于律己，兢兢业业，在个人表率上就会真正有所建树而取得实效。

(六)强化党建的信息沟通和共享

党建离不开对现代信息的吸收与利用。在信息化、网络化、新媒介不断创新发展的今天，党组织置身于现代社会的政治、经济、文化、教育、知识等综合性信息环境中，信息的沟通、互动、共享已越发重要，成了党组织工作重要的信息源头，对增加党组织发展要素、优化党组织工作意义重大。

1. 加快信息化建设进程

现代社会进步的显著标志是社会化形态的信息化、网络化、智能化、国际化的发展与交流，社会信息聚合的世界"地球村"概念已经深入人心。在互联网、新媒体等日趋社会化影响下，党组织处于这样的发展环境中，加快信息建设，促进信息传播、交流、互动、利用、反馈，已是自身刻不容缓的工作。加快信息化建设进程就是利用现代信息提升组织管理的手段和过程，主要表现在加大对计算机技术、网络技术和通信技术的发展和应用；依据党组织需求，可以利用信息综合性特点，对其他资源进行优选取舍、融会贯通。企业党组织信息化建设进程的优化还重点表现在信息量、利用率、传播速度、反馈评价等的进程优化上，已是当前信息化建设开发和利用的关键点。

2. 优化信息指标与利用率

信息化建设是信息来往、信息价值、信息服务核心支撑平台。企业党组织信息化建设包括了党组织需求、潜在资源开发等多个方面。它的具体指标表现在电子通信、网站建设、电子商务、文本利用、网络投入、资源管理、质量管理、信息库量等方面的具体应用情况。这些指标不仅标志着党组织信息利用率状况，更多会体现出指标的优化形态。依据目前一些企业党组织信息开发与利用存在的差距，优化指标要体现信息的沟通和共享需求。对于怎样沟通、实现怎样的共享，党组织必须要因势利导，搞好自身信息平台的建设；要利用指标优化，即要根据信息类别、信息数量、信息质量等对所用信息指标和将用的信息指标进行分析，制定自我的指标优化方案，创新指标模式；对信息指标不断进行筛选过滤，建立自我的优化数据库，进而优化整合信息平台；要注重信息的利用率。信息利用率是评价运用信息数量、质量与传播的重要参考依据，也是信息数字化的主要体现。优化利用率，一要加大信息拥有量和信息库存量，扩大自我信息资源，增加信息选择与利用绩效；二要注意常用信息指标与创新型信息指标的互动与交换，进而实现信息指标的不断更新；三要对利用率进行分析，即对利用的总体状况、利用的类别、利用的过程中出现的问题等进行总结，通过利用率的提高优化信息工作，开发更多信息资源。

(七)真心实意关心党员和群众

企业党组织维护党员和群众利益，关心他们的权利、地位、工作与生活是党组织义不容辞的重要工作。党员和群众有归属感、关爱感，党组织才会有更大的凝聚力和战斗力。长期以来，不少企业党组织忽视党员与群众利益，更多关注他们的作用价值和能力发挥，淡化了应有的关注与投入。关心党员和群众，主要有政治思想、经济利益、法定权利、工作岗位、生活状态、家庭情况等多样性的关心。党组织领导班子成员必须要深入基层，用亲和力、人情味广交朋友，坦率真诚、了解心曲、理解愿望、解决疑难、鼓舞信心。同时，把握好关心的热点，突出心理关心、细节关心、人情关心、困难关心、职业关心、子女关心、家庭关心等，真正体现党来自人民、植根人民、服务人民的根本宗旨。除此外，党组织还应该建立党员和群众疾苦过问制度，将关心常态化、系统化；实行定点定员定期或不定期的关心，以"一帮一"、"一帮二"等形式把关心付诸行动；紧密结合党组织的和谐建设，在党组织运行机制上增加工作亲情化建设项目，把"群众利益无小事"变为具体的工作内容，从而形成和谐氛围，使党组织更具向心力和凝聚力。

企业党组织要与时俱进，将组织建设成为体现时代精神，具有先进理念和先进思想的组织，就必须深刻理解党的服务宗旨，把握党建的核心内涵，反腐倡廉，优化制度，自觉地维护党和群众利益。同时，党组织还要针对现状，抓住问题，创新性地开展各项工作，才能真正无愧于党的事业，无愧于人民，无愧于时代而大有作为。

参考文献：

1. 胡锦涛在中国共产党第十七届中央委员会第五次全体会议上的讲话 [N] . 人民日报，2010-10-15.

2. 中国共产党第十七届中央委员会第四次全体会议文献 [G] . 2009-9.

3. 李长春在纪念建党 90 周年理论研讨会上的讲话 [N] . 人民日报，2011-7-6.

4. 曾庆红 . 关于党的建设工作 [N] . 北京：中央文献出版社，党建读物出版社，2010.

5. 徐敏捷 . 新编思想政治教育概论 [M] . 大连：大连理工大学出版社，1992.

6. 张德 . 组织行为学 [M] . 北京：中央广播电视大学出版社，1997.

7. 余凯成 . 人力资源开发与管理 [M] . 北京：企业管理出版社，1990.

8. 杨清辉. 党内关系：政党和谐的突破口 ［OL］. 新华网（WWW. NEWS. CN），2009－12.

9. 萧鸣政. 工作分析与理论的方法 ［M］. 北京：兵器工业出版社，1997.

车险营销策略分析

周灏波　　　　　（中国人民财产保险股份有限公司成都市分公司）

[摘要] 车险业务在分析和认知客户群体的基础上，必须兼顾车险业务的产品（Product）、价格（Price）、渠道（Place）、促销（Promotion）和服务（Service）五个方面，要依据车险市场的实际情况，分清主次，才能有的放矢地进行营销分析和搞好实际营销工作。

[关键词] 保险公司　　车险　　　营销策略

中图分类号 F062.6　　　**文献标识码** A

随着我国经济的快速发展，保险对国民经济的保障和推动作用日益明显，与人民群众的日常生活日益密切。作为财产保险公司，如何通过车险市场的宏观环境分析和保险公司自身车险业务的企业内部分析，在分析客户群体的基础上，兼顾车险业务的产品、价格、渠道、促销和服务五个方面，分清主次地进行营销分析，不断提升车险营销竞争能力，已是财险公司发展的一项重要课题。

一、车险营销的客户分析

保险公司针对自身能力向客户提供有特定内涵的产品，在整个同业市场中实现价值传递，这些特定的客户就是客户群体。

车险产品的客户群体就是拥有车辆或是即将拥有车辆的团体和个人。分析车险产品的客户群体，是做好以客户为中心的车险营销策略的第一步。客户群体有很多不同的类型，因而有不同的特征和需求。

1. 团体非营运性客户群体

团体非营运性客户群体主要是指党政机关和企事业单位用于工作需要，而不作为运输营运的车辆。这类团体客户可以分为三类：一是各级党政机关和事业单位；二是中央及地方所属大型企业集团；三是资产规模较大的股份制公司（包括外资）与民营企业集团。这类客户群体自身管理较为规范，业务质量较好，风险较低，对价格的敏感性一般，对于保险费的支出一般看成是一种正常的管理费用，但对保障范围和理赔服务要求很高，更倾向于选择品牌公司。

2. 团体营运性客户群体

团体营运性客户群体主要是指大型的运输车队、出租车以及工程车等，在管理上相对于个体的营运性客户更加规范。这类客户会将保险费用视为一种营业成本，对价格的敏感性更强，将理赔服务质量的好坏放在第一位。在风险管控上，营业性用车风险较大，需要保险公司主动提供专业的风险管控建议和指导。在品牌选择上，对品牌的信任度一般，在价格和服务优惠的条件下，此类客户群体还是比较愿意选择品牌较次的公司，对合作关系较为看重。

3. 个人非营运性客户群体

个人非营运性客户主要就是指私家车主。私家车业务逐渐成为车险业务的主要组成部分。此类客户群体，在保费支出上，保险费属于家庭消费的范畴，对手续费高低、保费价格特别关注，对保险公司选择带有明显的随意和多样化以及逆向选择性，需求的市场化程度和风险程度也较高。对于售后理赔服务，他们有严格的要求，既要迅速合理又要方便省事，多要求一站式的全面委托。

4. 个人营运性客户群体

个人营运性客户是指一些个人用于营运性的车辆，比如个体运输车辆、营业用拖拉机等。这类客户是所有客户群体中风险最大的，由于他们将保险费也视为一种营业成本，而且对于理赔服务的敏感度不如团体营运性客户群体，因此对于价格的关注也是最高的。在很大程度上，如果价格优惠、理赔能够满足一定的需求，他们对于公司品牌、合作关系等的关注就会比较低。很多保险公司都将其视为质量比较差的业务，在营销上竞争相对较为宽松。

二、车险营销的产品策略

产品策略是市场营销组合策略的基础，指制定经营战略时，首先要明确企业能提供什么样的产品和服务去满足消费者的要求。

(一)基本营销产品

目前车险产品分为主险和附加险，主险包括了第三者责任保险、家庭自用汽车损失保险、非营业用汽车损失保险、营业用汽车损失保险、摩托车和拖拉机保险、特种车保险、车上人员责任保险、盗抢险、提车险等；附加险主要包括玻璃单独破碎险、火灾、爆炸、自燃损失险、车身划痕损失险、可选免赔额特约条款等。车险品种繁多，可选面大，在期望产品、延伸产品或潜在产品上还可以大有作为，实现不同的产品组合。

(二)团体客户产品策略

1. 团体非营运客户

注重产品的保障和延伸价值、期望价值是稳定团体非营运客户的重要手段。在产品的策略上，应当加强与客户的沟通，了解他们需要哪种程度的保障，推出承保条件合理但保障较为全面的产品组合，并配以专人全程、定点的服务，包括及时的出单、送单以及全程的"一条龙"服务，而且要做到迅速合理。同时还要建立一种长期稳定的合作关系，在业务拓展上更需要充分站在客户需求的角度，成为他们的风险管控专家和值得信任的合作伙伴。

2. 团体营运性客户

这类客户群体由于将保险费视为一种营业费用，他们的需求就不是完全的能做多大保障就做多大保障，还要考虑经营成本，而且对理赔服务的要求也较高。因此，他们更加注重产品的价格和延伸价值，对期望价值也有一定的要求。对他们的产品策略，就是要重点规划好在客户承受范围内的保障组合，做好理赔服务和风险指导。

3. 个人客户产品策略

从策略看，可以将汽车按车价分为若干档次，在每个档次对车辆保险进行不同的组合，设计不同的保险单并赋予生动易记的名称，如单保第三者责任险的可称为"单惠保单"；投保三者险和车损险的保单称"双惠保单"；同时投保三者险、车损险和车上人员责任险的保单可称为"人安保单"；同时投保三者险、车损险、车上人员责任险和盗抢险的保单可称为"车全保单"等。要实现这种产品包装策略，就要建立专门的包装策划队伍，增加产品的价格和延伸价值，制定合理的产品组合，加强接触和沟通，向客户提交风险管理建议及保险方案。

三、车险营销的价格策略

价格策略是指企业通过对顾客需求的估量和成本分析，选择一种能吸引顾客、实现市场营销组合的策略。从价格策略来看，通过价格杠杆调节实现客户营销相比于刚性的产品更具有操作性。

(一)差价和折扣策略

当了解了客户愿意付出的成本后，可以根据客户愿意付出的总成本制定相关的价格策略，进行有效的价格策略选择和价格的实际运作。

1. 差价策略

保险公司实行差价策略必须要划分客户的风险状况，实行不同的定价策略，通过运用价格杠杆，吸引优质业务，限制承保劣质业务。划分客户群体，可以根据客户的风险状况，将其分为A、B、C、D、E五类。如对家庭自用车业务的客户群体，可以通过积极改造，使之成为微利业务；货车业务一直属于高亏业务，则按照《关于调整营运货车承保条件的通知》要求，所有的营运货车必须按单车承保，不得建议车队使用车队整体优惠系数，不得承保上年出险三次以上的转保业务、三者险最高限额不得超过30万元等，力争使货车业务从高亏到减亏甚至不亏。实行差价策略，还要做好精细化的跟单测算，根据每一张保单的盈利能力，实现手续费的跟单，真正做到差价承保。

2. 折扣运用策略

折扣是运用费率因子调节的手段以强化经营业绩。根据消费者特征，要采取不同的折扣运用策略：其一，无赔款优待等项目折扣。无赔款优待是指该险种在连续的一个或几个保险年度内，对投保人投保的险种在一定期限内实行无赔款优待奖励。包括上年购买车辆交强险的，只要出示单据，也能获得交强险的折扣优惠。其二，数量折扣，即一次投保车辆数浮动折扣。一次投保车辆数浮动使用于行政用车、生产用车、营运车辆和租赁车辆。凡属同一保险人（含政府采购）的车辆在本公司一次投保达到一定数量的，可依一次投保车辆数的规模确定浮动档次。

(二)心理定价和价格组合

心理定价和价格组合是联系紧密的两个营销要素。依据客户对价格的敏感度进行价格的适当组合，对于稳定客户、促进营销非常重要。

1. 心理定价策略

客户群体对价格较为敏感。心理定价可以采用尾数定价策略、专项优惠定价策略等。心理定价要考虑两点：一是价格弹性揭示不宜太敏感，要利于投保人尽快接受；二是投保人由于缺乏足够的市场价格信息，缺少价格比较，因此心理定价策略要特别注意定价的"临界点"，即定价饱和点对客户的潜在反映；注意投保人的投保行为已日趋理性的情况和市场信息对投保及其价格的潜在影响。

2. 价格组合策略

价格组合策略，即利用价格在车险品种上的不同差距进行价格的优势配置，以价格组合既保证自身效益又减少投保人开支的策略。车险可以在公务车、私家车、家庭财产保险等市场，将车险中的盗抢险、损失险、责任险以及其他保险进行组合，给予一定的优惠幅度，使消费者在价格上得到实惠，同时也使自身增加了保费收入，扩大了市场份额。

四、车险营销的渠道策略

当今的车险市场是渠道制胜的时代，体现了业务拓展能力和对客户资源的掌握能力。车险渠道营销策略要以客户资源为基础，不断扩大客户资源，才能在市场竞争中赢得主动地位。

(一)直接渠道策略

车险的直接渠道策略是营销渠道的首要渠道，在营销中占有重要地位，是影响渠道的最重要的要素，也是反映营销绩效的重要标尺。

1. 营业机构渠道

营业机构指保险公司的营业组织，即保险营业的办理机构。不管对于客户的上门投保还是作为理赔服务的前台，营业网点的建设都非常重要。目前我国的保险行业一般按集团、总公司、分公司、支公司以及营销服务部进行五级机构设置。其中，前三者是管理机构，支公司和营销服务部是业务发展单位。营业机构是运用于保险服务的一切办理形式，这里多指保险公司设置的营业网点，如公司本部的营业厅、支公司业务部等机构。营业机构渠道一般比较固定，但延伸性很强，形式较多。

2. 营销队伍渠道

加强保险公司销售团队建设，不断优化业务发展的模式，充分调动一线人员的积极性，提高公司竞争力，就要建立高起点、高效率、高标准的营销组织。可以按五星级标准设限分类，销售团队业务达到五星级，可向上晋级为支公司级营销服务部或向下裂变为多个团队；在员工职业生涯上，坚持任人唯贤，淡化身份，建立可升可降、可进可出的用人机制；在薪酬待遇上，不受传统国有企业总版、地版以及派遣员工的限制，按同工同酬的原则，实行个人收入、展业费用与保费业绩等考核指标挂钩；注意人力资本投入，突出人本精神与人本文化，让营销人员有切实的"企业主人翁"的感知和骄傲。

3. 网络营销渠道

随着社会的发展，网络营销必将成为未来车险营销的一种十分重要的渠道。为此，可以通过建立一个分公司主页，提供诸如公司简介、险种介绍、投保说明、服务内容等信息；通过网络向客户提供从投保、询价、变更保单、网上支付、出险通知、个人理财方案、企业风险管理和咨询等多种服务；通过网上调研，适时把握消费者需求，及时调整营销策略。网络营销的优势可以扩大自我知名度，提高竞争力；简化保险商品交易手续，方便快捷，不受时空限制，提高效率，降低成本，为客户创造和提供更高质量的服务。要实现真正意义上的网络营销，还要解决好技术性问题：要有完善、安全的网上支付系统；解决好网上安全认证可靠程度问题；建立健全相关法律法规，获得国家支持。

4. 电话直销渠道

电话直销业务由于具有省钱、便捷、可靠三大优势，由保险公司与车主直接交易，省去了购买车险的中间环节，越来越受到客户的青睐，地位越来越重要。它主要的操作特点有：利用电话、短信、电视、报纸、广播、直邮、电邮、户外活动或优惠券等宣传活动将业务推到市场；围绕深化内部管理主题，通过分解和落实业绩指标来提升理赔和服务能力、调整考核激励方案、人员培训及学习等来体现出服务优势。

5. 农村营销渠道

农村保险需求发展空间很大。从单纯的政策性农险向农村保险市场转变，努力在农村"五小"车辆、农村经济组织综合保险、农村家财险、小额意外险和农村合作医疗保险等方面实现突破，是拓展农村营销渠道的主要手段。农村营销渠道运作的基本步骤有：支公司一级可设立农业保险部，使之成为有效益、有潜力、有活力的机构网点；选择熟悉农村和农险业务的骨干人员充实农险部门，加大专业知识和专业技能的培训力度，打破区域限制，形成团队合作，通过考核和激励，激发其工作积极性和创造性；通过设计印制适合农村市场的各类保险产品宣传单，强化保险宣传咨询功能，并配合各级政府做好对龙头企业、连片农业产业区、重点农产品的地方政策性农险配套工作，在条件成熟的地区开展农房保险区域统保试点。

(二)间接渠道策略

间接渠道指生产者通过流通领域的中间环节把商品销售给

消费者的渠道。它通过专业化分工使得商品的销售工作简单化。其好处是：中间商的介入，分担了生产者的经营风险；借助于中间环节，可增加商品销售的覆盖面，有利于扩大商品市场占有率。

1. 专业代理人渠道

保险代理人指通过专业的中介人（个人保险代理人、保险代理公司和经纪公司）销售保险产品，根本在于专业化的分工和保险公司集约化的经营。进一步发展代理渠道，首先要抓好保险代理主要专注发展结构简单、市场竞争较激烈的车险业务和专业性要求高的项目等，恰当地选择专业中介进行合作；注重中介营销遍及各类客户群体的特点，深入理解不同客户群之间的需求，把握好不同客户群对保险产品的真实需求；对于专业代理这一渠道，更多的是需要通过管理，用好这把"双刃剑"，要让客户感受到为其提供服务的是保险公司，而不是代理人。对依托专业代理机构和个别领域潜力较大的经纪公司促进业务发展，必须要在可控范围之内，经过严格筛选，提高中介渠道渗透力。

2. 兼业代理人渠道

4S店业务是兼业代理渠道中最主要的业务来源。做好这个渠道营销的策略有：第一，统一管理，实行"五个统一"：统一制定业务工作目标、年度计划和经营策略；统一制定承保、理赔、手续费等各项业务政策；统一组织渠道拓展和业务谈判，签署业务合作协议；统一负责对支公司业务的授权，设置对应的渠道代码；统一组织和策划业务营销活动。第二，差异配置。通过建立资源互换的业务合作模式，制定差异化的业务激励措施：有针对性地制定配件价格与赔付率挂钩的动态管控的模式，对配件价格部分让利，增加销售费用；对赔付率较高的机构，采取提高配件价格、减少销售费用、控制送修车辆甚至终止合作的方式进行有效控制。第三，关系营销。通过各种形式加强和4S店的交流沟通，努力解决好双方的分歧，促进业务的保量和增量工作。第四，人员入驻。增加营销人员驻店的人数，为客户直接提供更加专业的销售服务，并和4S店面对面地解决一些突发问题。第五，关注对手。要加大对竞争对手的关注，时刻注意本公司在4S店所占的比例。

3. 外包代理渠道

对保险公司而言，核保、核赔等核心业务可采取自营的方式，而对业务发展、数据录入、保单送达等业务可以采用外包方式。这种营销渠道模式的优点是保险产品能借助代理商的力量迅速扩大销售额。它的弊端在于这种模式不利于品牌建设，加上区域代理商的忠诚度有限，保险公司有可能失去主导地位，造成销售不稳定，最终失去对于市场的控制力。在这种模式下，保险公司最好能与这些合作伙伴建成战略同盟，可采取参股等方式形成利益共同体，在资本合作的层面上开展更加稳定的合作。

4. 交叉销售渠道

要充分利用现有网点，形成一种规模效应，就要注意交叉销售渠道需要的相应条件：从体制上和制度上给予充分的保障，要培养一大批懂得个险销售、团险销售和财险销售的专业性复合型专业营销员。建立专业化交叉销售团队，有产险和寿险营销人员，还有理财专家和证券分析师。他们在投资理财、资金运用、财务税务、出险理赔等方面要有相当操作技能，懂得人寿保险和财产保险知识，能够熟练解释保险条款所包含责任，可以满足不同类型客户的所有投资、保险、理财需求。同时，还要建立完备的薪酬体系、费用体系、独立的管理制度和独特的团队文化，保证留住这批人才，进而壮大业务。

五、车险营销的促销策略

车险促销一般通过三个方面，一是对外宣传以增加一些售后服务的承诺，如一站式"直赔"、零距离车险网络服务等；二是依靠相关规定通过费率调整，对商业车险的费率进行规范；三是通过专销产品进行电销产品"直通车"的营销，使之成为车险促销的有力手段。

(一)基于客户数据库的促销策略

实施促销策略，必须基于客户数据信息库。利用数据库营销的优势在于，有效地挖掘潜在的客户，分析他们的特征及购买行为，及时沟通公司与客户之间的信息，有针对性地开展营销活动，使客户与公司之间产生真正的"互动"，在数据库中安装自动邮寄程式，以提前通知各客户缴费日期；及时寄出健康报告、新产品信息、生日贺卡。这不仅可以使客户感受到公司对其的关怀和厚爱，而且也可以推动客户帮助介绍新的客户。

(二)基于公共关系的促销策略

公共关系是指企业为树立良好企业形象而与公众进行的一种信息交流活动。保险公司的公共关系活动主要应采取以下几种形式：一是处理好与新闻媒体的关系。通过加强与新闻媒体的沟通交流，可以减少新闻媒体与保险公司在一些敏感问题上的分歧，减少保险公司的负面报道，进而树立保险公司的正面形象。二是积极参与社会公益事业。在积极帮助人们预防灾难事件发生的同时，还应该着力减轻不幸事件对个体和社会造成的不利影响，以此提高企业的美誉度。如在赞助形式上，可以采取提供保险保障的形式进行，免费提供重大公益活动的公众责任保险等。

(三)不同阶段实施不同的促销策略

在不同的阶段要实行不同的促销策略。对于投保前的促销，主要基于对客户的一些保险信息传递和产品选择的建议；帮助客户选择最适合其需求的险种组合，用最实惠的保费支出得到最优的保障；通过交叉销售模式，向客户介绍适合其需要的其他产险产品和首选产品。对保险过程中的促销，主要是随时保持与客户的联系，了解标的物的风险状况，随时改变保障范围；在节假日和特殊时间，拜访客户或召开客户联谊会，随时保持与客户的信息畅通，了解客户的需求；在理赔服务阶段，主要就理赔的分歧进行沟通，避免摩擦，共同确认损失，为客户介绍一些相关的理赔知识和法律常识等。

六、车险营销的服务策略

服务策略在车险营销策略中属于最为关键的一项。保险作为服务性产品，本身就是要依靠不断提升服务质量赢得客户。保险公司的客户可分为两类：外部客户和内部客户。外部客户指现有或潜在的保险产品和服务的购买者和使用者；内部客户指保险公司的内部员工及保险代理人、经纪人。

(一)售前服务策略

售前服务其实是一种增值性服务。在这一环节，主要还是一种公司和产品的推介以及保险相关知识的普及。客户在购买保险产品前，最大的需求就是对产品和公司的了解，为最终的投保决策提供最为可靠和方便的依据。

1. 购买资讯服务

要方便客户对保险产品进行认知和决策，就需要公司加强自身的品牌宣传和产品的信息传递。在信息传递上，传统的专线电话平台产品介绍，业务人员直接面对客户以及营业大厅的宣传资料都要不断完善功能，同时要增强信息传递的主动性和及时性。在品牌宣传上，要树立品牌的知名度，在品牌认知度上进一步创新。如利用自己独特的公关事件，或合作伙伴等特殊身份，开展一些竞争对手无法涉足、无法复制的公关活动。

2. 风险识别、规划以及管理服务

帮助客户识别在车辆使用过程中会遇到的各种风险，对于车险的各个保障项目，要帮助客户分析、确认其所面临的各种风险的程度，分析其对生产经营和生活将会带来的严重后果等，界定必保风险。也有些风险事故虽然会给客户带来一定的损失和负担，但对客户的整体收入状况影响不太大，是客户尚可承受的。对于客户面临的风险，可以根据自身的一些专业知识，帮助客户拟定风险管理和防范的方案，成为客户满意的风险管理专家。

(二)售中服务策略

售中服务就是在承保过程中如何为客户提供更为优质的服务。客户在投保过程中，对方便、快速、专业的要求很高。这样的服务可以从四个方面进行。

1. 全程投保服务

对于上门投保的客户，营业网点要全天候服务，同时节假日期间应当做到及时投保出单，方便客户节假日办理保险事宜。在各营业网点的服务大厅设立"VIP（贵宾）客户服务专柜"，方便 VIP（贵宾）客户的业务办理。其他客户，通过建立客户经理制度，由一线展业人员担任，代表公司与客户建立和发展业务关系，了解和拉动客户需求，在业务拓展中调动公司内部资源，高效地为客户提供"一揽子"服务。客户经理要按月撰写客户走访分析报告，及时报告有关客户的重大事件，并提出对策建议；提供业务部门或公司各级机构要求的客户信息；及时搜集、整理和反馈客户的经营管理信息和同业竞争信息。鉴于目前实行"见费出单"制度，对于不能上门的客户，可以由业务人员或者送单人员随身携带便携式 POS（刷卡机）机，保证客户足不出户也能顺利完成投保。

2. 快捷投保服务

在硬件上，要加大硬件设备的投入，保证核保过程中网络畅通，出单过程中设备高效迅速；软件上，要提高核保意见表述的规范性、准确性，提高投保单、批单审核速度，有效减少客户的投保时间，同时加大自动核保的范围，减少常规性核保人工操作过慢的问题。

3. 专业投保服务

要统一营业窗口建设，统一销售人员的着装、礼仪，提高窗口和销售人员的服务水平和服务态度，实行微笑服务。特别是在协助客户确定车险的保险金额时，应提醒客户尽可能根据车辆的实际价值确定保险金额的额度，这样才能使客户得到最充分的保障。而如果保额太低，则会使客户在出险时得不到充分的赔偿。

4. 建立客户档案

随着数字图像处理技术的成熟和高速扫描设备的出现，利用电子扫描技术进行档案管理已经成为一种成熟的技术而被广泛运用。可以通过推行电子技术档案管理，自动甄别和生成优质客户和劣质客户名单，从而细分客户、细分服务，实现服务的差异化；借助 CRM（客户关系管理）系统，分析客户需求，提高保险公司的决策支持；建立起科学的风险管理和防灾服务体系，把防灾服务作为稳定客户、吸引客户的重要措施，从而使员工的工作效率和服务水平得到更大提高。

(三)售后服务策略

相比于售前和售中服务，售后服务更能体现保险公司的特色。客户购买保险产品时往往非常看重产品带来的售后服务价值。售后服务质量的好坏，直接关系到客户对保险公司的选择。

1. 理赔服务

保险公司理赔服务主要表现在：第一，在管控上必须由保险公司的查勘人员进行，实行赔案终生负责制，查勘人员务必保证能够满足日常的查勘定损需求。最后，赔款领取环节，大多选择网银非现金支付方式领取赔款，从而节约客户时间，保障资金安全。第二，实行交钥匙工程。客户经理要主动联系4S（4S指：整车销售、零配件、售后服务、信息反馈，等等。此四项功能名词英语均以S开头，故得名4S。）店，成立理赔跟踪服务小组，专门负责4S店理赔的跟踪，逐渐实行"交钥匙"工程。客户出险后明确了责任，由客户经理帮助客户在其授权允许下，将车开往指定4S店维修，同时代替客户完成理赔所有流程，最后在最短时间内将车开回还给客户，等等。这样可以减少客户的负担，加强沟通，让客户理解和感受到保险公司的服务。第三，在宣传引导上，要以保险公司为主，让客户感到4S店提供的"直赔"服务是享受保险公司而非4S店提供的服务。第四，加强与4S店的合作关系。要与资信度高的汽车品牌经销商全方位合作，按照"以客为本、优化服务、专管专营、资源互补、合作共赢"的精神，开展车险全流程承保、咨询、救援、维修、远程定损、代办理赔等一站式服务。

2. 其他理赔措施

其他理赔措施主要有：建立足够的理赔服务机构。在各个城区和4S店较为集中的地方建立理赔分中心；建立一支迅速、及时、高效、合理的理赔人员队伍，能及时到现场，及时理赔以及合理赔付；开展"同城一般案件通赔，全部案件通付"和"网银无现金支付"服务，方便客户就近选择在任一营业网点递交索赔材料和任一营业网点领取车险赔款；建立车险理赔查询系统服务，确保客户的保险"知情权"，便于客户查询自身车辆的理赔信息。同时要建立案件调查制度，将调查结果作为核赔依据；对于品牌车的查勘与定损工作，要有专门的对策，采取签订合同等手段约束其工时与配件价格，同时利用客户资源和维修质量提升保险公司的品牌形象；对于被盗抢的车辆，要全力支持和配合公安部门进行侦破，提高破案率和车辆追回率。

3. 建立理赔后援中心

要发挥保险整体的优势，可以尝试建立起适合本公司的区域理赔后援中心。通过建立全省范围内的理赔后援中心：一是可以实现一站式理赔流程。将全省的理赔权限集中到一处，权限由总公司设定为最高，只需要在中心之内就可以完成各种审核所有程序，直接将赔款划到客户的账户。二是实现信息化共享。客户承保时的资料就可以作为理赔的相关资料，实现系统的自动转入，缩短理赔周期，提高理赔效率。三是可以实现前后台工作的分离，产生最大规模效应。前台通过影像传输系统和电子化的远程沟通平台，将业务资料传到后台进行集中操作，后台再将反馈结果传回给前端业务，从而满足客户需求。

4. 扩散性增值服务

保险公司应当适当地增加扩散性服务的比重和种类，就要通过客户经理制以保持服务的连贯性，并随时帮助客户做好审车、审证、新车上牌和续保等工作；开通续保提醒和理赔流程短信提示服务，提醒客户及时续保车辆保险，使客户及时了解自己赔案的进展情况。同时要加大客户回访工作力度，开展客户续保的温馨提示、新产品介绍等服务项目推广；积极向客户提供风险咨询、管理、评估、投资咨询、理财顾问、代步车、汽车优惠养护、免费检测等保险责任以外的高附加值服务；提供有次数的车辆免费保养、4S店道路救援服务、免费拖车等服务。

面对激烈的市场竞争，结合保险公司内外部因素，应当在4P营销策略的基础上，将营销工作的重心放在渠道和服务策略上：产品策略上，按照客户需求推荐产品组合；价格策略上，在了解客户愿意支出的总成本上选择合适的策略；渠道策略上，按照如何方便客户各个环节的需要为原则，建立渠道；在促销策略上，建立数据库，搞好公众关系，采取与客户沟通式的促销模式；在服务策略上，重点做好售前、售中以及售后服务。

这样才可能真正服务到位，使保险营销服务不断创新，取得更大的成效。

参考文献：

1. 菲利普·科特勒. 营销管理（亚洲版）[M]. 洪瑞云，梁绍明，陈振忠，梅清豪，译. 北京：中国人民大学出版社，2005.

2. 江生忠. 中国保险业改革与发展前沿问题 [M]. 北京：机械工业出版社，2006.

3. 雷冬嫦. 保险整合市场营销的战略选择 [J]. 保险研究，2004（9）.

4. 李弘，董大海. 市场营销学 [M]. 大连：大连理工大学出版社，2005.

5. 李源源. 保险营销艺术 [M]. 北京：电子工业出版社，2003.

6. 迈克尔·波特. 竞争战略——分析产业和竞争者的技巧 [M]. 陈小悦，译. 北京：华夏出版社，1999.

7. 王秉安. 当代营销新观念与战略营销管理 [M]. 北京：航空工业出版社，1997.

8. 王银成. 论开放保险市场中的竞争策略 [J]. 保险研究，2003（11）.

9. 魏巧琴，等. 保险公司经营管理 [M]. 上海：上海财经大学出版社，2002.

10. 肖举萍. 论保险的定位与整合营销传播策略 [M]. 长沙：湖南大学出版社，2003.

11. 徐卫东. 保险法学 [M]. 北京：科学出版社，2004.

12. 郑坤. 企业市场营销观念转变及策略分析 [M]. 北京：科学出版社，2005.

当前企业员工主人地位
存在的主要问题与思考

杨庭梁　　　　　　　　　　　　　　（四川省第六建筑有限公司）

[摘要]　针对企业员工主人地位存在的相关法定文本的动能与执行不足、相关法律法规执行不足、两个待遇落实不理想等主要问题，对提高员工主人地位进行再思考，在创新性地理解员工地位的重要性、切实保证企业员工的利益需求、加强两个监督以维护员工地位等方面进行新的探索，使企业员工主人地位得到进一步巩固。

[关键词]　员工地位　　问题　　思考
中图分类号　D089　　　**文献标识码**　A

在现代企业发展进程中，企业员工是第一要素，是最为宝贵的人力资源，也是国家重要的人力资本。没有员工就没有企业。依法维护企业员工切身利益，确保企业员工主人地位的进一步提高，已是企业发展的最重要和最基本的决策和举措。随着对企业员工主人地位的进一步认识和面对员工主人地位的逐步落实或深化，员工地位问题依然比较突出。一些旧有的问题尚未解决，一些新的问题和新的矛盾又显现出来，引发了人们更多的关注和课题性的探索与研究。企业要从根本上改变观念，创新意识，对员工主人地位予以全新的认识，就必须更多关注员工地位的法理制约与法律法规的有效保护，关注法律法规的优化执行，关注员工政治和经济待遇的充分落实，等等。这样才可能针对关键问题进行创新性思考，以切实有效的创新性措施、制度、监督等来真正维护企业员工利益，进而巩固员工企业的主人地位。

一、员工主人地位的主要问题

现代企业的标志之一，是员工地位的真正确立，以主人的意志体现企业的意志，以优秀的主人带出优秀的企业。但由于各种原因，目前不少企业仍然对员工主人地位及其作用认识不清，观念模糊，在员工地位问题上不同程度地存在着这样或那样的问题。随着企业改革的逐步深化，这些问题既有一般层面的问题，更多的则是在改革进程中出现的新问题和新矛盾。如现有的相关法定文本内涵不足、法定执行能力不足等，已对企业员工的基本利益和主人地位建设构成了新侵害，并且带有相当的普遍性。

(一)相关法定文本的动能与执行不足

体现企业员工主人地位的一个重要前提，就是来自法定文本的定性，即员工地位有法可依，必须在相关法律法规的保护下，依法享有法律赋予的相关权利。维护企业员工地位或基本利益的法定执行文本主要有《工会法》、《劳动法》等。显然，依据现有的法定文本、一些规则章程或带有法定性的制度，已经不能满足企业员工维护自身利益的实际需求。

1. 法理性动能需进一步加大

法理性依据分类方法的不同，从法律角度解释，主要表现在两个方面：一个是立法解释和司法解释；另一个是有权解释和无权解释。企业员工依据《工会法》、《劳动法》等维护主人地位，同样需要继续进行法理性的补充和完善。

立法解释和司法解释的补充立法解释又称法律解释，是立

148

法机关根据立法原意，对法律规范具体条文的含义以及所使用的概念、术语、定义所作的说明。从此出发，《工会法》、《劳动法》等作出的法律解释目的是为了更准确地理解和适用法律以更好地维护企业员工的基本利益。随着现代企业的快速发展，以上法律文本仍然需要进一步对员工主人地位等相关条文、概念进行更明确的界定，如在肯定工会独立法人地位的同时，对工会相应的执行权、监督权应该有更明确的法定性解释。司法解释是法律解释的一种，属正式解释，即司法机关对法律、法规的具体应用问题所做的说明。它也指对某一案件在适用法律上所作的解释，只对该案件有效，没有普遍约束力。企业员工依法享有的法定权利依然存在四个问题：一是解释的权力来源不明，即负责解释的权力机构可以是政府相关部门，也可以是相关的司法机关；二是解释的对象不明，即企业事实上存在产权（财产）拥有者（经营者、法定代表人）、管理者和劳动者的不同层面，难以整齐划一为"企业员工"；三是解释的含义不明，即司法机关与政府部门对一些具体法律条文的含义理解不同，出现解释的差异；四是解释的效力不明，即对相关条文概念、术语、定义等的理解差异而影响到法定的效力范围和效力质量。

2. 有权解释和无权解释仍需完善

有权解释指由有权解释法律的国家机关对法律所作的解释。这种解释具有法律效力。一旦有权解释来自立足点不同的国家机关，就会出现不同的法律效力解释，产生不同的法律实效。从有权解释看，有权解释出现指向不同的情况表现在相关的执行过程中尤其明显：不同的执法机关依法处置相关企业员工维权问题的判断、裁决、执行等出现差异，不同解释常常导致不同的执行结果；企业员工依法维权的过程因此极容易被人为延长，维权成本被一再增加；依据相关机构或部门按有权解释的职能或法定执行权限，对企业员工的维权，可解释可受理，也可不解释或不受理，出现互相推诿的情况。从无权解释看，无权解释属于一种理论上的解释，就是基于法学理论而对法律和法条的渊源、制定目的等给出一个学理上的解释。它虽无法律效力，但可以深化理论研究，为法律法规的制定提供参考、建议等。无权解释尚无充分的表现，主要在企业员工的政治和经济地位形态、具体维权的法理行为依据、工会法定独立组织的权限体现等问题，没有更为充分的学理解释、更为完备的参考依据和更有实效的助动价值。企业员工主人地位现在依旧缺乏更明确的法律文本更细化的条文支撑，显然与无权解释相应提供的法理概念、条目、定义的参考与法本选项不够有关。

(二)相关法律法规执行不足

基于企业员工主人地位的法定性体现不足，因而企业员工应享有的法定权利依然存在执行不力的情况。虽说有法必依，依法必行，但在执行中可能就因为这样或那样的情况而影响了执行效率。

1. 监督没有充分到位

依法切实维护企业员工利益才可能真正体现员工享有的企业主人地位。影响员工地位形成与巩固的因素多种多样。其中，制度建立前形成后的长期有效监督不力的因素影响非常明显。依法监督有上级监督、同级监督、下级监督、法律监督、党组织监督、工会监督和其他监督等多样形式。监督没有充分到位主要表现在六个方面：一是制度本身存在一些缺陷，出现一些监督真空，或制度政出多门，执行多样，使一些监督先天不足；二是上级监督连续性不够，且监督表面化、单线化、文本化，反馈不力或考核不够；三是同级监督极容易出现"同化现象"，即企业"一把手"党政权力高度集中，相应的班子成员或企业的管理层存在比较明显的职能与岗位的依附关系，监督最容易被弱化甚至名存实亡；四是企业一般员工并不了解领导层日常工作状况，员工的监督无从着手；五是不少企业出现企业员工主人地位形式上被肯定而实际上被弱化的情况。作为企业监督主体的员工监督没有真正在法规制度上体现出来。企业经营者往往既是监督者又是执行者，没有自下而上的强力监督与评价系统的协调运作，信息不透明，反馈不充分，员工监督常常被束之高阁，成了一纸空文；六是法律法规监督难以到位。在"民不告官不究"司法制度的影响下，没有上级监督部门或纪委等的介入，没有重大违纪案件发生，法律机关不会过问企业自身依法监督的过程和监督的效果，法律法规性的监督更多的是被企业平时的自查自纠、自查自改形式所替代。

2. 存在执行的偏差

没有执行就没有监督。执行，即贯彻施行和实际履行，就是为制度目标、制度建设、制度贯彻等提供根本性保证。执行的偏差，主要表现在执行过程中产生的过分行为或行为不及的差错，更多地表现在受执行的线条化、表面化影响，执行没有上下、前后、左右立体执行的维度优势。从执行偏差的形式看，执行没有充分到位，形式多于力度的情况不少。如通常的自我监督、交叉监督等形式；执行中执行要素不完备，导致执行要素欠缺，如人员参差不齐、执行计划不够完备等；执行的前、中、后期执行系统、体系机制运行不规范，等等。从执行的内容看，某些内容没有依法体现，有些行为没有力度，有的超执法尺度，有的执法不够准确。从执行的手段看，执法不力与执法过度，在不少执行过程中或多或少都有不同程度的存在。从执行的人员看，受到执行人员的综合素质影响，执行队伍与执行水平不尽如人意的还有不少。

3. 依法执行的要素条件不够

维护企业员工地位，保证员工整体利益，不仅涉及法律法规制定、监督与执行，还涉及更多关联性要素的构成。建立制度保证执行效率，更需要制度体制的制度因素、人文因素、法理因素、环境因素、企业因素等多方面的要素优化与要素组合。企业员工主人地位本身就是一项内含政治、经济、人本、体制、法制等多种构建要素的大型工程，保证执行的条件非常重要。员工地位依法执行的要素条件欠缺，集中反映在三个核心要素运用不够：一是相关法律法规文本的制定已经相对滞后，在发展过程中出现的一些新问题、新矛盾还没有相应的法律性解释，增加了执行的难度。同时，还存在一些现行的法律法规与现行的《工会法》、《劳动法》等法律法规内容关联不够，相关条目意义表达相互抵制或冲突的情况。二是企业事实存在的产权拥有者（经营者、法定代表人）、管理者与劳动者三个内在结构并不一样的层次，享有的权利、地位等均不相同，在享有政治与经济两个基本权利及相应的待遇上存在明显差距。此外，企业现代法人治理结构、企业家阶层相继出现、现代企业管理制度建设中更为明确的企业物权化的交易界定和投资人经明细并扩大的权利与责任等，还会加大三者的差距。三是企业工会作为维护员工利益的法定组织，是员工利益的具体代表。工会积极参与企业全面管理和发展，享有监督权、知情权、参与权等，还拥有职代会、股份制公司的监事会等相应的实体权力与监督权力，但核心的法定执行权、代表员工利益介入权等一直没有法律的肯定，出现法定与法制的空白。

(三)两个待遇落实不理想

两个待遇，指企业员工在政治事务和经济事务中应享有的地位和待遇，亦即员工的基本待遇。由于各种原因，一些企业的企业员工两个待遇的体现还不理想，待遇模糊，落而不实的情况仍然比较多。

1. 员工应有的政治待遇不充分

企业员工应该真正享有自己应有的政治待遇，并以这种待遇显示自己的政治地位，也是员工企业主人地位的基本反映。

由于各种原因，一些企业员工的政治待遇依然被模糊，具体的待遇趋向不明，表现在多个方面。

（1）从属、依附现象突出

在不少企业中，员工往往受到压制和排挤，缺乏自身应有的尊严，他们的才干、潜能受到限制而难以发挥，从属、依附的现象突出。员工与企业存在的从属地位或从属关系，使员工并不能真成为企业的主体，而只是一种"劳动力"的体现，雇佣特征非常明显：其一，发展企业的员工主体与非主体界定不明或被模糊，或被淡漠化，出现简单的二元价值判断的认定，即不是企业经营者或管理者就是劳动者，他们所形成的关系就是领导、约束、控制与被领导、被约束、被控制的二元关系。由此，员工作为劳动者，无财权、人权和物权，主人地位自然最容易被架空。相反，员工群体从属或依附于企业的关系则一再被明确化。其二，员工依靠企业发展来获取劳动价值，依靠报酬来维持生活被简单化或绝对化，员工的工作、观念、意志、行为等的体现是一种被利用和被指挥的体现，与企业没有人本关系平等和谐的关系，可以被随时调换和操控，趋弱明显，依附性严重。其三，这些从属或依附现象具有多样形态。"劳动工具"、"零件配置"、"水桶效应"、"库存余量"、"二排候补"等现象比比皆是。这些带有原始作坊特点的，非现代企业发展与管理需求的形态，一经如此具化，就会出现关系的种种变异。员工劳动生产付出与实际收入不比配、员工资源主体与企业制度关系错位，等等，严重违背了国家相关法律法规的意志与要求，这样的非人本的人力资源运作，严重影响了企业员工主人地位的真正确立。

（2）政治待遇难以具体落实

工人阶级当家做主在企业的员工身上必然会有所体现。从一些企业的实际情况调查却不是这样：第一，相当多的企业员工自认为是企业的"打工者"，并没有真正融入企业环境，政治意识淡漠，不了解国家相关的政策，不知道自己应有的各项政治权利，也不知道该怎样去维护这些权利。第二，多数员工不知道或不清楚自己"主人地位"的真正含义，对"维权"不了解。他们在企业没有真正的选举权与被选举权，不少员工说，从来就没有参加过企业的什么选举。至于企业领导班子走马上任，什么"公示"等等，不知道，不理解。第三，他们认为企业的工会活动极少，摆架子，形同虚设，成为可有可无的东西。同时，企业工会人员反映，工会没有独立开展工作和维护员工利益的良好条件与实力，班子建设与机构设置不到位，基本是兼职进行工作的情况非常突出。第四，一般员工对国家法律法规不了解，尤其是与员工利益休戚相关的政策，如劳动保护、劳动报酬、生产安全、劳动争议、计划生育，等等。其中，一个重要原因，就是一些企业对员工应该知道的国家相关的文件、政策或精神不传达、不宣传、不贯彻。第五，一些企业领导者，高高在上，办事机关化、身份特殊化特征非常突出。他们习惯于官员化办公，优化个人上下班条件，文山会海泛滥成灾。他们中一些人或热衷于个人建树，增加个人资历，积极投入什么高级研修班、EMBA（高层管理人员工商管理硕士）等学习，或经常性出差，习惯性"交流"，事务性奔波，很多时间不在企业埋头苦干属于自己的工作，不问民情，不关心员工疾苦，到基层了解民情如蜻蜓点水；第六，在具体工作中，员工受到政治歧视的现象突出。在劳动管理、劳动报酬、生产安全、劳动争议、员工辞退等问题上，员工反映的情况常常难以解决，难以表达个人或群众诉求、愿望、要求、意志等，只有无条件地执行。他们更难以参与制度监督、民主建设、文化建设等具体工作，知情权、参与权、监督权等被极大弱化。

2. 员工缺乏相应的经济地位

作为企业员工，他们普遍关心的是在企业的各种经济待遇，关心自己合理的劳动报酬，以应该获得的经济收入来反映自己的劳动价值。随着企业经济发展、员工与企业劳动关系的变化、企业经济发展出现新的利益格局，员工经济诉求或经济愿望表现更为明显。

（1）经济利益被格局化、群体化

按照企业发展实际，企业实行新的经济分配制度速度已明显加快，固有的经济利益结构出现了重大置换，经济分配中的制度因素和人本因素作用发挥已经越来越明显。从利益格局看，不少企业出现了领导层的年薪制、管理层的绩效制、部门的全新承包制、员工的计件工资制等不同的经济分配制度。其中，在年薪制等分配制度刺激下，企业的生产、销售、管理亦发生不少变化，经济考核与经济评价行为更加突出，随之出现经济分配的格局化与群体化，经济分配的实物边界和价值边界行为特征日趋明显。在这样的大背景下，企业内部经济利益分配出现三种基本利益，即经营者（法定代表人）、出资人、相关领导者利益；部门经理、项目或工程责任人、相关实施者、管理者利益；员工或雇员的劳动者利益。三者在利益的机会、划定、分配、执行等不少环节上出现经格局化和群体化后，差距被进一步拉大，劳动者利益被边缘化、趋弱化情况比较突出。同时，企业经济的外部利益变数加大、企业间接经济利益的多元化或多样化，客观上也推波助澜，加剧了企业经济利益的格局化和群体化发展。

（2）经济待遇难以合理体现

企业出现的经济利益格局化和群体化，最明显的表现就是企业员工的经济利益难以合理体现出来。它主要集中在四个基本面上：一是为了企业整体经济效益的最大化，所采取的举措常常针对员工群体而来，导致利益倾斜，员工利益最容易被淡化和被侵害。这样，企业领导层实行的年薪制与一般员工的收入差距被进一步拉大，且综合待遇更为隐性多样；二是存在利益分配的不公，甚至出现分配的违法现象，严重地侵害了员工的经济利益。事实上，不少员工收入被企业任意制定的标准所限定，降低了员工应有的法定收入标准，待遇界限被一再模糊，带有相当大的随意性。这在一些全员承包的基层单位尤为突出。承包者、管理者和劳动者收入系数差别特大，并且承包者和管理者收入不公开。三是随意加班加点，重大节假日不按国家相关规定办，不发或少发员工应得到的工资补贴，或以"补假"形式进行冲抵。至于日常每周只休息一天，每天工作量超过劳动法规定的情况更是非常普遍。四是具体涉及员工经济利益的相关项目能瞒就瞒，能拖就拖。突出表现在医保、社保不落实，或按最低标准办理，员工辞职等法定补贴不发放或不按数发放，减少或取消员工必要的劳动保护开支，巧立各种名目，克扣员工收入，或任意拖欠员工工资，等等。

(四)企业三者关系不明

由于法制进程相对滞后的影响，企业经营者、管理者、劳动者关系法定概念不明、关系不清的问题一直没有从根本上予以解决，致使企业出现的利益格局、利益群体等关系难以平衡协调并健康发展。

企业经营者、管理者、劳动者在利益划分、行使权利等问题上，没有更新的关系阐述或更新的关系界定，企业形成的三者关系对企业发展的影响非常明显。经营者作为企业的资产与权利代表，拥有绝对的支配权，处于企业的强势地位，具有绝对的企业权威；管理者，尤其是高级管理者，作为经营者的依靠对象关系密切，必然要维护所有者的一切利益；劳动者作为企业的基本生产力量，尽管国家《劳动法》等对相关的员工利益做了一些法定性的规定，但在员工没有经济支配权、干预权等的情况下，他们没有完善的监督、参与、知情等权利体现，劳力、智慧、技能等亦难以充分发挥，始终处于被支配的地位。三者关系导致的不同权利、不同分配、不同待遇、不同岗位、不同地位显而易见。加上三者关系中因为利益驱使，经营者和管理者对劳动者构成的极大权利、利益和管理优势，使劳动者最容易成为被利用的对象或最廉价的劳力输出者。如果维护劳动者利益的相关法律法规继续滞后，劳动者靠国家相关法律法规求得利益保护的作用还会进一步被弱化。三者关系没有进一步被法规化、规范化和制度化，会继续拉大三者地位、权利、待遇等差距，会加大企业内部的利益垄断，格局化、群体化还会进一步加深。

二、提高员工主人地位的再思考

企业员工是最宝贵的生产力，是第一要素，也是最有活力、创造力的能动力量，他们激情与动力的焕发，关系着企业的发展进程，关系着企业自身与社会的稳定。因此，确立企业员工主人地位是企业生死攸关的大事。

(一)创新性理解员工地位的重要性

企业员工主人地位体现的员工当家做主是一种权利载体的实质体现，也是我国政治制度在性质、内涵和意义上的形象体现。

1. 企业员工是国家宝贵的人力资本

企业人力资本是一种特定的资本，亦称"非物力资本"。它是指劳动者受到教育、培训、实践经验、迁移、保健等方面的投资而获得的知识和技能的积累。它可以凭借知识与技能积累带来多样性收益，比物质、货币等硬资本具有更大的增值空间和增值潜力，更具有创新性、创造性；具有明显的有效配置功能，与其他资源进行充分调配，可促进社会发展和经济进步的利用率高，应变能力强，开发和利用的资源属性明显；可以进入多个层面或领域，以自身行为方式产生对社会以及企业自身发展的独特影响。

依据人力资本特征，加深对企业员工人力资本作用的认识，对确立他们在企业中的主人地位意义重大。企业员工的人力资本优势不仅对企业本身产生积极作用，还会对国家相关资本产生相当积极的配置与利用绩效，具有非常大的发展空间。依据员工的人力资本特征和员工主人地位建设，还可以配置出相应的运作模块。即利用资本教育、能力、技能、经验、体力等的优化，推出资本规划、开发、配置、管理、实施、绩效、评价、考核、薪酬、福利、职业和人事等不同模式，可以极大地充实国家的资本库量和资本类型。同时，员工主人地位也随着人力资本运作而得以进一步巩固。

2. 创新性认识员工的动力作用

企业员工作为企业发展的第一资源，是最宝贵的生产力，也是企业获得经济效益的根本源头。按照员工是企业发展的根本动力的特质，充分调动员工积极性，保证企业经济效益的可持续发展，实现良性循环，从而把企业做大、做强，是企业发展的首要任务。因此，创新性认识员工的动力作用十分重要：一是提高创新认识程度。企业员工既是宝贵的人力资本，又是宝贵的生产力。没有员工就没有企业，没有员工的动力就没有企业的发展。事实证明，是员工助推了企业，而不是企业养活了员工。企业没有任何权利滥用员工资源，更没有权利对员工动力进行强制性占有。二是员工动力是国家人力资本运作的再现，企业必须突出和维护这种资本的"人本精神"，尤其要尊重爱护和珍惜使用员工动力中的人文因素。这就要求以人为本，将企业视为发展与提高员工动力的"助推器"，突出人的主观能动作用，充分体现员工主人地位并将此作为国家和社会对企业的根本要求，成为企业义不容辞的责任。三是结合企业文化建设、现代管理和企业经营三大模块的设计与运作，把员工动力作为模块的动力源，特别要突出文化建设中的员工主体属性，表达员工利益，视员工为企业服务、发展和依靠的对象。要通过完善法规，迫使企业经营者和管理者真正改变观念，创新意识，规范行为，充分认识到员工是企业赖以生存的基本保证，企业员工是整个工人阶级的一个重要组成部分，从根本上尊重员工的主人地位，维护员工的主人地位。

（二）切实保证企业员工的利益需求

维护企业员工的利益需求是企业责无旁贷的义务和责任。员工的根本利益就是政治利益和经济利益。两个利益需求的核心就是员工应有的权利与相应的待遇。切实保证员工利益需求，就是要在企业宗旨、目标设计、制度建设、行为规范、服务理念等多个方面积极举措，重行动，看效果，改变观念，创新认识，做到在制度上有法可依、行为上有章可循、效果上可圈可点，真正以人为本，突出企业的凝聚力、向心力和亲和力。在一些难以定论、尚无充分依据或执行准则的相关事务的处置上，经营者要善于集思广益，举一反三，充分发挥积极要素和可利用条件，坚持"员工利益第一"的原则，该做的就做，该落实的就一定要落实，不能因循守旧，更不能去"等、靠、要"。按员工利益需求，第一，要在深化企业民主制度建设的基础上，进一步做好企业政治体制改革的自我设计。在思考和运作企业政治体制改革时，要对当前的企业民主制度建设进行必要的延续。要坚持民主制度建设的机制化、法制化、专门化、科学化，使之更具有权威性、延续性、可操作性，为进一步的企业政治体制改革做好充分的配套和执行准备；要在具体的实践中不断丰富内容，扩大内涵，以实际行动重新审视企业员工政治待遇现状，回答或解决员工面临的一些深层次问题，对现有的政治待遇予以优化和提高。第二，要在继续深化企业经济体制改革的基础上，巩固已有的行之有效的改革成果，优化分配制度，扩大分配范围，提高分配质量，在员工收入、劳动保护、生活状况等方面延续分配优势，创新分配形式和内容。当前，尤其要在维护员工经济利益的三个环节上做好工作：一是凡是涉及企业员工利益的大事，必须要充分尊重员工意见，理解员工需求，及时解决员工需要解决的各种经济问题；二是建立或巩固与之配套的分配系统，优化现有的分配成效机制、长效机制，保证员工利益的落实；三是坚持"我为员工，员工为我"原则，自觉接受员工监督，紧紧依靠工会等，最大限度地维护员工经济利益。

（三）加强两个监督以维护员工地位

加强政府部门对法律法规的有效执行与监管，加强企业员工对企业的监督，是保证员工主人地位的根本保证。

法律法规的执行与监管，就是要克服一些执行或监管部门的拖沓、松懈现象，防止监管不力的情况发生。进行有效监管，是保证企业员工利益，确保员工当家做主地位的重要举措，是政府相关部门不可推卸的责任。特别要注意防止事前预防不力，事后才亡羊补牢进行调查与处理的做法。政府相关部门的监管要大力宣传国家相关法律法规，要求企业必须遵纪守法，形成企业知法守法的良好环境，从而发展和壮大企业。企业员工要充分利用工会、职代会、民主制度建设等，针对企业经营者的权利运用、企业经营管理等情况进行有效监督。企业领导者要认真听取工会、员工的意见或反映的问题，做到防患于未然。特别是员工反映的地位、待遇、工作、劳动、保护等敏感问题，要充分运用监督体系，高度重视，及时介入，做到有法可依，执法可行，处理可信，决不能拖延、推诿。

（四）加强工会建设，培养员工主人意识

加强企业工会建设，首先要依据国家法定权利和要求，突出工会自身个性、工作性质和工作特色，积极参与企业事务，扩大工会作用，认真维护员工利益，真正在员工中树立自己的

威信。

　　工会要改变工作表面化、总是处于简单的"配角地位"的状况。要行使正当权利，积极开展监督、参与等工作，不走过场、不搭架子；要加强自身建设，要切实提高工会人员的学识、工作能力、政策水平、维权能力、综合素质等。同时要主动出击，利用法律法规的相关规定，改变工作环境和完善工作条件，形成自己的综合实力；要切实抓好工会班子与人员配备，搞好组织建设、思想建设，形成自身的立体工作系统，建立自己的综合工作面，展开有效工作，形成工会工作运行的长效机制；工会还必须与妇联、共青团等加强横向联系，形成相互体谅、相互支持的工作局面。同时也要与政府相关部门建立长期支持与协作关系，改变工会单打一的工作现状；工会领导者与工作人员必须真正深入员工群众，改"传声筒"为"代言人"，真正体察员工疾苦，成为他们的知心人，为他们多做实事，做大事。

　　积极培养员工的主人意识，是塑造员工"主人形象"的基础。员工要珍惜主人权利，履行主人义务，发挥主力军作用，就必须要站在相当的高度上，运用经济、政治、行政等多种手段，培养员工认识、明确和爱护自己的主人地位，把员工的责、权、利统一在主人地位的确立与维护上。同时，培养员工主人意识，还要调动和发挥员工的积极性、主动性、创造性，明确员工对企业应该承担的生存与发展的责任；要给员工提供宽松的工作与生活环境，营造员工当家做主的氛围，做到意见有人听、心曲有人管、反映有回应、解决有结果；要加强员工队伍建设，加强员工的技能等学习，提高情商、智商、能力、学识等综合素质，倡导员工的自我表现能力，焕发潜能，对企业的综合发展、管理体系建立等，积极献策出力，有企业主人的实在感、优越感、骄傲感；要具体做好企业领导者、高级管理者听取员工意见、发扬民主管理等制度的建设，进行信息多样性交流，充实企业民主制度建设内容，使员工主动提高自我综合素质、主动介入企业管理、积极支持企业进一步壮大发展。

确立企业员工主人地位关系重大，工作任重而道远。只要我们积极面对现实，看到问题，积极思考，积极探索和积极寻找对策，创新性地开展员工主人地位的建设，员工才会与企业患难与共、齐心协力，才会有自我发展、自我壮大、自我激励与自我创新的强大动力。只有这样，企业才有更大发展，员工才能更多受益。

参考文献：

1. 刘国光．中国经济体制改革的模式研究［M］．北京：中国社会科学出版社，2009．

2. 罗伯特·阿列克西．法、理性、商谈（法哲学研究）［M］．朱光，等，译．北京：中国法制出版社，2011．

3. 常修泽．中国发展模式论纲［J］．生产力研究，2008（1）．

4. 格利高里·曼昆．经济学原理［M］．梁小民，译．北京：北京大学出版社，2009．

5. 曾长秋，郭湘陵．关于我国政治体制改革的理性思考［J］．长沙：湖南文理学院学报，2004（2）．

6. 西奥多·W．舒尔茨．论人力资本投资［M］．吴珠华，等，译．北京：北京经济学院出版社，2011．

7. 周小其．探索与改革［M］．成都：西南财经大学出版社，2008．

8. 杨立鑫，井建斌．中国政治体制改革的最佳路径选择［J］．北京：中国青年政治学院学报，2005（1）．

简述企业人力资源管理的规划、招聘与配置问题

陈群英　　　　　　　　　（四川华西集团有限公司租赁分公司）

[摘要]　根据目前企业人力资源管理现状，本文以人力资源规划模块能力不足，指出了机构设置已难以适应形势发展、机构调整与分析功能不全、供给与需求再度扩大、制度创新难度明显增加等出现的一些新问题。同时，依据人员招聘与配置模块出现的偏差，进一步指出了招聘需求分析尚欠准确，工作和能力分析缺少创新，程序、策略、渠道和实施脱节，特殊政策与应变方案不足等新矛盾，为企业人力资源发展和创新提供了新的参照和比较。

[关键词]　企业人力资源　规划　招聘　配置　问题

中图分类号　C931.2　　　**文献标识码**　A

人力资源（Human Resource）简称 HR，又称劳动力资源或劳动力，是一定时期内组织中的人所拥有的能够被企业所用，且对价值创造起贡献作用的教育、能力、技能、经验、体力等的总称，也是能够推动整个经济和社会发展、具有智力劳动能力和体力劳动能力的人口总和。随着知识经济时代的发展和全球一体化进程的加快，人力资源作为企业参与市场竞争的核心竞争力，表现出的企业人力资源八大模块运作，已成为企业参与竞争的最宝贵的资源，为企业竞争提供着强力支撑。体现着

企业人力资源总体数量和质量的八大模块，即人力资源的规划、人员招聘与配置、培训开发与实施、绩效考核与实施、薪酬福利、员工关系管理、职业生涯管理和人事管理，已成为企业人力资源管理的显著标志。在这些模块中，如何深化认识人力资源的规划、人员招聘与配置的基本模块作用及出现的一些新问题、新矛盾，进一步深化人力资源的开发与利用，实现人力资源可持续和开创性地发展，并保持强劲的生命力和竞争力，正是现代企业经营者和管理者们要进行探索与研究的新课题。

一、人力资源规划能力不足

国际知名管理咨询机构对中国职业经理人所做的一次调查表明，在 10 大管理难题中，强调人力资源开发和规划以建立优质的人才机制发挥优势，留住人才问题已跃居第三位。人力资源规划能力不足，难以适应当前企业人力需求是一个重要原因。人力资源规划的主要内涵，就是制定资源发展战略，通过对这种资源自身状况和管理现状，把握人力资源未来的工作重点和方向，由此以具体的方案或计划，以保证目标的顺利实现。人力资源规划能力不足主要体现在五个方面。

(一)机构设置已难以适应形势发展

人力资源机构设置历来是重中之重的工作项目，建立相应机构，配置相应人员，完善相应制度等，不少企业已取得明显成效。随着社会和经济发展，机构表现出的配套、调整和充实能力难以满足人力资源发展的实际需求问题也凸显出来，对企业人力资源发展的滞后作用越来越明显。

1. 机构配置优化程度不高

现有的人力资源管理与运作机构出现两种新的情况：一种是不少企业依然沿袭原有的机构模式，即企业改制前的劳动人事运行模式，它在人员、设置等要素上进行了微调，只是机构改变了称谓而已，并没有依据人力资源发展现状随时进行必要的调整或补充。另一种是机构与其他机构交叉混杂，人员兼职情况突出，专职的管理者没有充分到位，影响了人力资源的管理和运作绩效。不少企业为减少开支、节约资源，采用了党组织、行政或工会结合运作方式。即人力资源管理者又可能兼职于企业党组织或企业工会的其他工作，实行"一班人马两个牌子"的运行模式。对于大中型的国有企业或股份制企业，虽然看似机构独立，各司其职，但实际上仍然有兼职情况出现，机构设置不尽合理的情况也比较普遍。这些沿袭与交叉的运作，导致人力资源管理与运作优化程度不高，引发出一些新的问题。它表现在人力资源机构供给与需求差异性的矛盾冲突日益明显；对人力资源机构现状没有具体的数据收集、分析和统计，并依据分析数据和结果，结合机构运作，制定相应的优化方案；机构编制与运作模式创新度不够，观念陈旧，机构老化现象还在逐步扩大，影响了人力资源机构与制度的双向建设，影响了人力资源的新开发与新利用。

2. 机构缺乏外部优化条件

按人力资源管理、运作和机构自身的发展特征，对机构设置、人员选配的要求历来严格，企业人力资源管理部门依赖外部条件的程度也很高。它包括人员选择、机构设立、制度建设等，受制于企业党组织和行政组织，规范性、严谨性极强。外部条件优化程度不高，人力资源的管理与运作则难以完成工作目标，实现预期工作绩效。人力资源缺乏外部新的优化条件，比较集中的问题在简单执行，开发不力，导致企业人力资源延续性的隐性浪费；投入不多却要求越来越高，方案、管理等具体运作缺少相应的人力和物力保证；信息传播、利用和反馈不畅，缺乏人力资源机构、改革、设置、举措、运作等新情况、新信息的吸收和交流，自我封闭情况更加突出；管理和运作更多地安于现状，管理过程缺少了对人文要素的利用，以人为本常常成了"因人而本，因事而本"；企业领导层按目标、按计划，按部署，照本宣科，企业的人力资源机构为工作而设，为办事而动，很少考虑机构自身能动性发挥，以及发展与创新。

(二)机构调整与分析功能不全

人力资源机构调整与分析功能，主要反映在制定相关的人力资源规划以有助于企业实施人力战略目标、任务和计划的实施时，配置不齐，影响功能发挥和分析力度，出现执行过程中的环节偏差。

1. 具体管理和开发受到制约

机构调整与分析功能不全，导致具体管理与执行脱节，管理没有充分到位；管理制度建设适配度差，难以对新情况、新问题进行及时处置、调配，管理满足不了实际需求；依靠旧有管理模式管理，评价与考核创新度不高，宏观性管理机制建设滞后，缺乏指导性，微观性管理缺乏针对性的新情况比较突出。管理不足，资源开发受到更多制约。相关资料表明：人力资源开发的具体项目具化性较差。设计具体的企业招聘、培训、职业设计和实施等不尽如人意的还比较多。培训流于形式，岗位实效验证不足，考核评价乏力一直没有得到根本扭转。至于相关人员的职业生涯设计等，现在又面临两个新的难题：一个是人力资源机构的管理者自身受到多样影响，技能单一，自身解决不了职业生涯设计等诸多课题；另一个是职业生涯设计等外聘相关专业人士参与助推时，又面临高额费用、人员难以集中、人员素质参差不齐、理论联系实际的对比差等因素影响，多数企业几乎不可能正常进开展此类工作。在面对人力资源发展日益创新的新形势下，这些弊端越发凸显出来，对人力资源管理和运作带来了新的挑战。

2. 调整与分析缺乏战略性考虑

企业人力资源的管理与运作，对宏观性的思考历来不多，类似企业改制那样战略性的举措极少。这样就出现了两个对立性极强的新矛盾：一个是企业人力资源管理限于企业自身，只被视为社会人力资源宏观性开发利用的一个局部，涉及微观的管理特别多；另一个是企业人力机构不会考虑企业人力资源的"自我宏观"，即企业的人力资源宏观问题，一般没有制定宏观性人力资源开发规划或计划，因而企业没有置身于更大范围的人力资源的创新、交流与互动。反映在企业近期、中期或长期的发展规划中，人力资源的开发利用被次要化、边缘化，企业更多的考虑经济效益和发展目标。企业多数没有战略性考虑，人才资源、人力资本两大发展核心没有充分发挥作用，致使人力资源发展后劲不大。目前，多数企业仍然安于目前的一般性操作，按已有模式或规程进行人力资源计划与方案的实施，没有进一步为企业经营者和管理者提供人力资源相关信息，对企业人力资源进行科学有效的战略性决策和制度建设。

（三）供给与需求再度滞后

人力资源需求是指根据企业的发展规划和企业的内外条件，选择适当的预测技术，对人力资源需求的数量、质量和结构进行预测或评估，从而实现人力资源的平衡发展。实现供给与需求的互动有四个基本条件：首先，预测、决策和实施要在内部条件和外部环境的基础上做出，必须符合现实情况；其次，为企业的发展规划和具体实施服务，这是供给与需求的根本目的；再次，应有相当的数据分析与预测保证，突出供给与需求的科学性、经济性和可行性；最后，预测供给与需求的内容是反映现实和未来人力资源的数量、质量和结构情况，应该具有相当的预见性、可选性和科学性。

1. 供给和需求差距再度扩大

供给和需求出现差距，最明显的表现是企业自身人才资源紧张，供能下降，而对人才的需求却越来越大。这种带有普遍性的情况，引发出的现实与未来需求链接、自我积累能力、内外配置手段、供给与需求新的缺口等新问题，直接对资源供给和需求构成了威胁。出现供给和需求差距缘于几个诱导因素：企业用工各种方式的不断变化，基层在岗离岗的人员进出、临时性雇佣人员、中层人员变动等在不断加剧，人才机制或体系运作不畅；企业人才引进与利用欠缺最新数据或最新信息，缺少比较与参考，也影响到自身的管理和运作能力下降，波及对人力资源的更多开发与有效利用；体现企业的人力资源相关数量、质量、年龄、知识等人力总体情况不明或变化过大，致使管理和其他工作流程的预测、设计、实施、评价和考核等出现偏差。尤其对人才培养、利用、待遇、流失等的分析不够详尽，使得供给和需求的综合性功能发挥不好；机构受人员配置、工作职能交叉等影响，缺乏机构再生的功能动力，难以对人力资源的供给和需求发展进行可靠预测。

2. 供给和需求的质量不理想

目前，不少企业人力资源管理的分析判断依然采用的是简单的，主要适用于短期预测和分析的管理人员判断法。它是依据企业各级管理人员自己的经验和直接操作，自下而上确定未来所需人员的一种方法。这种粗浅的人力需求预测与分析，目的明确，取向简单，不具备管理的深度与广度。此外，企业人力资源管理还采用相应的经验预测法。它主要依据以前的人力资源管理的经验，对现实的人力资源需求进行预测分析。由于企业人力资源管理范围相对狭小，信息不太畅通，数据比较率不高，加上不同人存在的经验差别、不同员工实际能力的差别，特别是企业不同管理人员、销售人员在能力、素质、业绩上的差别，所以，采用经验预测方法预测企业人员需求，经验的积累和预测的准确对现有的管理者提出了更高的要求。企业人力资源的管理和运作，在极为简单的模式运用下，人力资源的分析判断必然会面临更大的挑战。此外，供给和需求的质量不理想还表现在相应的质量资源规划者、管理者或执行者观念陈旧、思维保守、分析判断能力明显不足。他们中不少人不了解当前人力资源开发、利用和持续发展的新动向、新课题和新变化，运用新思维、新模式的频率极低，要反映这样的供求关系并要有相当的质量自然非常难。

某人力资源研究机运用趋势分析法、德尔菲法等常见模式进行实效调查，发现不少管理者基于人力资源管理与运作的差异性认识和综合能力不足，出现了非常明显的错判。德尔菲法通过人力资源机构作为中间人，将专家、一线管理者或高层经理等多次预测分析某个领域发展趋势而将各自单独提出的意见集中起来，然后加以归纳后再反馈给他们，修改其预测并说明修改的原因。在重复这一循环3~5次后，人们的意见趋于一致。在结果中，参与测试的答非所问者不少，多雷同，无创意。没有较好的创新性预测与分析。在分析趋势分析法中，要求参与者在确定某因素与劳动力数量和结构的关系最密切，然后找出这一因素随聘用人数而变化的趋势，由此推断出未来人力资源需求的基本思路后，这个因素应该满足的两个条件，即这个因素至少应满足两个条件：一是组织因素应与组织的基本特性直接相关；二是所选因素的变化必须与所需人员数量的变化成比例。对此，基本把握两个条件可以做出正确预测分析的不到参与者的三分之一。在利用历史数据找出某一个或几个组织因素与人力资源需求量的关系，并将这一关系用一个最简单的模式标识出来时，绝大多数参与者对此一筹莫展，难以应答。

（四）制度创新难度明显增加

人力资源制度建设非常重要，一直是人力资源发展的必备基础。制度建设主要依靠两个大的因素，即制度建设的人文因素和制度因素。其中，人文因素占有突出地位，增加了人力资源建设的丰富内涵。随着对人力资源人文因素探索与研究的逐步加深，资源要素更加丰富多彩，引发的制度建设的新课题也越来越多，制度建设的可选性和持续性体现更为充分。由此，制度建设的创新难度已超过以往任何时候。它主要集中在四个有代表性的方面。

1. 人力资源运作内容不断变异

人力资源使用内容被不断变异集中表现在五个方面：一是企业要满足员工自我实现的需求被一再放大。随着人本精神的介入，企业需要忠诚度，个人更需要安全感、认可感和亲和感。这样的需求已不仅仅表现在个人单一性的晋升需求，更多的多样性需求和群体性需求越来越多。二是使用内容中补充的内容，即通常讲的预案跟不上实际需要，并且替补作用已严重不足。受就业形势影响，预案原来带有的补充职位空缺的功能已严重欠缺，从形式到内容几乎消失殆尽。三是企业培训开发规划内容在逐年增多，更多地与晋升规划、补充规划联系在一起。同时，企业面对人才竞争，就业岗位已比较稀缺，对人才的引进与使用往往不在意规划内容的繁复和冗长，增加了更多所谓的"高标准"。四是人才使用内容因为企业人员流动的速度加快，人员流动更多以企业经营者和管理者的任职年限来进行调配，平时的内部调配更多地放到了对外的引进之上，加速了人力资源的内容变异。五是人力待遇内容出现新的变化。这种变化特别集中反映在企业经营者、管理者和普通员工三个层面上。目前，不少企业已形成不同的经济利益层面和分配格局，普通员工对现在和未来待遇的期待反映更加明显，期望值特别高。作为人力资源重要内容的现在和未来的工资总额、员工收入的递增率、新利益群体的利益分配变化等，已经给人力资源的运作带来了很多不可测因素，并且风险也在随之加大。

2. 理念、管理与发展不匹配

思维定势化，导致观念凝固化、行为表面化、思想形式化、运作模式化、制度程式化和操作简单化等人力资源管理现状，仍然在企业人力资源发展中有不同程度的表现。受到理念影响，管理僵化、呆板，发展流于形式，执行程式教条等，对人力资源发展的制约已经非常明显。仅以人力资源的规划为例。当今企业，特别是国有、股份制或民营大型企业，几乎无一例外地重视企业发展的战略规划，却很难看到人力资源管理的战略规划。如果有，它表现出来的往往也是一些硬性的规章制度。这些多是照搬而来的东西，构成的文本更多的是一些常规性的计划，如聘用选拔、工资待遇、人员配置、管理细则等，均没有构成具有体系或系统特征的机制形态。至于按照企业发展战略需要而制定的人力资源开发、利用、能力、培养、道德、思想、操作、激励、创新等较为全面的规划，在企业发展战略规划中甚少提及，甚至没有反映。因此，理念、管理和发展三者互动性极差，难以进行科学匹配。首当其冲的，就是企业现有管理人员的选拔培养、能力技术、思想素质和道德水准等得不到充分发展，员工潜能受阻，难以调动其积极性、主动性和创造性，严重阻碍了企业发展战略的实现进程。

3. 制度建设的人文因素影响不充分

人力资源制度建设中涉及的人文因素是制度建设的最基本因素，也是各种因素中最活跃的也是经常变化的因素。人文因素包括人的习俗性格、宗教信仰、文化素养、审美观念等。如果加以具化，凡属于意识形态方面的、非物质技术方面的内容都属于人文因素的范畴。人文因素的核心是注重人本精神，倡导以人为本，对人力资源发展影响巨大。它的一个突出特征，就是强调人力资源中的人力资本，即将资本方式介入资源开发，进行资源的科学分类，充分发挥资本的特有作用。这样的人文因素开发与利用，在许多企业还是一项空白。已经涉及人本要素的，也多浮于表面，没有增加制度建设的可选性和创新性的深层次体现，更没有将此视为创新的一个突破口，深化人力资源的以人为本的内涵。在这种情况下，企业人力资源的制度建设可利用的要素没有明显增加，创新度难以体现，增加了制度建设的难度、广度和深度。

4. 制度建设成本不断提升

人力资源管理制度建设成本提升无疑会影响到管理、执行和绩效的力度。成本提升包括人力、物力、财力等，在思想层面，还包括观念、思想、行为等的配置性投入。调查表明，在现代企业管理中，人力资源的投入已经明显增加，在诸多管理投入中，人力资源投入数量大、见效慢，不可预测因素多。从目标、设计、计划、运作、考核等全过程绩效比较，人力资源投入的新矛盾主要有三个，即计划、运作、配置之间出现新的差距，三者在执行过程中的统一、协调与平衡经常被打破。以配置的投入为例。配置成本增加主要在自我要素配置、外来要素配置、创新要素配置三大项目上。其中，仅制度建设为适应与体现国家有关法律法规和相关政策一项，就有不少配置内容。结合劳动法、职业教育法和社会保障条例等，就有必要的法制配套投入、岗位投入、执行投入、考核投入、评价投入等多个投入环节。人力资源制度建设的不断投入，客观上加大了人力资源的成本，影响着制度的扩容性和兼容性发挥，也明显增加了制度创新的成本含量。

（五）费用预算的编制与执行欠佳

依据人力资源计划进行费用预算的编制与执行是执行计划的关键所在。费用预算的编制与执行，要依靠计划的主要内容来进行。这些内容有晋升规划、补充规划等五个分项计划。

1. 费用预算出现超支性递增

从计划到具体执行，更多的情况是预算编制总体费用偏紧，即对预算编制在费用总额上进行一些缩减，在实际的执行中再按实际需求进行一定的调整。于是在具体执行中，超支情况屡屡发生，预算不如实算成为一种普遍现象。

具体从晋升计划（规划）等五个分项内容看。晋升计划（规划）对企业来说，有计划地提升有能力的人员，以满足职务对人的要求，是组织的一种重要职能。晋升计划（规划）一般用指标来表达，由晋升的平均年限和晋升比例构成；补充计划（规划）目的是合理填补组织中、长期内可能产生的职位空缺。受晋升计划（规划）影响，职位空缺逐级向下移动，最终积累在较低层次的人员需求上；培训开发计划（规划）目的是为企业自我发展的中、长期所需弥补的职位空缺事先准备人员；调配计划（规划）是通过有计划的人员内部流动来实现人员的未来职位的分配；工资计划（规划）按企业不同的员工分布和不同的分布状况所构成的成本进行分析，确保未来的人工成本不超过合理的支付限度，即对未来的工资总额进行必要的设计。受到目前社会经济发展通胀、经济投入成本增加等各种因素影响，以上的计划（规划）一旦进入实施，超支性递增会对人力资源开发成本形成遏制：现在的晋升时限缩短，晋级加快，跨度较之以前已越来越大；补充职位受晋升影响，费用投入一样呈现出状态，出现螺旋递增；培训开发涉及企业的自我培训，更多的外来培训，并且项目不少，随人员变动还会循环往复，费用增多，几乎年年上涨；调配职位同样涉及费用增加；工资涉及企业员工收入以及递增指标，额度大并会逐年上升。这些看似企业财务管理范围的事情，已越来越多地涉及企业人力资源的方方面面，这在以前并不多见。

2. 费用预算的执行出现新的障碍

执行中出现的新障碍主要缘于企业的体制改革和经济改革。目前存在三种基本预算和执行的模块：第一，企业三级收入制度已经形成。越来越多的企业领导层开始实行年薪制，即根据企业经济效益情况和其他情况制定年收入标准；项目或中层负责人、管理者更多实行生产、销售、效益等大包干、大包断性质的新型承包责任制；一般员工目前依然实行月收入制。第二，企业三级收入制度受到经营者、管理者和员工劳动者不同经济利益体影响，收入分化加快，差距在进一步拉大。同时，企业外来的经济联系等带来的非计划经济开支也在逐步增加，企业人力资源费用预算的编制事实上已经难以成型，一步到位，执行更是难上加难。企业新近出现的这些情况至今也没有切实可行的监控方式，没有相关法律法规的有力介入，更难有政府管理部门进行的研究与指导。第三，企业人力资源规划的预算与执行，对一个企业来说，犹如纸上谈兵。因为企业所拥有的人力资源量并不大，没有必要进行那样的规划，且现有的规划与企业实际的人力资源计划格格不入，二者几乎没有什么配套的切点。企业人力资源所需开支，完全可以由人力资源管理部门提出计划，相关领导批准，企业财务完全可以承担执行职责，将此统揽下来。

二、人员招聘与配置出现偏差

人员招聘与配置的核心，就是按照企业经营战略规划的要求把优秀、合适的人招聘进企业并进行有效的配置，实现人与岗位的和谐统一。它的具体内容有需求分析、预算制定、招聘方案的设计与实施；发布、管理和利用相关招聘信息；准备、组织和协调筛选人员、审核材料、必要考核、面试沟通等过程；面试过程实施，分析和评价面试结果；确定最终人选以及通知录用；面试资料存档备案，储备档案管理并及时更新；招聘渠道的开拓与维护，招聘会的联系及相关物料的准备；不断完善招聘制度、流程和体系。按照上述要求，人力资源的招聘与配置具体工作有五个执行环节，既是工作的难点，也是工作的创新点。

(一)招聘需求分析尚欠准确

招聘需求分析是选拔人才、引进人才的重要一步，而需求分析出现不够准确的情况仍然时有发生，已成了目前招聘工作的一大难点。致使需求分析不准的主要原因有：一是企业自身招聘目的欠明确，指标细化不够或细化过多，计划与实际差异太大，影响招聘的数量和质量要求。二是不少企业利用就业难机会精选人才，不切实际的高起点、高学历、高标准、高筛选，要求应聘者面面俱到，能力突出，来之能用，且得心应手。而且，往往注重应聘者的外表，行为举止、语言表达、第一印象和忠诚度的感知。对应聘者思想、道德、情操、观念、个性及未来发展潜质的选择更多停留在表面上，没有抓大放小，看主流，看潜能，缺少比较全面细致的分析。三是一些企业利用招聘渗进企业形象设计，特别注意投机性的自我形象宣传，常常夸大其辞，虚化企业实力，用广告式宣传的"大而全"影响应聘者。结果造成双方误读。这种程式化或夸张化的举止难以发现彼此的切合点与亲和力。四是相关事由不清楚，资料不完备，了解不透彻，对一些虚假情况缺少判断，顾此失彼，关键要素没有把握，造成分析失误，结果招聘失败。五是一些企业不注意对自身招聘工作的全面分析或反向思考，招聘活动过头，没有顾及自身公信度，使在岗的员工感觉自己没有受到应有的重视。不断吸纳新员工也在给老员工造成巨大心理压力的同时，容易影响到员工对企业的忠诚度和安全感而出现跳槽情况。

(二)工作和能力分析缺少创新

对相关招聘人员进行工作分析和胜任能力分析，是招聘工作中非常重要的一个环节。通过两种能力的考察与分析，可以切实了解他们的实际技能水平，知晓个人综合能力的真实状况。两种分析既有招聘前对个人的材料分析、面试分析等参考，也包含招聘后培训、实习、正式上岗等的实际表现分析。分析内容具体有学习与实际运用、个人能力初步展现、岗位适应性反映，等等。企业可以根据自身生产和营销等状况进行分析设计、方案设计和内容设计。所谓工作和能力分析缺乏创意，表现在三个环节上：其一，这样的工作和能力分析走形式、摆样式的多，统一的、切实可行的分析标准少；其二，分析的参与者既有人力资源管理者，又有企业相关人士参加，在招聘前后极为有限的时间内，要取得科学的、符合个人实际的分析结论，对分析对象有比较全面的认识，难度很大；其三，分析内容多在个人学识情况、专业技能认识与把握、现实与潜在能力发挥等，却缺失或轻视了不可缺失的分析，即以人为本进行的人本分析。具体的情商、智商、个性、情感、包容、意志、韧力、潜质等的要素考虑或分析不多，并已成为不少企业招聘过程中的通病。一些企业搞的一些测验，也多是纸上谈兵，与工作与能力分析的实效存在不小距离。

(三)程序、策略、渠道实施脱节

招聘过程中出现程序、策略等的脱节一般不易察觉，隐蔽性较强。程序，即为进行某活动或过程所规定的途径。程序由序列组成，反映的是一种既定的运动者的过程或状态。策略，即根据招聘需要而制定的行动方针和实施方法，也是可以实现招聘目标的方案集合；渠道，即门路、途径；实施，即执行、施行。企业人员招聘过程中的程序、策略、渠道和实施脱节表现在程序完整但策略运用不足，即程序目标与行动方针和实施方法不统一，缺乏整体感。如招聘过程中出现的不同的实施行为等造成的环节偏差；有程序、有策略但因途径不对，针对性不强，不是有的放矢，缺少了专一性，影响了对整个招聘的全局性把握，弱化了招聘的预期绩效。如了解招聘对象的切入点不准、对象比较详尽的相关情况不明等；实施过程中出现新增因素或招聘方案的突发性调整，影响了四个环节的互动或密切度。这是对程序、策略、渠道和实施最直接的干扰。

(四)特殊政策与应变方案不足

为增加招聘效果，对一些比较特殊的人才实行一些特别的待遇非常有必要。同时，为真正实现招聘目标，顺利完成招聘任务，准备相应的应变方案亦必不可少。

1. 特殊政策落实难

特事特办，实施一些特殊政策，是企业招聘的一种必要招聘策略，对发现人才、留住人才和发挥人才效能具有积极意义。所谓特殊政策，就是对特定的人才或对象实行一些与众不同的待遇。这样的待遇包括物质的和精神的待遇。物质的待遇表现在增加个人收入，加大福利额度，具体事项有工资、奖金、住房、车辆、职务、职称、重点培养、专门使用等；精神的包括对思想、品德、意志、能力等的肯定、评价、鼓励和表扬等。特殊政策落实难的问题原因是多方面的。特殊政策的界定、特殊程度多大一直难以掌控。数量与质量体现该有多大，特殊政策的依据是什么，每个企业都有不同的标准。特殊政策的具体内容，特别是物质性的享有程度极难把握与执行，对具体运作提出了更多的新要求。因特定对象认定标准和认定的个人条件不同，极容易出现认定差异。并且特殊政策由谁来制定、谁来批准、谁来执行也存在一些新的问题。

2. 应变方案可有可无

要确保企业招聘工作绩效进行必要的方案准备非常必要。但对于应变性的方案，几乎没有一个企业对此进行了预设准备。一般情况是，遇见新问题、新矛盾就及时向上反映，以企业领导层或相关负责人的相关指示或决定来予以解决。从目前多数企业招聘过程看，没有应变方案的比比皆是。不少企业认为，招聘工作不复杂，过程比较简单，一般涉及的招聘对象也数量有限，用不着那样兴师动众去细细考虑，充分酝酿。招聘中出现的新问题、新矛盾一般不棘手，化解容易，没有必要花上更多时间和精力来准备应急性的方案。同时，按照国家相关人力资源政策等，企业已有相应的配套的形式与执行的手段，应变方案因而成了企业招聘工作或全部人力资源管理可有可无的东西。

（五）人才保护举措不完善

降低企业人才流失率一直是企业人力资源工作中的一个难点。广义来讲，人才交流无可厚非，企业就是要靠人才交流来实现自我优化，提高企业的竞争力和凝聚力。狭义来看，企业自身过多出现人才流动则绝非好事。企业人才或一线比较优秀的员工流失比较集中地表现在三个方面。

1. 人才任用与配置不合理

受传统用人思想的影响，加上自我创新不够，不少企业在人才任用上出现不少新问题。一些企业有明显的"情感经济"意识，在员工配置机制上，带有较强的个人情感色彩。在这样的企业中，情感关系已成为企业与员工之间的纽带。不少人才被引进，多多少少与企业有这样或那样的关系，那种靠个人强力打拼表现而被企业聘用的少之又少。现在不少企业，尤其是一些国有企业也普遍存在着论资排辈、能进不能出的情况，不少平庸之辈占据着企业的要职。任人唯亲、任人唯近的现象，使得一些优秀人才远离企业核心管理层而难以发挥个人或团队的才能。另外，企业出现的新的利益群体和新的经济分配格局，致使人力资源配置扭曲，资源利用不当，用人常常以利益和群体关系为前置条件，还突出表现在与企业领导层或"一把手"的个人关系上。

2. 缺乏对人力资本的新认识

人力资本作为一种"非物力资本"，指劳动者受到教育、培训、实践等方面的投资而获得的知识和技能的积累。它可以带来多样性的利益，是一种特殊和特定的宝贵资本。人力资源以资本的方式存在于人力资源中，是人力资源的精华部分。目前，绝大多数企业把人力仅仅视为一种资源，没有看重其中的资本作用，只是按企业和人才存在的基本要求和一般量化指标进行资源的配置，缺乏对人力资本的认识。人力资本的积累特征和人力资本的贡献一旦被漠视或掩盖，作为人才的个体表现得不到发挥，必然会出现人力资本与其他资本，如货币资本、财力资本等的冲突，出现更多人才的流失。人才具有的资本价值在于可以给企业创造更多利益和实效，不是简单的人尽其才的一种行为。对这样的资本没有全新的认识和把握，没有形成强力保护，一直是企业人力资源工作中的一个难点。

3. 人才激励机制发挥不尽如人意

在不少企业中，人力资源的运作体系或系统不完善，操作的激励机制不科学。在新近的人才机制运作课题研究中可以发现，相当多的企业的人才激励机制构建简单，主线单一，经济激励为主的内容始终贯穿于整个机制的运作过程。经济效益、物质获取等成了机制的绝对主流。在物质性的鼓励主导下，不同的物质奖励形式几乎成了保护和留住人才的唯一手段，人才激励机制成了一种被异化的拜金机制。据相关资料反映，不少的企业人才除重视自己的收入外，更多的是看重个人的能效是否真正发挥，个人的"人才资本"是否被真正理解和承认。他们更多追求的是个人的幸福感、安全感和被信任感，有个人充分发挥才干的空间，有和谐的人际关系，企业能够更多地体现以人为本的人本精神。人才激励机制要更多地反映尊重个性、突出亲情的精神追求已经更多地显现出来。事实证明，企业简单地以经济手段来鼓励人才，埋没其个性，漠视其精神追求，使之成为好用的驯服的"工具"的做法，结果仍然难以留住人才。

企业人力资源的开发、利用和管理一直是企业发展的核心工作之一。随着企业人力资源管理工作的发展，人力资源规划、配置等带来的机构设置、机构调整、供给与需求、招聘需求分析、特殊政策落实等新问题、新矛盾，也会在发展中得到解决。这些新问题或新矛盾的出现，也为企业人力资源的进一步发展和改革提供了新的参照和比较，说明了企业人力资源的丰富性、科学性和先进性，仍然具有积极意义。

参考文献：

1. 戴维·沃尔里奇.人力资源教程 ［M］.刘磊，译.北京：新华出版社，2000.

2. 普费弗.人力资源方程式 ［M］.黄长凌，译.北京：清华大学出版社，2004.

3. 威廉·乔伊斯.组织变革 ［M］.张成，译.北京：人民邮电出版社，2003.

4. 爱德华·拉齐尔.人事管理经济学 ［M］.刘昕，译.北京：生活·读书·新知三联书店，2000.

5. 彭剑锋.人力资源管理概论 ［M］.上海：复旦大学出版社，2011.

6. 赫尔曼·阿吉斯.绩效管理 ［M］.刘昕，曹仰锋，译.北京：中国人民大学出版社，2008.

7. 程延园.员工个性管理 ［M］.上海：复旦大学出版社，2008.

浅析企业党组织绩效管理目标与内容及创新运用

王启虎 　　　　　　　　　　　　　（四川西南铁路国际旅行总社）

[摘要] 把握企业党组织绩效管理的目标实施原则以及实现目标的基本方法，由此深入理解企业党组织绩效管理内容中的绩效指标体系、绩效考评运作体系和结果反馈体系内涵及基本运作方法，进一步关注绩效管理目标和内容的创新，搞好相关模式的创新性运用，对企业党组织提升绩效管理水平作用明显，具有相当强的科学性、可选性和可操作性。

[关键词] 企业党组织　绩效管理　目标　内容　创新

中图分类号 C931.2 　　**文献标识码** A

所谓企业党组织绩效管理，是指党组织为达到组织目标，共同参与绩效计划制订、绩效辅导沟通、绩效考核评价、绩效结果应用、绩效目标提升的持续循环过程。企业党组织通过绩效管理来提升组织的工作效率，通过考核激励组织成员，提升组织的个人绩效，达成党组织整体绩效提升的目的。企业党组织绩效管理在党建工作中一直居于重要地位，是体现企业党组织和企业党建质量的关键要素。随着企业党建工作的不断深入，深化认识绩效管理目标与内容及创新的一些问题，对加强企业党组织绩效管理具有极其重要的现实意义。

一、企业党组织绩效管理的目标

目标是指个人、部门或整个组织所期望的成果，也是组织行为所指向的一种终点。企业党组织绩效管理的目标，就是制订绩效计划、沟通、评价、考核等的依据。目标是一种尚未实现的期待或愿望。依据绩效目标性质、顺序、层次、多元等特征，目标的类别可以多种多样。按性质分，有数量化目标、进度目标、改善目标和协同目标等；按目标实现的顺序分，有成果目标、手段目标；按层次分，有总目标、系统目标、单位目标、个人目标、改善目标、例行目标等；按多元分，有业务目标、培养目标、自我发展目标等。

(一)绩效管理的目标实施原则

实施绩效管理的目标要做到有的放矢，管理充分到位。目标要优化，还必须坚持运行过程中的相关原则，有原则地实施目标要求，保证目标的绩效质量。

1. 目标必须清晰

绩效管理必须目标清晰，即企业党组织和党员群体必须明确实行绩效管理的目的所在。为了实现目标应该具备怎样的条件，进行如何的准备，需要执行的步骤，先做什么、后做什么，环节、重点、过程，等等，都要求清楚明晰。对绩效的管理、考核和评价要充分，尤其是对绩效资源的开发、利用和发展，要心中有数，这样才能按部就班地搞好绩效的管理，进而实现管理的机制化或系统化，使绩效管理的作用发挥实现最大化。

2. 量化管理标准

对于绩效管理水平或管理质量的高低要进行量化管理，量化标准要做到客观、公正、透明，具有科学性和先进性。量化目标是最客观的表述方式。绩效管理标准经量化后，制度要素和人文要素会更加突出，量化指标则更具体明晰，在客观上增加了可操作性和执行的可靠性。只有对绩效管理工作的内容清楚，责任明确，绩效管理才可以充分到位，不走过场或摆架子，防止绩效被形式化和教条化。因此，经量化的绩效管理标准是保证绩效管理的重要前提。

3. 突出专业管理

绩效管理是一项专门的管理，对内在和外在的要求都非常高。绩效管理的专业化，就是根据绩效管理的不同要求、不同过程进行管理的分类，并形成各个管理部分，按各个部分的互动进行优化管理。专业管理使管理范围明确，有高度的运用智性技术空间，而管理者又具有专业技能和专业教育的基础，有专业的自律性和约束力，就可以在管理范围内，对管理事务直接做出判断、实施管理行为，以自身的责任能力和应用方式保证了管理的成效，具化了目标。

4. 重视双向效益

绩效管理存在双向效益，即绩效管理的效益和相关管理者的效益。保证绩效管理过程，实现管理目标，达到绩效优化，推进企业党组织各项工作是绩效管理的效益。管理者的效益则表现在对管理的个人或群体的必要褒奖，即物质的和精神的肯定、表扬、奖励。这之中，管理者必须要充分重视必要的效益，不能仅靠制度等的约束来强制性执行绩效管理目标。

5. 控制运作到位

绩效管理是企业党组织的一种管理行为，是组织表达要求的运作方式。实现绩效管理的目标，一个重要前提，就是必须进行目标掌控，并可以顺利予以实施或执行。没有控制就难以实施，绩效管理则无从说起。按此，可控目标和实施运作就要注重在日常工作的各个环节中做到重积累、重成果、重时效和重考核；在绩效管理的运行中重快捷、重实效、重过程和重专业。

(二)实现目标的基本方法

绩效管理是用系统的方法，将复杂的绩效过程或行为，归纳为关键性的可控制目标的管理活动。要激励党组织所有成员高效实现绩效管理目标，就要有正确的途径以保证绩效管理目标的实现。

1. 保证执行力效率

执行力就是贯彻战略意图，完成预定目标的操作能力，是把企业党组织实现绩效管理目标转化成为工作效益和成果的关键。执行力包含完成任务的意愿、完成任务的能力、完成任务的程度。对个人而言，执行力就是办事能力；对团队而言，执行力就是战斗力；对党组织而言，执行力就是掌控能力。抓好执行力的工作重在看执行的效率。这就需要及时清除组织内部存在的执行力障碍，在搞好执行力的定位与配置基础上，保证个人按时按质按量完成自己的工作任务和党组织在预定的时间内实现绩效管理的目标。

2. 做好组织相关调配

组织调配要注重几个环节：搞好组织的机构配备、补充与完善，在运行环节上注意程序，抓好链接；在人员配备、岗位定责、任务落实等环节上做好充分准备，随时可以进入运作状态；结合党组织具体情况，做好信息交流、利用、反馈工作，利用系统或机制运作优势，促进管理，创新思维，以有力的调配搞好工作。

3. 运用模式循环保证成效

运用模式循环，即利用 PDCA 循环模式。该模式又叫"戴明循环"，简称"戴明环"。PDCA 循环理论存在于所有领域，也适用于所有绩效管理过程，对于提高企业党组织工作效率非常重要。P，即策划（Plan），根据绩效管理的要求和组织的方针，建立必要的目标和过程；D，即实施过程（Do）；C，即检查（Check），根据绩效管理的目标和要求，对管理过程进行监视和测量并有结果；A，即处置（Action），指采取措施，以持续改进绩效管理过程或业绩。此中，A是四个循环中的关键环。运用这样的模式循环，可以使绩效管理全部过程始终处于循环和监控之中，从而保证了管理实效。

4.积极进行考核评价

考核评价对提高党组织工作的绩效管理的目标质量非常重要。对党组织自身和党员群体应进行认真考核，积极予以充分评价。在绩效管理目标的制度、人员、机构等多个方面做好目标制定、实际运行、资源配置、环节链接、组织成效、个人能力等的总结分析。考评要肯定优势，正视不足，为下一个绩效管理的循环提供运作参考范本或经验，并可以固化已有管理的优越系统或机制，促进其进一步创新。

二、企业党组织绩效管理的基本内容

反映企业党组织绩效管理的基本工作内容有绩效指标体系、考评运作体系和结果反馈体系。三大体系具体包括建立有效的绩效管理体系，制定和修订绩效考核方案；具体负责月度、季度、年度考核的组织、统计、分析、应用、归档等工作；负责核查管理者及相关人员的绩效考核结果，对异常结果进行纠偏；定期对党组织绩效管理办法进行修正；受理管理者及相关人员的绩效考核投诉。

(一)构建完整的绩效指标体系

企业党组织构建绩效指标体系，一是根据绩效管理目标的要求，设计党组织绩效管理层面的KPI（关键绩效指标），然后运用各种技术方法将关键绩效指标分解到部门和具体岗位；二是根据体系的内容设计各部门、岗位的PRI（岗位职责指标）；三是根据各岗位的胜任特征模型设计各类岗位的PCI（岗位胜任特征指标）；四是根据岗位的不同设计参与人员的工作态度指标。

1. 关键绩效指标的设计

关键绩效指标是用于衡量组织的人员工作绩效表现的量化指标，是绩效计划的重要组成部分。关键绩效指标可以使党组织绩效管理的领导者明确主要责任，并以此为基础，明确相关人员的业绩衡量指标。建立明确的切实可行的 KPI 体系，是做好绩效管理的关键。关键绩效指标设计主要依照企业党组织绩效管理的标准、沟通、引导、内容和形式的五个基本要求来进行。其运作程序为：构建各项绩效标准→沟通与反馈→积极引导组织→内容与形式的统一。这里要注意各个部分的有机互动与连接，以绩效管理的主线连接五个基本内容，使关键的绩效指标成为绩效指标体系的构建基础和核心。

2. 岗位职责指标的落实

岗位职责指标指依据党组织绩效管理体系内容设计出各部门、岗位的具体指标。依岗定位，以位定人，也是关键绩效指标的延续和深化。分解、落实责任指标要有科学性、连续性和可操作性，要注意各岗位的总体意识，注意各绩效管理岗位的密切相关性责任指标的落实，同时注意发挥各岗位间的互动与监督作用。这里特别要坚持以人为本的原则，注意对责任人的选定，明确责任人的日常管理活动权限、有阶段的考核与监督，并根据实际情况进行必要的补充与调整。

3. 岗位胜任特征指标的运用

岗位胜任特征指标在党组织绩效管理中的基础性和决定性作用明显。它为党组织的绩效管理工作分析、人员组织、人员考核、人员培训以及人员激励提供了强有力依据，是绩效管理的一种新基点。从工作分析看，依照胜任特征分析，突出看重工作绩效优异的党组织人员具有的优异表现，并在表现中分析其相关联的特征及行为，然后结合这些特征和行为来制定岗位的职责内容，它具有更强的绩效预测性。从人员选拔看，更重视人员的核心的动机和特质表现，特别注重人员具备的深层次的胜任特征。这样可以避免传统的人员选拔看重人员的知识、技能等外显特征带来的选拔误区，减少工作失误。从绩效考核看，它通过优秀与普通的指标对比，进而确立可行的绩效考核指标。这样有数据对比优势和系统化的考核体系支撑，可以真实地反映组织中人员的综合工作表现，提高他们的工作积极性。对于工作绩效不够理想的，则可以根据考核标准，通过培训或其他方式帮助其改善工作绩效，达到组织对员工的期望。基于胜任特征分析，要结合人员激励工作，以有针对性的激励措施来发掘组织、群体和个人的潜能，使绩效管理具有持续性和创新性地开展，提升党组织的管理水平，增强整体竞争力和内聚力。

4. 工作态度指标的评价

企业党组织工作态度指标主要有量化指标和定性指标。量化指标，即能用具体数据来体现的指标；定性指标，即无法直接通过数据计算分析评价内容，需对评价对象进行客观描述和分析来反映评价结果的指标。党组织绩效管理量化指标可以通过部门、个人等的实际岗位情况、能力情况和职责承担情况划定责任，推进实施、考核等工作。这些指标内容清楚，要求明确，有数据，有业绩，是绩效管理的主要内容，也能真实反映工作者的行为与态度。定性指标则要根据相关人员的综合情况的描述和分析来进行岗位、职责等的定性，它不可预测，动态性要素变化比较大，具体对人员的工作负荷、工作态度、执行力、运作质量等进行定性，就要结合量化指标进行分析，力求定性准确，尽量减少失误。定性指标的内容更为宽泛，指向范围更大，应该围绕个人的工作态度、平时工作业绩、个人实际能力等来进行指标的定性，并要体现两个要素：一是现实的工作态度，二是潜在的变化要素。

(二)强化绩效考评运作体系

企业党组织绩效考评运作体系是确保党组织绩效管理成效的主要手段，也是党组织绩效管理的一个重要的行为导向。党组织的绩效不同于企业的其他考评，必须要突出党组织自身工作绩效的重点，对党组织全体成员工作绩效、工作行为、执行态度、具体业绩等进行考核评价。它还要与企业管理和企业文化有所关联，在考评中反映出企业的基本管理理念和管理方式，并有相当的一致性或同步性。

1. 搞好考评事项分类

企业党组织的绩效管理有自身的考评体系。根据党组织绩效情况，对考评内容进行必要的分类是考评工作的第一步。按党组织实际工作情况，可以分两大类：一种是将考评内容按绩效管理的不同对象和不同阶段进行分类。这样的分类以绩效为中心，按绩效管理的实施单元进行划分，以领导层、部门和个人三个层次为基点展开。另一种是按绩效大小，在年度、季度或月度时段内，将考评内容划分为"重要任务"考评、"日常工作"考评以及"工作态度"考评三个方面。分类也是一种管理的形式，分类的方式一经确定，就要对考评内容进行具体划分，并保持内容的连贯性。

2. 注意考核的流程设计

在考评目标或考评总纲指导下，流程设计包括分析和优化流程。流程设计有两项任务：透视现有流程质量；根据当前需求调整现有业务流程。考核流程主要立足于解决什么人应该承担什么工作、有什么程序和服务支持，以及采用什么管理系统进行管理的问题。流程是一种系统性的思考，设计的关键在结合党组织绩效管理的目标，在组织、结构和技术的改善和应用中促进党组织的绩效管理。流程设计是建立在系统思考分析的逻辑上的，是为完成组织预定目标而对组织所作的总体整合的分析。它以整个流程为对象，强调的是企业党组织为完成预定目标所做的整体的努力，要突出流程设计更关注设计运作一体化的整体优势。流程设计可以采用一定的设计模式或方法来进行内容提示。通常可以采用头脑风暴法、要素法、KJ 统计法、经验总结法、个案提示法、问卷调查法、论证法、图示法、绩效定势法、对比法、假设推论法、汰略法、NM 思维法等。

3. 选好考核的方式

企业党组织绩效管理的考核范围一般限于组织内部，考评的范围不大、方式不多，一般采用目标考核的方式。目标考核程序一般由自评、互评、同级考评、上级考评和书面考评构成。自评，即按绩效管理的目标由被考评人根据考评内容和要求进行自我评价以提高个人的主观认识；互评，即被考评人相互评价以增加考核的真实性和准确性；上级考核，即上级按相关考评要求，对整个党组织绩效管理进行的全面或某些重要单项绩效管理的考核；书面考核又称为"书面评价"，即依据党组织绩效管理的不同部门、不同人员和不同考评重点，用书面的形式进行分类的考核。书面考核主要有肯定绩效管理的现状、成效、不足和绩效管理工作新的期待四个内容，但不能等同于党组织工作的一般性总结。书面考评一般由绩效管理的领导层或上级部门撰写。考核的方法可以进行汇编，按章节条目汇总成果，结合党组织绩效管理考核制度来进行考核。

4. 注意考核评价的相关问题

考评运作要主旨明确，定位准确，脉络清楚，从提纲到具体考评的题目要简单明了；考评内容不宜随意交叉，容量不能太大。考评按绩效主次、轻重来确定考评程序或过程；依据党组织自身工作情况搞好考评尺度的制定。尺度一般使用五类标准：极差、较差、一般、良好、优秀。也可以使用分数，如 0～10 分，10 分是最高分。对于不同的项目根据重要性的不同，需使用不同的分数区间和不同的权重。用"优秀"、"良好"、"一般"、"较差"、"很差"等比较抽象，考评人容易主观判断产生误差；考评要以鼓励提高为主，不能摆架子、走老路。考评方法或模式要有一定的创意；考评要坚持公开、公平和公正原则，力求做到透明而有科学性、人本性和亲和力，不能照本宣科，教条呆板；做好必要的人力、物力和财力准备，保证绩效管理的考评顺利进行；要注意运用机制或体系的激励优势，进行必要的物质和精神的奖励以鼓舞斗志。

(三)完善结果反馈体系

企业党组织绩效管理内容中的结果反馈体系是绩效管理运行或考评的重要一环。它是绩效工作考评或测评后，为了改进党组织和个人的工作能力和工作态度，提高绩效管理水平，把考评或测试结果向被考评者反馈的原则体系。反馈体系最大的特征是坚持"扬长避短，有则改之，无则加勉"的原则。

1. 运用反馈的六种模式

结果反馈体系的参与性原则、情景性原则等六个模式是保证反馈体系成效的基本手段或原则，可以推出反馈体系的基本内容。这些基本模式同样可以演绎出六个基本原则。

(1) 参与反馈模式

参与反馈模式，即鼓励绩效考评工作人员积极参与到结果反馈过程中来的模式。这个模式下有三种反馈方式：一是"讲述与推销模式"，即绩效管理考评人员告诉被考评者其个人考评结果等；二是"讲述与倾听模式"，即先由绩效管理考评人员把考评结果告诉被考评者，然后再让他们谈出自己对这种考评结果的看法等；三是"解决问题互动模式"，即绩效管理考评人员和被考评者在一种相互尊重和相互鼓励的氛围中，讨论如何解决考评中所反映出来的问题。这种模式被经常使用，效率较高，亦可以成为一种参与性原则。

（2）情景反馈模式

它是指反馈考评结果时，要综合考虑多种影响考评结果的因素。在参与考评时，被考评者可能因为心理、情感变化等多种因素影响，出现个人非能力或非主观大意而导致的考评失误。这样可能会出现某些考评指标的分数过高或过低，只反映了被考评者当前的状况，而没有全部反映个人的实际能力状况。在反馈时，要关注被考评者的整体背景和个人经历，不能因为某个指标得分低就横加指责，也不能因为某个指标得分高就大力表扬。这种模式具有回馈特征，经扩展可以视为绩效考评的情景性原则。

（3）激励反馈模式

激励反馈模式又叫"激励性原则"。这里指的是正激励反馈模式。它是以扬长避短，肯定被考评者的优点和长处，尽量少批评其缺点和短处，使其在表扬和鼓励中，对自己的能力素质和工作方法等有更为积极的看法，可以强化自己相应的理念，同时在激励中看到存在的一些问题。特别是通过考评，被考评者在意识到自己不足的时候，会更积极地思考自己的优势和潜力，进一步提升自己今后的绩效管理能力和综合工作能力。

（4）参照反馈模式

要保证绩效管理考评的有效性，就必须考虑考评的常模总体和不同的测试条件。不同的常模总体和不同的施测条件，对测评结果的影响很大。利用参照反馈模式的多样性分析特征，可以根据被考评者的不同岗位、绩效考评内容的差别，从最相近的总体、最匹配的情境中获得的资料来解释考评分数。同时，可以实现不同岗位、不同职级考评结果的直接比较，对不同总体的得分进行比较和反馈，从中把握被考评者的真实情况。因此，这种模式又被称为参照性原则。

（5）保密反馈模式

保密性模式推进一步就是通常讲的"保密性原则"。它是指在考评结果的反馈中要尊重和保护被考评者的隐私。这种模式可以给被考评者提供一种安全感和尊重感，减轻其心理负担，增加其对考评工作的信任度和依赖度。它还可以正确分解被考评者的隐私与个人问题所在，可以深入了解问题的成因，进而提供有效的解决方法。这种模式具化的形式与内容比较多。由模式的运行到形成保密原则，是反馈模式中非常重要的功能体现。保密涉及专业人员的保密、上级党组织相关部门或机关的保密，甚至司法性保密，不允许任何个人和单位查阅人员考评结果。

(6) 效率反馈模式

效率反馈，即在反馈考评结果时，反馈效率有三种基本方式：其一，按考评反馈的结果划分主次、按结果的重要性和专业性进行分类，先反馈什么，再反馈什么，在时段上把握轻重缓急程序以提高效率；其二，对与党组织绩效目标考评关系不大的问题、考评中非原则的枝节性反映等，可以简化以提高反馈效率；其三，划定时间反馈原则，即在明确的时间内完成全部反馈工作。效率模式是非常重要的一种运作模式，可以直接反映出党组织绩效管理工作的实际效率状况，也是推出"效率原则"的主要手段，必须予以充分重视。

2. 运用结果反馈促进绩效管理

反馈是又一次绩效管理工作的开始。结果的反馈可以从各个角度为企业党组织的综合工作带来创新的契机。利用考评结果，可以反馈更多发展绩效的信息，进而深化绩效管理。借助能力考评结果，可以发现成员的具体实际能力及潜质，由此确定任用和晋升尺度，鼓励党组织全体成员发挥自己的创造性和技能；借助业绩考评，可以反映个人和全体贡献大小和成果的客观状况，以此确定相应的奖励，用物质和精神鼓励来充分调动对绩效管理的积极性；借助组织或个人的创造性考评，可以丰富绩效管理的现有内容和形式，使绩效管理提高质量档次；

借助改革性工作考评，可以进一步改变组织或个人的思维方法、观念形态、能力状况和行为方式，为实现党组织各项工作的创新带来更多实际成果，等等。运用考评反馈的结果还会引发反馈方法或模式进一步增多，更容易促进绩效管理质量全面提高。

3. 注重反馈体系的相应配套

反馈体系相应的基本配套主要来自四个方面。

(1) 搞好政策配套

党组织要搞好绩效管理工作，没有相应的政策配套则难以进行。它包括设计制度、组织实施、过程监控和评价考核几个阶段的各项政策性的配套。具体看，有相关人员的组织、人事、培训、岗位等的相关待遇；有组织相关政策的落实、相关机构的调整、信息开发与利用、整体性管理配套的资源配置，等等。

(2) 促进优化管理

它包括党组织决策管理、人员管理、思想与行为管理、绩效分类管理、岗位职责管理、实施过程管理、绩效资源管理、制度管理、绩效考评管理等。这些管理分门别类，构成了管理系统或管理体系。在管理机制运作的作用下，系统或体系可以充分发挥管理的作用，促进绩效的提升。管理配套工作复杂而细致，关键是抓好党组织现有的人、才、物等资源的基本管理、量化资源配置和优化利用管理，才可能具体运行各项具体的管理，使决策见效，执行有力，管理真正到位。

(3) 注重三个环节互动

目标管理环节、绩效考核环节和激励控制环节的互动，可以保证组织目标、部门目标以及个人目标的一致性，保证个人绩效和组织绩效得到同步提升，这是绩效计划制订过程中需要重视的问题。绩效考核反馈是评价绩效管理模型效用的关键，利用三个环节才可能建立公平公正的绩效管理与评估系统，对党组织的管理绩效进行客观公正的评价与肯定。这些环节构成了三个关键的链接点，可以从目标——管理——激励基本点出发，并进行螺旋式回归，使其不断产生联动效果，最大化地表现出管理的实际价值。在这里尤其要注意：激励控制环节中恰当的激励方式和激励内容；党组织的绩效管理目标与组织和个人的要求一致，绩效目标、管理和考评具有可选性和可操作性；党组织中行使权力的管理者要注意维护组织的信用，自身具有表率行为和严格的组织纪律。

（4）尊重和突出人本精神

企业党组织发展的基本动力，是紧紧依靠广大党员群众的才智和能力发挥。党员是党组织的主人，任何绩效管理、运行或考核，没有他们的积极参与，党组织是不可能取得管理绩效的。绩效管理联系到党组织具体的人力资源开发与利用、综合资源配置、学习培训、绩效管理、待遇管理、成员关系管理等的模块运行，更要突出党员群众在绩效管理中的核心地位。这就要求充分利用结果反馈体系来审视党组织是否真正"以人为本"地展开了绩效管理工作。在结果反馈体系中，要解决好三个基本问题：一是必须坚持人本原则，充分尊重党员群众的主人地位，包容他们的人格发展，维护他们的创新意识，更要爱护他们的创新能力。二是保护他们的各项利益，特别是应有的政治利益和经济利益，要防止在绩效管理过程中，将党员群众视为被管理和被考评的对象。党组织领导不能既是绩效管理的设计者、监控者和评判者，又是权力的运用者和最后的考评裁决者。三是在自上而下的管理中配置自下而上的监督管理，突出党员群众的知情权、监督权和党代会的否决权，将绩效管理纳入党员群众监督管理的体系之中。

三、绩效管理目标和内容的创新

如果企业党组织绩效管理没有目标和内容的持续创新，绩效管理则难以为继。在新形势下，企业党组织的绩效管理将步入一个新的发展时期。

(一)注重目标和内容的创新

以创新的多样性突出企业党组织绩效管理的独特性和先进性，是绩效目标与绩效内容的共同举措。目标和管理内容的创新有三个基本方面。

1. 思维、观念、行为与能力的创新

企业党组织绩效目标和绩效内容创新，与党组织思维、观念、行为与能力的创新关系极大。没有先进的思维就没有先进的观念，也就没有行为和能力的优化。企业党组织要坚持党的大政方针，坚持党建工作的一致性，突出绩效管理的独特与先进，就必须要改变原有的思维模式，善于吸纳新思维，使绩效管理行为和能力水平有较大的提高。这些创新是绩效管理创新的根本保证，即持续动力所在，也是党建工作的核心内容。创新的结果还可以促进绩效管理的科学性、先进性和多样性，可以极大地丰富绩效管理的内涵和实际成效。

2. 绩效管理目标的创新

目标创新主要是党组织对绩效管理进行组织、计划、指挥、协调、控制等一系列职能的创新。反映在具体目标上，就是党组织依据自己的责任和权限，借助指示、命令等权力手段和权威，有效地制定绩效管理的指向终点，并得到所期望的成果。绩效目标的创新按照目标的性质、层次和顺序等，对目标进行新的量化，协调总目标和个人目标，注重改善目标条件，用执行的手段来改善目标，协同目标，使目标的效益最大化。创新目标必须要根据不同的各个子目标要求来逐一进行，以子目标推动总目标的创新。由于目标内含量很大，可变因素多，对于绩效管理来说，目标创新还必然要表现为两个基础性管理要素的创新，即决策的创新和执行的创新。绩效管理目标的创新途径极有深度和广度，空间较大，极有前景优势。

3. 绩效管理内容的创新

内容，即事物内在因素的总和，也指事物内部所含的实质或意义。内容与形式密切相关。内容决定形式，形式依赖于内容，并随着内容的发展而改变。同时，形式又反作用于内容、影响内容，在一定条件下还可以发展内容，促进内容的丰富性。因而，绩效管理的内容创新不仅是对事物自身的实质或意义的创新，也关系到形式的创新。绩效管理内容创新，关键在绩效因素的开发与利用，引发绩效实质或意义上的改变。内容创新就要充分利用现有因素，重点开发和利用潜在因素。内容创新存在单项或多项内容，要根据目标或要求来进行具体的创新。

(二)把握目标与内容的模式运用

运用相应模式提高绩效管理水平是当今绩效管理的客观要求。运用模式进行管理方式多，模式可选性强，基本模式有自我管理模式、共同参与模式等。

1. 自我管理模式

自我管理模式管理理念的基础是对人性的假设坚持 Y 理论：认为组织成员视工作如休息、娱乐一般自然；他们会进行自我指导和自我控制，对某些工作做出承诺以完成任务。一般而言，每个人不仅能够承担责任，而且会主动寻求承担责任；绝大多数人都具备做出正确决策的能力，而不仅仅只有管理者才具备这一能力。这种模式通过制定激励性的目标，各个组织成员对目标的达成负责，上级干预少，过程控制不多，最注重最终的结果。它崇尚"能者多劳"的思想，充分重视对人的激励作用，能充分调动人的主动积极性，激发有关人员尽最大努力去实现目标。这种模式有四个基本要求：一是存在有效的监督检查以促成目标实现；二是保证过程控制不强；三是具备辅导环节和资源支持途径；四是可能存在小集体意识而干扰全局工作。

2. 共同参与模式

这种模式崇尚团队精神，对提高工作质量、对团队精神的养成是有积极作用的，可以维系组织稳定的协作关系，约束个人的不良行为，督促个人完成各自任务以促进团队整体工作的完成。它有三个显著特征：一是绩效考核指标比较宽泛，缺少定量硬性指标，有较大的考评余地；二是崇尚360度考核，上级、下级、平级和自我都要进行评价，而且自我评价往往占有比较大的权重；三是如果绩效考评结果与物质奖励联系不紧密，就不会得到大家的支持。运用此模式要注意四个倾向：考核随意性较大，容易出现人情分现象，导致"有意识误差"和"无意识误差"；自我评价不能占有太大分量；注意薪酬的激励作用有限；注意存在创新力不足的问题。

3. 德能勤绩模式

这种模式采用已久，业绩方面考核指标相对"德""能""勤"方面比较少，核心要素的考核不太突出。它定义明确，衡量有据，评价清晰，但缺乏主线，讲究平衡。用于党组织绩效管理，该模式注意了突出绩效考核的重点，增加了精细性和科学性的要求，加入了部门"德能勤绩"考核要素，将惯用的对部门责任人的考核与部门考核联系起来，并特别注意模式内容的创新，避免了类似绩效工作管理的说明，即对党组织倡导的价值观、规章制度、岗位职责的简单阐述与总结的倾向。

4. 检查评比模式

采用这种绩效管理模式可以按岗位职责和工作流程详细列出工作要求及标准，可以涉及多项考核项目，单项指标所占权重较小。它考核评价的标准多为扣分项，少有加分项。除个别定量指标外，绝大多数考核指标信息来自抽查检查，对关键业绩方面的考核表现不太明显。这种模式考核对提高工作效率和质量有很大作用，通过定期不定期的检查考核，对提高业务能力和管理水平有其积极意义。但要注意，它反映绩效考核结果没有效度,考核结果好的不一定就是对组织贡献最大的,绩效水平低的不一定考核结果就差,制约了公平目标,弱化了激励作用。它考核项目多,缺乏重点,难以起到绩效管理的导向作用,少了发展目标和方向指导,员工缺乏成就感而减弱了绩效考核的作用。

企业党组织绩效管理的目标和内容一直是企业党组织全面管理中的重要内容之一。了解绩效管理目标的制定到内容的执行过程以及蕴含的创新要素,对提高党组织的绩效管理水平作用非常明显。进一步强化企业党组织绩效管理工作,同时加强对绩效管理的目标与内容管理的探讨,也正是企业党组织全面管理健康发展的一个显著标志。这样,企业党组织才可能真正在党建工作中做出更大的贡献。

参考文献:

1. 彭剑锋. 绩效指标体系的构建与维护 [M]. 上海:复旦大学出版社,2008.

2. 彼得·圣吉. 第五项修炼 [M]. 张成林,译. 北京:中信出版社,2009.

3. 付亚和,许玉林. 绩效管理 [M]. 上海:复旦大学出版社,2008.

4. 李艳. 绩效管理能力培训全案 [M]. 北京:人民邮电出版社,2011.

5. 孙宗虎,权锡哲. 绩效考核量化管理全案 [M]. 北京:人民邮电出版社,2010.

确立企业党员"主人地位"之我见

何绍银 （成都市燃料总公司）

[摘要] 确立企业党员"主人地位"，就要深刻认识其重要性与现实意义，并且对当前企业"主人地位"建设存在的主要问题有清醒的认识，进而加强对企业党员"主人地位"的探索与研究，积极推进企业党员"主人地位"的建设工作。

[关键词] 党员"主人地位"重要性 问题 探索与研究

中图分类号 D267   文献标识码 A

确立企业党员"主人地位"，是企业党建的一项重要工作，也是党的十七大提出"尊重党员主体地位"著名论断的具体演绎与延伸。在新的形势下，反映党员主体地位，并以党员"主人地位"的具体确立进而充分发挥企业党员的主观能动性，积极参与企业各项工作意义重大。在企业党组织对党员的教育、引导及管理中，怎样搞好党员"主人地位"的分析，重视其地位的确立与建设，已是企业党建的重要项目。事实证明，企业党员群众一旦真正确立了自己的"主人地位"，党组织与广大党员就会上下一致，和谐包容，党建便动力十足，有了强大的发展后劲，党建前景也将更为广阔。

一、确立企业 "党员主人" 的重要性

企业的党员是企业党建最宝贵的生产力，是党建的第一要

199

素，也是最有活力、创造力的能动力量。他们激情与动力的焕发，关系着企业党建的发展进程，会深刻影响企业自身的发展与稳定。确立企业党员"主人地位"，是党建工作的重要内容，它可以切实改变企业党建传统的"组织人"模式，摒弃领导者靠简单的组织权威或硬性的组织程序，利用组织杠杆来开展党建工作的做法，从而将企业党建工作推进到新的发展层面，步入新的发展阶段。

(一)党员"主人地位"体现了企业党建新的政治内涵

企业党员"主人地位"的确立，体现了企业党建新的性质和内涵，也是推进企业民主政治建设的一种核心铺垫。强调这样的主体地位，突出以人为本，改变了党员权利与义务的不对等状态，充分激活和发挥了广大党员的主观积极性与能动作用，不仅符合党建科学发展观，把企业党建作为全部党建工作的一个单元，而且将党员群众的"主人地位"常态化，已成为企业党建工作的新要求与新标准。在党建新的政治内容作用下，党员群众成为企业党组织的宝贵资源，被视为党建的第一发展要素，也切实改变了靠传统的管理和严密的控制来进行这种资源开发和利用的方式。作为党建民主政治建设的一种积极演化，企业党员"主人地位"的确立，会改变不少企业党组织普遍存在的家长式管理、党员教育僵化呆板、党员群体作用发挥不尽如人意的现状，和谐了企业党组织领导者、管理者、党员群众三个层面关系。党员群众的动能反馈加强，积极要素增加，改变了企业党建形式与内涵，党员更多的作为一种宝贵资源被开发，突出了企业党组织人力资源的配置与充分利用的新态势。这种积极举措，改变了党员作为单一义务主体的现状，可以有效地加大企业党建的凝聚力与创造力。

(二)确立党员"主人地位"可以增大企业党建动力

广大党员是企业党建绩效的根本源头，只有充分调动其积极性，才能保证企业党建工作的可持续发展，实现党建新的循环。确立党员"主人地位"并将其视为企业党建工作的根本动力，无疑是党建工作的一次重大创新性发展。它如同强调企业员工是企业的主人一样，明确了广大党员在企业党组织中的主体地位，即权利与义务合一的新型结合，使企业党组织成为意志和行动高度统一、自我约束能力极强的现代政治组织。这种以党员为依靠对象，强调党员是党组织的主人的理论创新，对党员地位予以自觉而深刻的认同，对企业党建动力的创新与选择、党建发展与提高提供了有力的保证。从党的政治地位和社会发展需求两个高度来看待确立企业党员的主人地位，改变并加强了企业党建的动力结构，更适应了企业的自身建设、企业效益的需求。党员群众的力量与智慧在地位保证前提下，可以充分发挥现实与潜在的巨大作用，对推动企业党建工作更大发展，具有深刻的意义。此外，在党员的价值观已发生了深刻变化，主体意识日益增强，开始关注个体价值的实现的现实情况下，广大党员也具备了参与党内民主生活的基本素养，存在参与党内民主生活的强烈诉求。这就要求通过尊重和保障党员主体地位来发展党内民主，并将其作为党建的基本动力加以开发利用，其重要性和必要性非常明显。

(三)确立党员"主人地位"以提高企业党建竞争力

竞争力是衡量一个组织或团体质量与量能动力的标志。在尊重和保障党员主体地位，以党员本位取代领导本位，改变党员权利虚置状态，以党员主体地位作为发展党内民主的基本动力的现实要求下，随着党的工作核心阶段性转移，党建思想、党组织建设等已处于不断的变革中，不确定性和可变性因素在不断增加，增加了企业党建的难度，党建工作面临一种全新的竞争环境。保证党员"主人地位"，从尊重和保障党员主体地位入手，把发展党内民主和尊重、保障党员主体地位作为辩证统一、不可分割的两个方面统筹考虑、协调推进，就是一种积极的竞争。这样的竞争，必然会反映或集中在企业党组织的实力、工作绩效、党建档次等方面的创新发展，体现党组织的先进性、科学性、求实创新等不同的层面上。确立党员"主人地位"，企业党组织可以通过人才、理念、先进思想的不断更新来增强其竞争力；可以依靠党员作为基本力量和主体地位的优势，以党员获得的"主人地位"的骄傲与自豪，激发理想与追求，积极创新，善于超越，企业党建才有强大的竞争力和创新力。

(四)确立党员"主人地位"以促进企业文化建设

企业文化、企业管理和企业经营，是现代企业发展的三大基本动力。企业文化作为最基本的核心要素和企业发展的最根本基础，与企业党建息息相关，互动性极强。企业员工主人翁地位同样也包含着党员群众的地位，它们是一脉相承的。党员在企业党组织中的"主人地位"无疑是对企业员工主人翁地位的一种崭新的深化或延伸，对于企业文化建设的作用更为直接，其先锋模范作用更为鲜明。同样，企业文化作为企业综合素质高低的一个衡量指标，是企业内在凝聚力、向心力表现的重要形式。党员"主人地位"的强力作用可以凭借党员群众的积极作用促进这种文化的底蕴增量，并在整个企业文化建设中发挥独特作用。事实上，党员"主人地位"与企业员工"主人翁"地位一经结合，党组织优势便可极大发挥，丰富了企业文化的内涵；党员在员工中的先进表率作用，可以影响员工行为，表现企业文化的先进性，提升文化内容与质量；可以聚合企业党政工自身优势，使企业文化建设更能体现企业精神与风貌，构成独特的文化韵味与色彩。

(五)确立党员"主人地位"以极大调动党员积极性

企业党建的一个重要内容,就是充分发挥企业党组织自身优势,以党员个体优良的综合素质推动群体综合素质的整体性提高,与企业全体员工一起来全面提升企业的综合优势。党员"主人地位"一经确立,党员个人的能动发挥,从被动执行到积极参与,这样的能量释放,既是党建的一种崭新创举,又是党员个人意志、愿望与主体地位的高度体现,必然会极快地形成企业党组织的组织效应,通过党员作用来影响员工,引领或带动企业员工积极进取,团结一致,同心同德地为实现企业发展目标而共同努力,尽快形成企业优化形态,把企业进一步做大、做强。

二、当前企业党员"主人地位"建设中存在的主要问题

现代企业党建的成功标志之一,是党员地位的真正确立,尊重党员个人、尊重党员的意志来体现党建工作又一实质,以党员个人的优秀带出优秀的党员团队,带出优秀的企业。确立"党员主人"地位建设理论新颖,课题众多,内涵丰富,因此一些企业党组织仍然对党员"主人地位"及其作用认识不清,观念模糊,在不同程度上存在着这样或那样的问题。

(一)党员享有的民主权益不够,从属、依附现象突出

在一些企业中,由于党建工作初期形成的惯性,党员个人的作用发挥往往受到一些压制或漠视,他们的才干、潜能往往难以充分发挥。这表现在:一般党员在企业党组织没有真正行使自己应有的政治权利,党员活动被随意化或淡化,没有真正融入企业的党建环境。尤其是一些党员群众不清楚自己应有的政治权益,更没有对重大事务的参与权与决定权,致使一些党员不了解党建工作的真正内涵,不了解党的相关方针政策的最

新动向，仅仅是党组织有关决定的"执行者"或组织意志的"体现者"；一些党员从属或依附情况突出，缺乏个人真知灼见或独立思维，观念陈旧，行为僵化。尤其一些基层党组织长期习惯于上行下效，依据模式，进行"坚决贯彻，积极执行"的一边倒，缺乏创新活力与党建工作的自我个性，导致党员群众紧跟随从，上头说啥就干啥，从属于组织，依附于形式，不能表现个人意志，只有无条件执行，党组织之间组织不见人、党员没有个性色彩，没有条件或能力去独立开展有效工作，更没有党员"主人地位"来保障其地位和作用。

(二)基层党建的弱化制约了党员"主人地位"的确立

党员"主人地位"是新课题和强化民主政治建设的新举措，但因一些基层组织党建工作被弱化，极大地影响和制约了党员"主人地位"的实际成效。调查表明，一些基层党组织工作上按部就班，照本宣科，走过场，做摆设，形式主义与教条主义，极大地影响了党员主体作用的发挥；一些党组织领导玩忽职守，腐化堕落，违法违纪，引发的突发性事件性质恶劣，后果严重；一些党建工作随意性大，不按相关标准和要求进行有效工作，应付规定，敷衍塞责；一些党建原则被漠视抛弃，党群关系紧张，等等。这之中，有不少基层组织长期固化，因循守旧，习惯于固定工作模式，难以积极创新，吸收新事物和新观念，对党员"主人地位"缺乏新认识与新飞跃。这样弱化的结果，是制约党员"主人地位"难以形成的主要原因。

(三)企业党员与党组织领导者关系、责任、职能不明

从确立党员主体层面看，企业党建工作一个比较突出的问题还在于企业党员与党组织领导者关系、责任、职能不明。党对企业组织领导者与被领导者关系的阐述及新的界定明显滞后，党员被动接受，只执行不过问，二者在责、权、利的划分以及

权利、利益范围的确定等问题上，仍然存在相当大的真空。它表现在：党员与党组织领导者关系老化，领导与被领导格式固定，职务、责任、权力、利益、义务等被长期以组织的形式加以固定，与确立新型的党员"主人地位"还有较大差距；责任界定简单，在指挥与执行、考核与总结等日常工作中，党员对领导者没有反向介入，没有在最大问题处理上的话语权与决定权，广大党员的"主人感"或"主人"的潜质作用模糊不清，没有真正加以发挥，所谓监督保证常常停留在形式上而没有实质内容与行为；职能划分确定的"各司其职"所构成的工作常态，明显制约了党员"主人地位"的确立与实施，并且在没有组织保证或法定性的制约之下极易被架空、被扭曲，其结果是有形式而无具体内容，或有内容却无具体行为，有行为而无实际成效。广大党员在没有具体当家做主的法定性保证或常态机制运作情况下，难以建立党员"主人地位"的日常运作体系或工作系统，更难以建立新型的组织职能，进行责、权、利的科学划分。

（四）企业党组织结构性调整缺乏力度

显然，企业党员"主人地位"建设必然要涉及企业党组织的结构性调整，党员群众通过这样的调整，利用互动、交融和进行积极反馈来充分行使自己的监督、参与等权利。这种结构性调整缺乏力度与强力的新理论支撑，使现在的企业党组织领导者仍然拥有绝对的指挥权和支配权，处于强势地位，拥有绝对的党性"权威"。为维护领导者权威，保证组织利益，体现领导者或组织的意志与决心，企业党员群众常常处于被动接受与被动执行之中。这种被凝固的结构，党员群众对组织实质上没有行之有效的监督与制约权，结构性矛盾所引发的层次性问题、双向作为问题、职能模糊问题，等等，依然还没有调整和践行的具体相关标准。由此，企业党组织结构矛盾问题不解决，没有积极调整，广大党员始终处于被动地位，无条件确立自身的"地位"优势，没有相应的法定性保障，没有结构调整的力度，要在企业党组织中当家做主，便成了一纸空文。

(五)企业党建的民主政治建设配套、呼应、链接不够

目前，企业涉及广大党员利益的民主政治建设还没有与党员"主人地位"的建设进行有机结合，在三个方面的表现比较突出：其一，企业党建的民主政治建设配套不力。涉及企业党员群众利益的相关组织法规还没有具体化、系列化，基层党组织无所适从，影响或制约着企业党员群众主人翁地位的确立。在党组织干部任用制度、民主制度建设等多个方面，同步性不突出，配套不完善，明显地制约着党员"主人地位"更深层次的发展。其二，企业党建的民主政治建设配套呼应不够。它明显表现在党员"主人地位"还没有更大突破，还不能对一些党建出现的现象或问题作出更准确的解答与阐述，从新理论的确立到新实践的紧密结合性还不理想，没有形成高效的执行机制，没有一个行之有效的强大的实践系统予以保证。其三，企业党建的民主政治建设链接不够。即表现在党员"主人地位"缺乏执行、完善、配套的理论与实践的进一步支持。企业广大党员没有自己的地位建设的"可操作举措"或现实自身主体地位"有效资本"，没有真正意义的"支配权"与"行使权"构架，要真真正正在企业党组织中当家做主，依然缺乏理论与实践的密切链接。

(六)一些领导者素质影响了党员"主人地位"的确立

企业党组织在转换党组织管理体制、运作模式、建立现代企业党组织的过程中，没有真正确立党员"主人地位"，还源于认识上的片面与模糊。一些企业党组织领导者在思想上没有高度认识党员群众在党建工作中举足轻重的作用，没有在改革、

发展、稳定和创新的高度上来认识党组织与党员群众唇齿相依的极端重要性，没有看到企业党员群众主体作用与企业发展的内在联系。他们看重企业党组织发展，但忽视党员群众对组织的"引领"与"奠基"作用；他们知道民主管理，却常常在具体工作中漠视或淡化党员群众的正常需求与愿望；他们强调党建工作的重要性和必要性，但实际行动中却"以我为核心"。个别领导者素质低下，领导能力差，习惯于现有的思维模式，缺乏现代党建发展意识，简单追求党建绩效，没有看到个人与党员群众的密切依附与关联，简单确立领导与被领导关系；他们或言行不一，出尔反尔，作风虚浮，官僚主义严重，权利与权力至上，强化"主仆"关系，挫伤了广大党员参与党建工作的积极性和主动性；他们看重行动而漠视精神，极少与党员群众进行平等的交流，没有深入细致的必要的思想政治工作，更没有集思广益，深入基层，体察民情，常常以简单的甚至粗暴的命令、规定等来约束党员群众，追求集权式的领导与管理，对党员"主人地位"的建设阻碍极大，影响不小。

(七)企业党员队伍建设亟待加强

从当前企业党员员工队伍的自身素质来看，依然存在文化参差不齐、综合素质高低不一的问题。相当多的党员群众长期靠简单的执行和简单的接受来参与党建工作，缺乏主人翁意识，自身亦难以担当"主人"重任。企业党员队伍建设亟待加强表现在五个方面：一是反差强烈。一些领导者积极参与学习与提高，个人学识与领导资本明显得到了提升，多学历、高学位日趋明显。作为一般党员，他们的必要培训与继续学习工作明显滞后，个人知识老化，观念陈旧，思维定势难有创新性改变。二是部分党员工作环境稳定，待遇相对较好，思想保守，墨守成规，视野狭窄，满足于现在的工作与生活，缺乏竞争与风险意识，淡化了自身的主人翁意识和作用。三是一些党组织领导者面对改革没有思想与意志的准备，不理解不领会党员"主人地位"的深刻内涵，唯恐自己的地位、待遇等有所变化，不能积极主动地带领党员群众去实践"主人地位"建设。四是企业党员队伍建设必须坚持吐故纳新，及时增加队伍的新鲜血液，强化骨干培养的工作更多趋于表面化、形式化。五是一些企业党组织难以切实改变观念，保证党的路线、方针及政策的创新性和延续性能力差，反应迟钝，等等。因此，当前要加强企业党员队伍在新发展时期中的建设，才可能拥有强大的党员人力资源，也才可能开创企业党建新局面，真正把确立党员"主人地位"的工作做好、做大、做强。

三、积极进行企业党员"主人地位"的探索与研究

确立企业党员"主人地位"不是一蹴而就的事情，还有相当繁重的工作要做。在我国的大部分企业完成转制工作后，实行的股份制仍然还有相当多的问题需要解决。股份制明确了企业与员工的责、权、利的新型关系，员工在形式上拥有了一定的股份，从理论到实践似乎基本解决了企业与员工的问题，员工的热情与能量好像有了极大的发挥，但企业结构性矛盾，法人治理制度建设，企业党组织在董事会、监事会等机构中的作用发挥，特别是在企业的民主政治建设，包括广大党员群众主体作用的发挥，还需要百尺竿头更进一步。此外，企业党员群众积极参与现代企业的建设工作，释放潜能，要在企业管理体制、经营模式、企业现代文化建设中有所作为，还面临大量的新思想、新思维的竞争与挑战。企业党员"主人地位"的权利与利益，仍将面临诸多新问题，需要进行积极探索与研究。

(一)要进一步做好党员"主人地位"的理论研究

企业党员"主人地位"在新时期企业民主政治建设中出现的新课题，是党建工作自我完善的新尝试。这样的理论研究意

义重大，不少课题、理论模式如主人地位的外延与内涵发展、主人地位的成效、党组织结构调整的定势、党员主人角色分析、党组织人力资源开发创新形式，等等，都需要在理论上进行更多更新的研究与阐述。围绕企业党组织党员"主人地位"的确立，理论的研究与拓展，还将深入到企业经济"聚化"作用与党员群众政治地位的互为关系，企业广大员工"主人翁"地位与党员"主人地位"的共通性、互动性与交融性比较、企业法人治理形式与党建形式的链接、党员"主人地位"与当前相关法律法规配套的思考等，都是这种新理论要逐一解决的问题。要进行理论的综合性研究，尽快形成企业党员"主人地位"的理论体系，为实践提供强力支持，解决实践过程中出现的一些新问题、新矛盾已势在必行。在日益强调企业和谐、包容与可持续发展的今天，党员在党组织中是否真正具有"主人地位"，已经关系到党组织和企业稳定发展的大局，必须在理论上继续进行新的突破，形成更新的理论与规律，已对强化理论探索与研究提出了更高的要求。

（二）要进一步完善确立党员"主人地位"的实践过程

实践是检验党员"主人地位"是否真正确立的唯一标准。完善这样的地位建设，实践过程非常重要，主要体现在几个重要的环节之上：第一，要积极利用现有的理论进行充分实践，通过实践过程来不断进行总结与提高，用实践成果来作用于理论的提升与研究，以实践成果来印证原理，突出其可行性与科学性。第二，要充分借鉴、积极引进先进模式或方法，运用可以借鉴运用的其他实践成果来助推企业党员"主人地位"的工作进程。利用企业工会与职代会的工作与管理形式、运作过程所形成的特色，促进党员"主人地位"建设的风格；参照工会、职代会依据《工会法》、《劳动法》等法律法规，积极参与企业劳动争议协商、工会代表企业员工参与企业集体工资协商制度、积极参与企业劳动调解委员工作等形式，丰富和创新党员"主人地位"的不同模式；借鉴工会、职代会相关监督执行机构或运行机制的操作状况，从而进行强化建议、监督、参与、评价、考核等的权益保障，对党员"主人地位"的法定性、延续性等进行必要深化，等等。第三，充分利用多样实践模式或方法，通过实践过程探索规律，培养体系或系统，进行机制性运作尝试，使之形成有科学性、可行性与持久性的可操作的资源优势。第四，充分利用实践绩效，分析得失，取长补短，用实践的成果、经验、教训，为党组织的思想与组织配套和党的领导部门制定相关的规定或要求提供相应的参考或运作依据，从而确保党员"主人地位"机制的健康发展。

（三）注重企业党员"主人地位"的多样性配套

确立企业党员"主人地位"是企业党建工作中的一项重要工程，必然要进行相关的配套，如组织的配套、思想的配套、人力资源的配套等。具体配套涉及党建的方方面面，多样性配套的主要表现，就是要结合国家当前的民主政治建设与经济改革深化的大局，企业党组织依据党的整体要求或规定，加强自身党建的综合性配套，即在大局方针、大政国策等引导下，制定具体目标、计划、措施，形成实施方案；要根据企业党员群众愿望、要求、利益，搞好调查，建立机制，量化工作，保证党员"主人地位"的具体落实；要进行必要的专门化、科学化的党建资源配置，特别注意组织、人力与物质的功能作用，使其具有自身的权威性、延续性、可操作性；要在具体的实践中不断丰富内容，扩大内涵，进行理论与实践的对比性验证配套；要抓住要害，突出热点，做好一些特殊性的多样性配套。

（四）必须加强对党员"主人地位"的有效执行与监管

执行力在企业党员"主人地位"建设中具有举足轻重的特

殊作用，是落实党员地位建设发展战略和实现最终目标的第一保证。执行力，即执行的力度或程度，是以执行来取得某种或某些实效的根本保证。执行力存在强弱之分，力度大小决定着执行的实际效果。执行力有规范性、先进性、科学性、可行性等特征，属于行为范畴。企业党员的"主人地位"建设，有效的执行力就是最重要的保证。有效的执行，可以强化基础管理，调动各方积极性，完善、优化组织架构，有效防止内耗，提升组织或党员的团队精神，保证实现党员"主人地位"的既定目标。加强监管则可以有效杜绝"软懒拖沓"现象，在保证实现组织的目标、提高执行质量的过程中，及时进行必要的调配、修补充与完善，保证执行的力度、深度和实际成效。事实证明，进行有效监管，是确保企业党员"主人地位"的重要举措，是各级党组织不可推卸的责任。

(五)必须加强企业党组织建设

企业党组织建设对企业发展至关重要。加强组织建设、思想建设、作风建设已刻不容缓。在新形势下，企业党组织必须要强化党建工作，在党员"主人地位"建设上真正形成气候。这就要求党组织必须不断改变观念，积极确立自身工作中心，突出工作个性、工作特色、工作规律，突破企业党组织长期形成的"领导"模式，真正在党员群众中树立自己的威信；必须改变工作表面化的多、实质性的少，执行的多、创意的少，长期流于传达布置、照本宣科的被动做法；必须要把党员"主人地位"建设的规划、执行、参与、考核、监督等落在实处，不走过场、做样子；企业党组织要加强自身建设，还要切实提高党组织领导成员和广大党员的学识质量、工作能力、政策水平、综合能力、整体素质，优化组织结构，充分利用党建的人力资源条件，切实抓好党组织的班子与人员配备，积极搞好组织建设、思想建设，强化自身的工作系统；要切实建立自己的综合工作面，展开有效工作，与企业工会、共青团等加强横向联系，形成相互体谅、相互支持和相互协作的工作局面，从而形成自己的长效运作机制；党组织领导者必须真正深入党员群众，改"发令官"为"代言人"，真正体察党员群众和员工群众的疾苦，成为他们的知心人，为他们多做实事、做大事。

(六)要积极培养党员群众的主人翁意识

培养党员主人意识是保证"主人地位"的重要基础。要使广大党员充分发挥作用，珍惜主人权利，履行主人义务，富有工作激情，积极调动主观能动性，增强凝聚力，就必须要站在相当的高度上，运用组织、管理、执行等多种手段，保证党员能够认识"主人地位"，懂得"主人地位"，爱护"主人地位"，把广大党员的责、权、利统一在"主人地位"的确立与维护上。在调动和发挥党员的积极性、主动性、创造性的同时，要明确每个党员对企业应该承担的责任，力求给他们提供宽松的工作与生活环境，营造"当家做主"的氛围，做到意见有人听、心曲有人管、反映有回应、解决有结果；要加强党员队伍建设，加强党员的综合性学习，提高其综合素质；要倡导党员的自我表现能力，激发潜能，对企业党组织和企业的综合发展积极献策出力，使其有"主人"的实在感、优越感、骄傲感；要积极发挥企业党组织工作优势，以建立领导者信箱、网络平台交流、热线联系等行之有效的形式，充实党员"主人地位"的建设内容，使党员群众的"主人地位"看得见、摸得着、用得好、有效果。

企业党员"主人地位"建设关系重大，工作任重而道远。只要我们从新形势出发，对党员群众主人意识的培养，到党员"主人地位"真正的确立予以全新认识，在理论和实践上实现新的突破，在运行机制上予以保证，在行动和效果上力争统一，那么，企业党员群众就会与企业党组织患难与共，齐心协力，也就有了自我发展与自我壮大的根本动力，有了自我激励与自我创新的基点，也就有了积极参与改革的物质和精神的强大保证，企业党员群众在党组织中的"主人地位"就会全方位发展，取得更大的绩效。

参考文献：

1. 徐敏捷．党建著作导读手册［M］．大连：大连理工大学出版社，1992.

2. 胡业福．中国共产党党员主体地位研究［M］．济南：山东理工大学出版社，2009.

3. 周放．落实党员主体地位 充分发展党内民主［J］．社会科学研究，2002（5）.

4. 刘益飞．党员主体：一个需要高度重视的理论创新［J］．中共中央党校学报，2007（2）.

职工民主管理的重要地位与作用

徐登莲　　胡昌孝　　　　　　　　　　　　（四川省第一建筑工程公司）

[摘要]　企业工会促进企业健康持续发展，为构建和谐企业提供物质保证，就要提供构建和谐企业的三个基本保证和四个核心要素。同时，还要在六个方面对企业工会在构建和谐企业中的作用发挥进行创新性的再思考，才可能真正实现构建和谐企业的宏大目标。

[关键词]　企业职工　民主管理　地位与作用

中图分类号　D412.6　　**文献标识码**　A

职工民主管理是企业综合管理的重要组成部分，是现代管理中的核心要素。在企业管理中，民主管理有其固有的表现形态和基本运作特征。从民主管理的现状出发，对其重要地位及其作用进行积极探索与研究，无疑具有积极的现实意义。

一、职工民主管理的概念及特征

职工民主管理是企业现代管理的一个重要内容与管理形式，其概念与特征突出，在现代管理中独具一格。

(一)职工民主管理的概念

职工民主管理指一定组织中的管理者，通过实施计划、组织、人员配备、领导、控制等职能，依靠职工以民主协商、共同参与等方式来协调、配置组织资源和活动，进而更有效地实现组织目标的过程。职工民主管理依据管理的固有特征和形态表现，存在相当的意义延伸：职工民主管理依存一定的组织来进行，应具有相当的广泛性与代表性，必然要体现职工的管理意识与管理愿望，表达职工民主管理的诉求；职工民主管理是一种动态的协调过程，民主参与与民主管理自上而下、自下而上，管理不是简单的平面循环，而是呈立体形态的管理；职工民主管理围绕一定的目标进行，是一种决策的形式，存在着职工行使民主权益的前提；职工民主管理目的明确，就是为了提高或实现组织的目标绩效，实现能动性更大、意义更为深刻的管理，并成为现代管理的一种标志。

（二）职工民主管理的特征

职工民主管理是企业现代管理体系或机制的重要组成部分。它贯穿于企业整个管理系统，包括一般的行政管理系统、党组织管理系统、工会管理系统、企业营销系统、企业文化建设系统等各种不同形式与管理内涵的系统，涵盖面极大，对管理有着极大的影响。

职工民主管理存在几个明显的特征：一是企业一切管理的最基本式样和基本模式，明显的互动与交叉与其他管理，有广泛的参与性与互补性，是企业全部管理中必不可少的组成部分；二是职工民主管理形式比较固定，带有全员管理特色，是管理形态与动态的协调、统一过程，其最终目标是通过职工的积极参与来实现二者的互动，从而提高企业现代行政管理水平；三是职工民主管理是企业管理承上启下，紧紧依靠职工和链接工会进行的管理，作用独特，任何管理无法替代；四是职工民主管理依据管理目标进行广泛管理，是衡量企业现代管理质量与绩效的重要参考指标。夸张一点来说，没有职工的民主管理，企业的其他管理实效与质量则无从谈起。

职工民主管理的特质，表明了它是事关企业长远发展和科学发展的大计的管理，在现代企业的建设和发展中，具有举足轻重的地位和作用。因此，对于职工民主管理必须要对它的重要地位及其作用有清晰的认识，及时消除当前一些人心中存在的一些误区，将职工民主管理提到新的高度来进行有效管理。

二、职工民主管理在企业中的地位

职工民主管理在企业中的重要地位神圣不可动摇，就在于职工作为企业发展的根本动力和企业最宝贵的第一资源，是企业赖以生存的第一要素。职工民主管理的绩效，对企业发展起着决定性的作用。从职工民主管理的渊源以及现实的客观要求来看，职工民主管理的重要地位表现得非常充分，地位日趋巩固，已经成为企业发展的必备要素，并且会随着地位的进一步强化而日新月异。

职工民主管理的地位不可动摇，其核心要素表现在多个方面。

（一）职工民主管理具有中国工运的传统地位

早在20世纪30年代党领导下的苏维埃革命根据地，就有对苏区工厂实行的书记、厂长、工会委员长组成的"三人团"和以工人大会为基本形式的早期民主管理制度。40年代后期，以厂务会议和工厂管理委员会形式取代了"三人团"，进一步强化了企业实行的民主管理。新中国成立后，职工代表大会制度在企业中正式确立起来，并在后来的企业民主管理实践中不断得到改进、完善与发展。改革开放初期，1981年，国家召开了全国企业民主管理座谈会，并颁布了《国营工业企业职工代表大会暂行条例》。1984年，党的十二届三中全会又作出了《关于经济体制改革的决定》，强调了在企业实行厂长负责制的同时，必须健全职代会制度和其他民主管理制度。在新的历史时间，伴随着改革开放的深化和中国工运事业的蓬勃发展，职工民主管理的机制进一步健全，管理的形式和内容进一步丰富与充实，其传统地位进一步得到了巩固和提高。

(二)职工民主管理具有根本方针地位

"全心全意依靠工人阶级"，是党和国家许多年来一直坚持的根本方针。所谓根本方针，就是必须始终坚持并认真遵循的工作与行动指南，而并非一句空洞的说词。作为一种方针与行动指南，具体到企业，就是要坚持"全心全意依靠职工办企业"，认真实行职工民主管理。它不仅同党和国家的根本方针具有一致性，并且是将根本方针具体化为企业管理中行之有效的途径和方式。职工民主管理在企业中具有鲜明的、不可动摇的根本方针地位，决定了职工民主管理地位的充分固化与提升。职工民主管理作为现代企业管理的一个前提条件，已经成为企业管理的基本动力或基石，其地位所产生的积极作用已经在企业发展过程中具有物质与精神的双重职能，涵盖了企业的全部管理，并逐步实现着向核心地位的进一步转化。

(三)职工民主管理具有政治文明地位

政治文明是我国新时期"三个文明"的重要内容之一。党的十五大以来，党和国家强调不仅要加强物质文明、精神文明建设，而且要加强政治文明建设。政治文明的本质与核心内容就是讲群众路线，讲民主政治，讲民主管理国家与企业。民主政治、民主管理具有浓厚的中国特色，是中国特色社会主义的一大特征。在国家事务中，党和政府始终坚持从群众中来、到群众中去的群众路线，坚持紧紧依靠人民群众，通过人大、政协等组织形式实行民主管理、民主决策。党和国家明确规定，在企业事务中，必须坚持职工民主管理的各项制度，要组织和依靠职工群众，通过职代会制度等形式对企业实行民主管理。中国工会九大强调指出，所有企业都要毫无例外地实行民主管理，重要问题要经过职工代表大会讨论或做出决定。这些都充分说明了职工民主管理具有中国特色民主政治色彩和政治文明地位的问题。

(四)职工民主管理具有坚实的法律地位

我国的根本大法——《宪法》明确规定，国家实行人民民主制度。引申到企业，就是要实行职工民主制度。在这个国家大法规定的前提下，有关企业建设的子法系统，如《企业法》、《工会法》、《劳动法》、《工资法》以及《企业职工代表大会条例》等法律文本，都明明白白地将职工民主管理列入了法规条文，并有清晰无误的相关内容。这种法律性质的硬性规定，决定了职工民主管理作为依法行使的相关权利、义务或责任，具有极大的权威性、强制性和约束力，是必须依法照办而不存在任何随意的弹性或松动的。职工民主管理坚实的法律地位表明，任何人不严格遵照执行，就会触犯法律，甚至于形成违法后，将被追究法律责任。

(五)职工民主管理具有权力地位

职工民主管理既然是相关法律法规的意志延伸，就必然存在民主管理的相应的权力地位，具有行使一定权力的职责、范围与对象。具体落实到企业，则表现为职工的企业主体权力。具体来说，即享有对企业实行民主管理的各项应有的权力。这种权力地位一经明确，企业职工民主维护自身合法权益，民主参政议政，民主参与企业"三重一大"问题的决策，民主评议企业各级领导干部，民主监督企业决策的运行，民主协商工资福利方案，以及享有对企业经营管理的知情权、质询权、建议权等，必然要反映出鲜明的权力特色，形成企业职工应有的政治或法律地位。如此种种法律所赋予的相应权力，虽然依然存在一定限度，但绝不是任何人可以随意取消或剥夺的，否则，就构成了侵权，就是对企业职工主体的权力侵害。随着企业职工民主管理工作的日益深化与企业民主政治建设的进一步展开，职工民主管理的地位还会进一步加强，体现在企业职工当家做主的法定精神与法定内涵将会有更大的发展。

综上所述，从职工民主管理所具有的工运传统地位、根本方针地位、政治文明地位、法律法规地位以及主体权力地位等，足以说明，职工民主管理在企业中的地位是神圣不可动摇的。

三、职工民主管理在企业建设和发展中的作用

职工民主管理同企业整体建设和发展密切相关，在企业中的作用十分重要。这种企业民主管理的作用主要体现在六个方面，即通常所称的"六个有利于"。

(一)有利于企业"三重一大"等问题的正确决策

"三重一大"是企业民主管理的一项重要制度，即重大事项决策、重要干部任免、重要项目安排、大额资金的使用必须经集体讨论做出决定的制度。"三重一大"制度就是依靠民主管理和加强民主管理来提高决策水平，增强班子集体合力，监督制约权力运行的重要措施。按照企业民主管理的客观要求，严格遵守民主集中制原则，充分发挥职工民主管理的作用，对于强化企业的科学民主决策，体现职工的民主管理权益，意义非常重大。由此，按照职工民主管理制度的规定，职工民主管理还可以对企业各类重大问题的决策及实施过程进行有效介入与监督，相关的执行者必须充分听取职工代表的意见或建议。这样的民主管理集中了各方尤其是职工的建议或意见，可以更好地集中职工群众的集体智慧，体现职工行使法定权利的严肃性与必要性，更重要的体现在于可以进一步修正、完善各项决策方

219

案，集中了各方优势，从而避免了决策失误。

(二)有利于协调劳动关系，增强企业的和谐稳定

企业职工民主管理的一个重要内容，就是可以通过民主协商对话，实现上下沟通交流，密切企业干群关系，有助于充分调动与发挥职工群众的积极性、主动性和创造性，进一步提高和发展企业的劳动生产力，促进企业施工生产和经营管理水平不断提升。具体看，通过民主管理，可以和谐企业领导者、管理者和劳动者之间的关系，在劳动与报酬、领导与被领导、实施与监督等关系的协调与发展方面达成共识，从整体上实现企业的全面和谐；可以促进企业文化建设、现代管理与现代营销的密切结合，推动企业的两个文明建设，特别是推动企业的物质文明建设，使企业获得更大的经济效益和综合性效益。

(三)有利于加强经营管理者队伍的思想建设和
作风建设

企业职工民主管理的管理效应是多种多样的，管理的综合性优势非常明显。它可以通过民主管理的监督、民主决策的检验、民主监督的评议等具体的细化进程，对经营管理者队伍的思想建设和作风建设进行积极介入。通过职工群众对经营管理者的民主监督和民主评议，能有效地强化对经营管理者权力的制约，进而防止出现独断专行、滥用职权等问题，预防少数人以权谋私等腐败风险，使经营管理者队伍的思想建设、作风建设和廉政建设等不断深化和切实加强。

(四)有利于转变经济增长方式，推动全面协调
可持续发展

有效转变企业经济效益的增长方式，由此推动企业在不断的协调中实现可持续发展，职工民主管理的促进作用极为明显。

职工民主管理可以凭借职工合理化建议制度、新产品开发制度、信息反馈与公开制度等，针对企业不同经济载体、不同经济增长要求、不同有效方式等，明确意见、看法或建议，利用不同的形式和程序，积极介入企业全面发展的各项工作，建立快捷、畅通、高效的表达、参与和监督渠道，使职工民主管理与企业生产、营销等工作的运行有效衔接、充分互动，以这种有深度与广度的管理促进企业全面可持续地健康发展。这样的职工民主管理，通过广泛征集职工群众的合理化建议，发挥职工的聪明才智和群策群力作用，还可以更有效地推进企业的科技进步，推进新技术、新材料、新工艺的开发与运用，推进企业经营管理手段的改进、完善与创新。同时，它也保证了广大职工对民主管理工作的深度参与，激发了职工民主互动的积极性、主动性和创造性，又使企业在转变经济发展增长方式，保持全面协调和可持续发展方面跟上新时代新形势的步伐，适应新的历史时期的要求。

（五）有利于维护职工群众的合法权益和企业整体利益

企业职工民主管理对维护职工合法权益的保证作用非常突出，是职工依法维权的重要内容和一种法定依靠。企业职工利益涉及企业的方方面面，如企业各项规章制度的制定、各项重要方案的出台、企业机构的重要调整、职工奖惩办法的制定、职工工资、奖金、福利待遇的实施，等等，与职工关系密切，影响极大。对于职工的种种切身利益，包括各种经济利益和各项政治利益，企业职工民主管理可以在多个方面切实地维护职工的利益。它可以贯穿于职代会，以职代会审议通过、审议同意或审议决定的不同形式来体现职工权益；可以通过企业工会的日常工作来进行监督；可以通过民主评议的形式来有效表达；可以通过多种渠道及时反映问题，并得到及时解决，等等。同样，通过企业职工民主管理的综合性绩效，既维护了职工群众的合法权益（包括女职工特殊权益），又摆正了职工与企业的关系，以各种具体的维护行为，激活了各种资源要素，提升了企业运作能力和应变能力，维护了企业的整体利益，使职工和企业"两个积极性"都能更好地发挥。

（六）有利于深化企业改革和现代企业制度建设

企业职工民主管理对企业进一步深化改革，调动各方积极性，进入现代企业的可持续发展行列作用同样非常明显。它在企业职工民主管理的现有基础上，积极建立和健全现代企业制度中产生的职工民主管理的新形式，其现实与潜在的作用更为突出。随着公司制的改革深化和法人治理结构的建立，按制度规定，在继续实行职工代表大会制度的同时，要普遍推行职工董事、职工监事制度的实施，职工董事、职工监事在企业董事会、监事会中有权代表职工表达意志、愿望和要求，是职工群众整体利益的代表。职工董事、职工监事具有话语权和表决权，必须受到企业董事会和监事会的尊重，必须认真接受他们的意见、建议等，要尊重他们的法定权利与合理要求。随着职工董事和职工监事制度的逐步完善，企业职工民主管理也将锦上添花，在形式或内容上，都会得到创造性的发展，并将在现代企业制度的建设中发挥更大的作用。

上述"六个有利于"，可以说明，职工民主管理在企业的全面建设和科学发展中，其作用的确是十分重要的，是值得给予充分重视的。

四、必须深化职工民主管理制度

职工民主管理是党的群众路线在企业经营管理中的具体体现，是职工主人翁地位的根本保证。职工群众是企业的主体，也是推动企业进步发展的根本动力。在这样的前提下，企业职工民主管理作为一种制度，必然要在延续中进行丰富和创新，要在地位与作用上有更大的作为，在进一步保证职工权益的基础上，以创新发展推进企业的现代化进程。

（一）巩固现行的职工民主管理成效

坚持实行职工民主管理，进一步巩固企业职工民主管理现有成效，是推进企业现代制度建设的必要保证。巩固成效主要表现在两个方面：一是坚持和完善企业职代会制度、厂务公开制度、集体合同制度、工资普遍集体协议制度、职工董事与职工监事制度、职工民主评议、民主监督、民主决策等诸项制度，并在此基础上力求创新与开拓，使企业职工民主管理步入新的台阶，为建立新的民主管理制度、体系或机制奠定雄厚的发展基础；二是必须坚持落实到位，更为积极地贯彻党和国家有关全心全意依靠职工办企业根本方针的要求，充分巩固民主管理的绩效成果。这就要求注重职工民主管理的数量与质量对比、运行状态的要素配置、管理模式或方法的创新程度、管理可能出现或存在的问题等，在执行中不断完善、不断充实、不断提高。

（二）进一步改变管理思维，提升观念

进行有效的职工民主管理，提高管理绩效，就要善于吐故纳新，必须在管理中善于改变思维方式和观念形态，使职工民主管理进入良性循环，并提高自身的管理档次。改变管理思维，提升观念主要体现在三个基点上：其一，随时关注企业职工民主管理的新发展、新动向，结合企业自身实际情况及时进行必要的调整。尤其是管理的创新性思维与创新性观念，要做到充分吸收，积极跟进，结合实际，为我所用；其二，注意运用创新思维与创新观念的研究与借鉴过程，积极探索职工民主管理的前瞻性与持续性关系，从中形成自身的有创意的管理思想、管理模式，最终把握先进的管理规律，为管理的体制或体系建

设做出自己的绩效；其三，注意对新思维和新观念的集纳，建立必要的文档，进行比较印证，通过必要的筛选或借鉴，形成自身的现代管理文库或平台。

(三)积极进行民主管理的探索与研究

随着现代企业制度的建设，职工民主管理的新课题、新动向、新模式和新发展日新月异，对职工民主管理的探索与研究已成为企业职工民主管理的崭新内容。对此，我们必须要有清醒的认识，以前瞻性、创造性的思考来注重管理运行机制的建设。在坚持职工民主管理的各阶段性总结，分清主次详略，做到有的放矢的前提下，要对职工民主管理进行更多的探索与研究，依据管理的规律、定理、模式等，进行必要的带有战略性的规划。对民主管理课题的探索与研究，可以引发深层次的思考；对民主管理规律的探索与研究，可以促进现代管理体制的建设；对民主管理模式的探索与研究，可以丰富管理的多样形态；对民主管理创新的探索与研究，可以促进管理的科学性与先进性；对民主管理结构的探索与研究，可以更加明晰管理的层次与内容；对民主管理与企业其他管理的比照性探索与研究，可以加快企业整体管理进程，等等。企业职工民主管理任重而道远，只有通过不断探索与研究，才可能构成更具有先进性、科学性与持久性的现代职工民主管理强大体系，进而取得更大的实效。

参考文献：

1. 王萍，刘晓宁.论企业民主管理对工会主席素质的要求 [N].北京：工人日报，2001—05—18（3）.

2. 王燕琦.让职工成为企业的真正主人 [N].北京：光明日报，2002—06—14（2）.

3. 杨君荔. 浅谈管理的民主、和谐与高效 [J] . 北京：教育艺术，2005（9）.

4. 夏书章. 现代公共管理 [M] . 长春：长春出版社，2000.

5. 徐平. 依靠职工群众 体现中国特色 促进企业与职工共同发展 [J] . 中国工运，2009（7）.

再论人力资源的数量、质量及模式创新

姚　红　　　　　　　　　　　　（四川省第一建筑工程公司）

[摘要]　深化人力资源数量与质量的概念、特征以及对互动关系的认知和把握，进而利用人力资源的创新原则，促进人力资源运作与管理模式的创新，指出了进一步推动人力资源的科学开发、配置和利用的积极意义。

[关键词]　人力资源　数量　质量　模式
中图分类号 G64　　　文献标识码　A

　　人力资源是企业最基本的资源形式，也是企业发展的第一要素和最重要的生产力。作为智力与体力总和的体现，企业人力资源的数量与质量及其作用，对企业提高人力资源的持续开发、综合利用，具有深远的意义。

一、人力资源的概念与特征

　　人力资源体现的不是一种简单的劳动力状态，它所反映出的概念与特征具有鲜明的内涵与个性，决定了它的资源形态的独特性与不可替代性。

(一)人力资源的含义及延伸

　　人力是指人的劳动能力，即人的体力、智力、知识、技能的构成形态，是人力资源内涵的基本概念体现和构成基本内容的必备要素。

人力资源指在一定时间与一定地区内，社会或国民经济与社会综合发展的基本动力，是存在智力与体力劳动能力区分的人们的总称。

人力资源存在内涵的延伸性，即人力资源作为推动国民经济和社会发展的具有智力劳动和体力劳动能力的总和，具有可以不断开发和利用的再生性价值；人力资源也是一个国家或地区有劳动能力的人口总和，具有可以交流、互动与融合的优势；人力资源数量与质量关系密切，二者可以充分利用数量与质量的互动，提升能动作用，不断在平衡与非平衡之间进行互动、互补，加大质变与量变总量，提高开发与利用档次。

(二)人力资源的意义特征

人力资源要素的综合性、组合性决定了它的基本特征。它的意义内涵与表述所突出的潜能作用，深刻地揭示出了人力资源的独特性和先进性。

1. 特征的创造性意义

人力资源的创造性是极为丰富，是任何资源不可比拟的。它的创造性独具优势，表现极为丰富：通过人力自身的行为、思维、观念、智力、体力、知识等能动作用，深刻改变自然与社会形态；可以进行资源创新，进行资本创新转换，介入多种领域，积极发挥潜在能量；扩大物质与精神财富产能，丰富人类与自然社会表现层面，构建人与自然的高度和谐，在整体上推进人类自身发展，等等。

2. 特征的多重性意义

人力资源的多重性意义表现在：它具有自然的属性与社会的属性，资源的独特优势在客观上扩大了开发利用的空间；这些属性存在变异性和融合性，在不同的环境、时段、组合等条件变化下，存在分散—选择—整合—集中—运作的过程；

多重属性具有不同的价值取向，可以形成不同的人力绩效；多重性意义对于促进人力资源优化极具开发价值。

3. 特征的延伸性意义

延伸性即发展性。人力资源的延伸性表现在：具有潜能行为，可以不断刺激和开发自身和自然的能力，并且可以提升质量与数量档次；在一定基础上，人力资源可以满足并不断提高自身的需求，使这样的资源始终处于不断的发展与延伸中，具有强大的生命力。

4. 特征的易变性意义

人力资源具有易变性优势，即人的主观能动性可以影响人力资源的开发与利用，可改变行为、判断、支配、状态等方式，其发挥状态与走向，会极大地影响人力资源的发展进程、数量与质量。并且易变性是具体可感的，如人的情感发挥、行为动作的发挥等。这样的易变性极容易发挥其动态效果，引发人力资源自身的更新力度与作用力度。

5. 特征的综合性意义

人力资源作为最宝贵的资源，有自身发展的综合性，它包含着人力的智商资源、情商资源、体力资源、知识资源等多样性分类资源的开发与利用。同时，开发的综合性决定着人力资源数量的综合性，管理的综合性影响着人力资源质量的综合性。人力资源综合性作用于人力资源的规划、整合、组织、调控、激励、发展、配置、协调、补充与提高绩效非常明显。

二、人力资源的数量与质量

协调发展人力资源，认识并处理好数量与质量的关系是促进人力资源发展和利用的根本。它对加强人力资源的综合开发与利用，实现资源的优质配置意义十分重大。

（一）人力资源的数量

人力资源的数量是指某国家或地区人力资源目前存在的现实劳动总量，即具有劳动能力、可以从事社会劳动的实际人口数量。

1. 人力资源数量的绝对量与相对量

人口数量是人力资源最重要的基础指标，构成了人力资源的最终数量形态，反映出人力资源数量的两个基本层面：一个是数量的绝对量，一个是数量的相对量。绝对量是指人口中实际可以进行劳动的人口的数量；相对量是指人力资源在现实人力资源中的比重，即我们通常讲的人力资源率。绝对量表明人力资源越丰富，劳动力则越多，创造的财富就越多；相对量表明，人力资源率越高，创造的收入就越多，并且在多领域、多层面具有相当的发展优势，是反映人力资源创造力最重要的指标。

2. 人力资源数量的基本构架

人力资源数量不仅仅是数据的反映或量大量小的界定，还具有内在的构架形态，揭示出一定的变化规律。从人力资源数量的六个基本构架形态看，人口总量决定着人力资源数量，二者呈现出一种因果关系；人口自身的年龄、性别、能力、结构等，影响着人力资源的数量与质量的关系转化。数量的综合性构架影响着质量的综合性构架，存在着量变影响质变的驱动关系；人口的迁徙、教育、经济、政治状况等客观性指标的现状与变动，会引起数量的外在变化，带来数量要素的重新整合；劳动参与率影响着人力资源数量的转变，显示出数量的实质利用率，会反映出数量自我特性的变态状况；人力资源的数量总在不断的变化中，它的任何变化都会引起人力资源的质量变化、数量的转化或置换，提高了人力资源数量的自我改造能力；通过数量的规划、整合与调控，可以在相当程度上实现数量的人为利用与控制，实现数量的动能监控，达到人力资源发展的相对平衡与协调；人力资源数量的多与少，常常决定着效能的大与小，极易受到社会发展状况和人类经济发展的制约，并带有明显的规律性。

(二)人力资源的质量

人力资源的质量是指某国家或地区人力资源目前存在的现实劳动力质量，即具有劳动创造力，可以从事社会劳动的实际人口的劳动价值的实际形态。

1. 人力资源质量的综合量与可控量

人力资源的质量是人力资源中极为重要的参考指标。质量状况常常受到数量状况的影响，反之质量能动于数量的作用亦非常明显，与数量呈 S 型互动，关系极为密切，二者缺一不可。人力资源质量同样存在两个基本层面：一个是质量的综合量，一个是质量的可控量。质量的综合量，即指人的体质、智力、知识、技能等的具体不同含量。受到数量干预和自身衍生性影响，综合量的主要特征表现在：人的体质、智力、知识、技能等多项表现总是呈综合性匹配状态，从而构成质量优势，并且各构成要素可能因人力实际利用需求，有时此强彼弱，有时互动交融，但综合量总会保证其综合形态并产生作用。质量的可控量，指人力资源的质量可以不断按照实际需求进行调控，是劳动力的科学性反映。通过可控手段，人力资源质量经科学化、集约化提升，实现了质量的不同选择，提升了某些质量标准，细化了质量利用对象等，更具有操控性、目的性和持久性。

2. 人力资源质量的基本构架

人力资源质量同数量综合构架一样，但综合构架更为清晰，要素体现更为明确，主要表现在三个方面：①人力资源质量可以进行指标性预测和运用。如人的健康状况、技术能力、教育状况、劳动能力、劳动态度等，可以凭借预测和运用扩大质量的容量，通过选择、竞争提高整体质量水平。②影响人力资源质量水平的因素较多，质量指标的参考系数较大，构架的内容比较丰富。内在的，如人自身的遗传、营养、教育、性格、态度、心理等参考系数。外在的，如社会状况、经济状况、社会投入、经济投入、教育投入等质量指标。③人力资源的质量在不断的提升与不断的平衡中发展提高，形成了质量资源体系，构成了自身的发展与运行机制，对数量的能动作用越来越大。如对人的身体、心理、技术、文化、思想、道德素质等的考核与测定，会提高对数量的要求，更强调人力资源数量中的个体或某些群体的潜在优势的开发与利用；特别看重人力资源质量中某些个体或群体的体质与智力状况，重视知识与技能对体质与智力的重要延伸和导向价值，注重质量的后继开发与创新运用。

（三）人力资源数量与质量的互动

人力资源的数量与质量是辩证的统一，互动性极强。数量可以影响质量，质量反作用于数量。前者是人力资源存在的前提，后者是人力资源发展的引力。二者相互依存、相互作用、相互发展、相互制约、相互补充，呈递进形态发展，又有螺旋交叉特征，存在三个基本点：①任何一方的变化必将引起另外一方的变化。②变化的程度决定着变化的结果，动态与平衡会产生众多的多元化发展模式。③数量呈物质性和概括性，是量的概念，质量呈本质性和根本性，是质的概念。质量要求越高，对数量的要求就会降低；反之，亦然。社会发展与生产力的进一步提高，质量重于数量的主导性及决定性要求愈加明显。从发展看，质量指标已是人力资源开发的主旋律，质量比重会进一步增加，形成质量主体与质量优势。

三、人力资源的创新

实现人力资源的多样化、科学化、人性化、现代化开发与利用，创新发展是重要前提。依据人力资源内在原理和外在运作规律，人力资源在创新中进一步实现要素优化，实现可持续发展，已是人力资源发展的新课题。它表现在理念、管理和作用创新三个方面。

（一）人力资源的理念创新

人力资源目前主要存在三大理念的创新形态，即人力资源的创新力、实践力和发展力的创新。

1. 人力资源的创新力理念

人力新资源开发具有广阔的空间，创新力要素优势特别明显，是引发资源进一步创新的强大动力。人力资源的创新力理念表现在四个基点上：①运用现代生物遗传工程技术创新，改变人类基因链，利用生物技术和基因产业，从人的遗传和基因结构上对人力资源的质量进行优化，减少负面遗传，强化人的生命遗传基础，提高人力资源的内在质量；②运用综合科技改变现有人力资源的体力、智力、知识、技能基本结构形态，进行阶段性的重点开发，调整构架，实现新的优化、整合、调配以增强可持续的发展能力；③结合人的生活方式及社会发展要求，更加关注人力资源的生命周期及其循环模式，突出人力资源与其他资源的多样性配套、多样化模式、多元化互动、多优化运作，真正实现人力资源与其他资源的有机融合，推动资源综合利用绩效；④利用创新力综合性改变和综合性提高人力资源整体质量，特别注重人力资源的资本特征，按照经济运行规律促进资源的资本构架及运作。

2. 人力资源的实践力理念

人力资源的发展必然要充分提升实践力度，加大实践运作，对实践的方式、技术、绩效等进行不断创新。实践力理念多种多样，基本点在于：对人力资源创新力运作进行检验，确立新理论地位、探索新规律，积累实践经验，引导人力资源更大发展；对人力资源相关课题进行运作验证，增加课题的可靠性、科学性、可选性和可行性；利用实践力动态特长，进一步深化实践过程，扩展实践空间，特别注重实践比较的多元性和可行性，在规律、模式、运作三要素利用上进行更大突破。

3. 人力资源的发展力理念

按人力资源发展方向、作用新要求，人力资源的发展力不仅仅在发展形态、模式、绩效等要素的开发与利用上，还将更多地表现在发展力的内涵演绎与发展力的多元化发展形态上。从内涵演绎看，人力资源外在的经济能动作用必然会进一步扩大，发展力将更多地表现在它的经济、市场、绩效上，并且会更充分地利用内涵的演绎来实现发展力的进一步转变，更深刻地体现出发展力的营销潜能。从发展力的多元化作用看，它必然会衍生更多能动方向，尤其会加大经济干预、介入力度，达到发展力的市场化运作。利用市场营销原理，发展力可以实现创新性变革，将人力资源导入不同形态的资源市场，以新的营销方式来提升自身价值。这样运用市场营销理念来强化人力资源的发展力，不仅优化了人力资源的调控与配置，做好了资源的综合利用，并且可以扩大资源综合利用率，派生新的发展动量，从根本上促进发展力的自我创新、自我调控、自我完善和自我发展。基于发展力理念的创新，人力资源发展完全可以按照经济发展规律进行自我完善，发展力的创新理念会带来人力资源近期、中期和长期的自觉变革，实现发展力与经济发展的高效调配与高效利用，资源的交流、转换表现在劳动力的转移、输出、性质、质量、报酬的新型组合将层出不穷，增加更多人力资源的质变绩效。

（二）人力资源管理创新原则

人力资源管理与其他管理一样，也存在不同的管理原则和模式。这些原则与模式的创新，对人力资源的开发、利用和发展举足轻重，创新势在必行。

人力资源的管理必须创新相应的管理原则，是保证资源质量的核心要求之一。随着人力资源的数量变化，资源开发的客观要求，管理原则的创新集中在创新性原则等八个方面。

（1）创新性原则。人力资源创新是永恒的课题。创新性原则依靠人力资源的动态特征和运行预测，对人力资源的目标、手段、方向、风险、成本等进行新的界定，确定实施范围和总控指标以保证人力资源的变革成果。

（2）连续性原则。即对人力资源的过去、现在和未来的变化，进行关联性的预测，用连续性保证人力资源的整体性和效率性，实现资源的联动，保证资源的稳定性和持续力，重点在对资源各要素进行调配与平衡。

（3）相关性原则。利用人力资源的相互联系、相互依存、相互制约的要素结构，即要素变化的影响力和互动性特性，建立人力资源的各种相关结构，在相关要素的变化中进行判断、分析、筛选、维护，进而实现新的管理。

（4）共用性原则。人力资源管理共用性原则，即充分利用现有资源，以共同目标、决策、标准、实施的共同性，达到系统、机制的有机联动，降低资源运作成本，促进管理深化，实现资源综合开发和共享互补。

（5）类推性原则。依据人力资源的发展特征或式样，即对这些特征或式样进行类推比较，优化要素选择，构建新的发展模式，以类推的多样性进行人力资源管理调控。

（6）评估性原则。人力资源评估性原则，就是通过对人力资源总量、质量状态等进行评估，利用对资源运作、管理、绩效等进行的创新性考核，以新的发展思路确定新的战略决策，实施新的规划。

（7）交互性原则。交互性原则又称交换性原则，即通过人力资源的交换与协作，提高整体效率。在互动中通过交换、协作、交叉、融合，实现资源的优势互补，加大资源在运作中的实际效果。

（8）资本性原则。按经济发展原理，资本就是用于劳动生产市场或经营以获取经济效益的生产资料。人力资源的资本性原则，就是利用它的资本属性，将其引入经济发展运行中，发挥物质的能动潜力，实现人力资源的生产或经营绩效。资本性原则作为人力资源开发的崭新课题，具有极为重要的意义，是当前人力资源现代管理创新中的重要内容之一。

（三）人力资源的模式创新与创造

人力资源的运行模式日新月异，但人力资源的创新模式依然不多，模式更新率不高，运作周期过长，"补丁现象"突出，人为干扰明显，权力介入过多，致使人力资源模式的交叉、兼容和互动缺乏创意，难以适应人力资源客观需求，已成为当今人力资源进一步开发的瓶颈，明显制约了人力资源的开发与利用的进程。

1. 注意现有运行模式的创新

现有运行模式的创新可以延续人力资源已成形模式的操作与运行周期，可以有效节约模式投入成本，为新模式的设计运行提供必要的过渡与参照。依据人力资源的"直觉经验模式"，凭借人力资源的相关知识、专业经验、分析和判断，从而测定和推断资源对象未来发展的性质及方法，可以在专家预测模式基础上，对调查模式进行创新性改造。集中进行资源市场、资源源头、资源利用三大概况式调查，在宏观和微观上综合各种因素，重点对人力资本的运用进行模式预测。凭借人力资源的"数学分析模式"对掌握的大量人力资源的各种资料、信息、统计公式或数字模型进行定量分析或图解进行分析，重点在模拟对象，揭示变量之间的规律上进行创新。按创新思路，对所含的时间序列模式、回归模式、对比分析模式、对比预测模式、经济计量分析模式等系列分支模式进行逐步充实，尤其要对时间序列模式和回归预测模式进行重点创新，丰富模式的内容，扩大外延，增大作用。

现有运行模式多种多样，创新方式同样繁复。此类创新要注意：创新立足于原模式的要素内涵的外延性利用，具有推陈出新的价值；创新成本一旦投入过大，应该及时转向，进行全新模式的设计与创造；创新的内容要经得起实践的检验。

2. 注重新模式的设计与运用

按照人力资源自身发展和社会发展需求，人力资源模式必然要进行更大变革，在创新模式上进行更大突破，具有引领价值和学术价值，先进性与科学性意义更为重大。遵循创造新模式的三大原则，即模式蕴含的新理论和新技术的创造力；模式应用新发明和新开发的拓展力；模式在人力资本与市场构建中的作用力，新模式的创造不拘一格，形式多样，定势不一，主要立足于基本模式的设计与创造。

（1）LLS模式。LLS模式又称三段综合模式，即定量模式、定性模式和实施模式三者结合起来使用的人力资源模式，设计出的资源的定量（数量）—定性（质量）—实施（方案）结构。它先进行定量预测，根据结果，推论定性方式，经取长补短，再选择最佳实施模式。这样的模式优势是要素比较集中，过程真实可靠，保证了资源的基本素质，增加了实施的绩效可靠性，也减少了在预测与实施过程中不可控因素的影响。

（2）新系统模式。新系统模式即按人力资源的基本要素进行新构建的模式。它按人的体力、智力、知识、技能，构架出四个独立模式，形成四个分支系统。如体力模式按需要可以形成体力成本模式、体力组合模式、体力量变与质变分析模式，等等。由此它们再集中形成一个较大的系统并进行交叉、取舍以及互动。它可以相对集中人力资源的优势，发挥各自特长，也适用于人力资源的管理与调配，特别是交叉互动带来的空间优势非常明显。

（3）优势比较模式。优势比较模式主要是以人力资源单项或多项优势进行差别比较，经过取长补短，再依据比较结果进行模式设计的方法。单项优势，如智力范围内的提升模式、智力分析模式等；多项的，如智力与知识优势综合模式、体力与技能的交叉优化模式等。该模式主旨在于优势互补，各取所需，具有纵向与横向优势比较与融合之长。

（4）梯级衍生模式。这种模式把人力资源分出若干个子系统或分支，然后以某一主线或主题置放其中，构成梯状结构进行研究分析。它像登楼梯一样，每一个梯级就是一个内容，并且级级相连，环节明朗，层次清楚，特别适合于对人力资源技术含量高的部分进行运作或管理模式的设计。

（5）DL关系模式。DL关系模式即等量模式。它是利用人力资源体力、智力、知识、技能的数量与质量在一定条件下的等同性进行对比而形成的模式。该模式利用量的对比，从中看到质的不同或相同特征，再经选择组合，进入到一个新的等级，构成资源的良性循环。它以等同性按量组成不同设计模块，可以迅速组合出人力资源的运行构架，具有很好的实践性优势。如人的学识与技能的等量比较，当学识高于技能的时候，说明技能还有较大的发展空间；反之，则说明学识需要再度提高。

（6）新资本模式。新资本模式又称营销资本模式，是正在探索研究并已经逐步实施的一种新的人力资源运作与管理的模式。它体系较大，系统空间优势特别明显，选择性、操作性、可行性与科学性特征非常突出。按照人力资源资本概念，新资本模式构成了资本市场模式、资本配置模式、资本管理模式、资本商业运作模式和资本运营风险模式。该模式极具创造性，以经济规律与经济管理手段对人力资源各要素进行一定的概念置换，极大地提升了人力资源的整体作用，是人力资源与其他资源的有机融合。如资本商业运作模式提升了人力资源的竞争力和持续性，通常采用情景分析法计算进行模式设计，对人力资本价值、利用、再生和未来引进了市场营销原理，并按经济规律进行运作，极具发展前景。资本运营风险模式则采取自上而下和自下而上的方法进行量化，利用基本指标法、多种指标（标准）法、同类机构比较法、专家判断法、高级计量法、统计法等，及时对人力资源因为内部无效管理、流程不充分等，或外部运作风险加大造成的失败或损失进行处置，减少了资本运作风险，增加了资本的有效附加值。

人力资源是最宝贵的资源，也是一种无可替代的特殊资本。要充分利用人力资源促进社会发展与经济建设，就必须要把握人力资源的数量与质量的关系及人力资源模式的创新设计与运用，做到兼收并蓄，综合发展，从整体上提升现有的人力资源开发、利用、运作档次，才可能真正发挥人力资源优势，获得更多资源绩效。

参考文献：

［1］爱德华·拉齐尔．人事管理经济学［M］．刘昕，等，译．北京：生活·读书·新知三联书店，2000.

［2］李和中．公共部门人力资源管理［M］．北京：中央广播电视大学出版社，2007.

［3］周小其．经济应用文写作［M］．成都：西南财经大学出版社，2008.

［4］巴克纳尔．人力资源管理［M］．袁庆宏，译．上海：汉语大词典出版社，2008.

［5］戴夫·乌克里克．人力资源管理价值新主张［M］．吴雯芳，等，译．北京：商务印书馆，2008.

浅析企业工会在构建和谐企业中的作用及再思考

王照川　　　　　　　　　　　　　（成都市第三建筑工程公司）

[摘要]　企业工会促进企业健康持续发展，为构建和谐企业提供物质保证，就要提供构建和谐企业的三个基本保证和四个核心要素。同时，还要在六个方面对企业工会在构建和谐企业中的作用发挥进行创新性的再思考，才可能真正实现构建和谐企业的宏大目标。

[关键词]　企业工会　构建和谐　作用及思考
中图分类号　D412.6　　　文献标识码　A

构建社会主义和谐社会，是我们党提出的重大战略任务。企业是社会的细胞，是发展社会主义市场经济的竞争主体，和谐企业是和谐社会的前提条件和重要基础。工会作为党领导下职工自愿结合的工人阶级的群众组织，是党联系职工群众的桥梁和纽带，是国家政权的重要社会支柱，是职工合法权益的表达者和维护者。因此，企业工会在构建和谐企业中如何发挥积极作用，以及对构建和谐企业进行创新性思考，具有极为重要的现实意义。

一、促进企业健康持续发展，为构建和谐企业提供物质保证

发展才是硬道理，发展是解决一切问题的关键。没有发展，

建设和谐企业就是无本之木、无源之水。企业工会要在构建和谐企业中，要充分发挥建设职能，紧紧围绕企业文化建设、生产经营、现代管理的中心工作，全面贯彻尊重劳动、尊重知识、尊重人才、尊重创造的方针，必须具备相应的物质保证，才可能激发企业活力，促进职工的创新意识，使企业形成高度和谐的运行机制，尽快步入现代企业的先进之列。

(一)提供构建和谐企业的基本保证

构建和谐企业的主要物质保证包括人力资源、文化建设资源、管理资源、经营资源等，是企业发展的四大基本动力，也是构建和谐企业的根本性资源保证。企业工会要积极发挥构建作用，首先要实现三个基本保证。

1. 保证企业人力资源能量的充分释放

人力资源是企业和谐发展的第一要素。作为一种企业最宝贵的资源，具有更多的多元性物质特征，是构建企业和谐的变量和原动力。没有人的要素作用的充分发挥，构建企业和谐的物质保证则无从谈起。企业人力资源能量的充分释放以保证构建和谐企业主要体现为：第一，利用人力资源开发积极发现和培养人才，实现人力资源的高效配置，夯实构建和谐企业的人力基础；第二，重视人力资源的充分利用，以人力要素的优势具化为构建和谐企业的保障能力、创效能力、持续能力和控制能力，实现人力资源的能效转换，成为构建和谐企业的新能源；第三，充分利用人力资源的绩效功能和绩效资源来提高和谐企业的建设效率与质量，实现和谐建设的持续性和创新性的良性延续，最终实现人本和谐的新突破；第四，实现人力资源机制与构建和谐企业机制的对接，以企业文化建设、企业管理、企业经营三大核心发展要素为具体内容，在突出职工的主人翁地位的前提下，抓好企业职工队伍的建设，以职工和谐、企业和谐为起始点，使构建和谐企业更务实、更形象、更有先进性和更具公信力；第五，人力资源对构建企业和谐的"物化"作用可以持久支撑和谐的长效机制，其持续性和创新性发展，可以成为构建和谐的基本人力资源模式，并且可以在人力资源的开发、利用、循环、充实、提高的环节中促进企业和谐建设和企业人才的不断开发与不断更新。

2. 注重企业文化建设与构建和谐企业的交融

企业文化建设是现代企业发展的三大要素之一，最能体现构建和谐企业的实质，可以极大地表现出企业的精神和形象，是企业发展的重要保证。此外，企业文化建设纵横交错，与企业党建工作、职工队伍建设、现代管理与现代经营等有着千丝万缕的关系，最能产生整体性的和谐绩效。由于二者存在着密切的关系，在属性和特征上非常相近，就可以相互运作，实现目标的转换与延伸、内容的交替与互动、模式的借鉴和吸收。这种通用性、可行性非常明显，可以视为一种资源的综合性高效利用。

构建企业和谐一旦融入企业文化建设的要素，就可以触类旁通。增加构建和谐的物质保证力度，不仅可以推出新的创新思路和创新手段，开拓和丰富建设和谐企业的视野和成就，还可以形成多样性的构建方法和特色：其一，可以利用企业文化建设中的多样性创新作为构建和谐的必要基础，开展职工素质教育工程，全面提升企业与职工的综合素质。企业工会就可以积极利用多元性的技术创新和职工素质教育工程作为推动构建和谐的两个重要载体，组织、发动、集中职工的智慧和力量，提高企业的自主创新能力，提升企业经济效益和社会效益。其二，利用企业与职工唇齿相依的特有关系所形成的经济杠杆平衡原理，在保持企业稳定和职工队伍稳定的重要前提下，以推进工人阶级的知识化进程来增强职工在市场经济条件下个人的竞争能力，以职工的整体素质的提高来增强企业工会履行职责、维护职工利益的职能绩效。其三，可以利用企业文化建设营造

"学习先进、尊重先进、崇尚先进、争当先进"等先进理念，凭借企业工会大力开展的"工人先锋号"等多种创建活动，积极组织职工开展岗位练兵、技术比武、双增双节竞赛等，切实把职工的生产力和创造潜能发挥出来，在"创建学习型组织、争做知识型职工"的活动中促进企业的和谐建设。其四，可以利用团队精神，充分加入企业工会职能要素，使企业和谐以人为核心，实现企业职工整体的先进性、创新性的持续发展，真正体现出企业和职工双向价值。

3. 加强民主管理，为构建和谐企业创造民主环境

和谐企业是职工享有广泛民主的企业。工会作为企业民主管理的组织者，在构建和谐企业中，要充分履行参与职能，加强源头参与，拓宽民主管理渠道，建立民主管理机制，充分保证职工依法行使选举权、知情权、参与权、监督权等民主权利，让职工有畅通的参政议政渠道，有充分的参政议政机会。为此，企业工会必须做到三个基本坚持：一是坚持和完善职代会制度，保证职代会的审议、决定、评议权，切实把事关企业改革发展的重大问题、方案措施，事关职工切身利益的重大问题、规章制度提交职代会审议、审查、表决。并认真做好职工代表提案征集工作，广泛集中民智，使职工积极参与企业各项制度的制定和重大事项的决策，组织好职工代表巡视工作，检查企业各项管理制度的落实情况，对存在的问题及时反馈整改，确保企业生产经营管理决策的科学性、合理性，并在充分民主的环境中体现相互尊重、团结友爱，达到人与人、经营者和劳动者的和谐共处。二是坚持和完善厂务公开制度。按照"一化、三性、两延伸、四结合"的要求，建立厂务公开目标责任制、定期报告制、职工评价制、效能监督制、检查考核制、责任追究制六项制度，拓宽公开范围、规范公开程序、完善公开形式，内容丰富、程序严格、形式创新、监督深入，做到"家底、家政、家事"都向职工公开，保证企业的各项权力在阳光下运作。三

是完善日常民主管理渠道。积极完善协商、咨询、职工代表巡视等民主管理形式，通过领导班子联系点制度、网上民主信箱等积极探索和创新民主管理工作的载体、内容，不断提升职工在企业中的核心地位，并参与企业经营管理，成为企业的主人，从而加快和谐企业的建设步伐。

(二)落实构建和谐企业的核心要素

建立和完善稳定的劳动关系为构建和谐企业奠定坚实基础，是构建企业和谐的重要前提。劳动关系是最基本的社会关系，建立协调稳定的劳动关系是构建和谐企业的重要基础。工会作为职工利益的表达者和维护者，要按照"组织起来、切实维权"的工作方针，树立"和谐发展、互利共赢"的维权理念，坚持"维护职工权益、促进企业发展"的维权原则，本着"群众利益无小事"的人本精神，认真履行好维护职能，做到主动维权、依法维权、科学维权；把维权贯穿于推动改革、促进发展、积极参与、大力帮扶的全过程，维护好职工的政治权益、经济权益、文化权益，协调好企业劳动关系，力争达到维护企业的整体利益与维护职工的具体利益的高度统一，自觉维护企业的稳定。所以，企业工会要积极发挥构建作用，还要实现三个核心保证。

1. 以平等协商集体合同制度和签订工资集体协商协议保证和谐建设

平等协商集体合同制度是建立和谐稳定劳动关系的有效机制，是工会维护职工经济利益，协调劳动关系，促进稳定最为有效的手段。集体合同涉及职工最关心的劳动报酬、工作时间、休息休假、劳动安全卫生、保险福利等，都是职工切身利益的重要问题，其中工资问题是最关键的、最实质的内容，它是职工的经济来源和生活命脉。工会要坚持把职工关心的热点、企业经营的重点以及民心工程等纳入平等协商，写入集体合同，定期检查，年终报告。通过签订集体合同，使职工的劳动保障权、身体健康权、生存权等权益得到最根本的维护。通过工资集体协商，使职工的收入水平与企业经济效益和社会进步保持同步发展，切实维护职工的具体利益，使职工心齐气顺，更好地投身到企业改革发展中。

2. 强化企业工会对合同制度和工资集体协商协议的监督保证作用

在经济分配的过程中，要突出企业工会的监督作用、促进作用和协调作用，要用平等协商集体合同制度和签订工资集体协商制度作为构建企业和谐的必要的物质和精神基础，尤其要极大发挥经济绩效的动态平衡与保障绩效来保证企业经济利益分配的公平、公开与公正性。对此，工会要注重进行创新性思考：一个是平等协商集体合同制度的确立到实施全过程的体制建设，从形式到内容必须务实、高效，有工会及职代会的切实监督，并特别注意相关法律法规的法定要求与法定的保证内容的充分落实；另一个是签订工资集体协商协议要真正体现绝大多数企业职工的愿望、诉求和期待，积极创造条件，尽可能地以此为契机，利用利益分配来扩展构建企业和谐的广度和深度，把握好构建和谐的关键要素，突出企业和谐的重要主旨，进一步扩大和谐效果，在和谐的质量上先人一步。

3. 利用和谐建设的相关内容加强职工劳动保护

保证职工劳动安全是企业生产与经营的前提条件，也是企业和谐程度的重要表现。企业劳动保护突出企业的和谐基点是：一要树立"安全是职工的基本需求"的理念，充分认识做好劳动保护工作、确保安全生产的重要性，加强安全生产劳动保护的宣传教育，教育职工牢固树立"安全第一"的思想，提升职工的自我约束、自我防范、自我保护、自我管理的能力；二要不断深化各种竞赛活动，签订"劳动安全卫生专项集体合同"，从制度和源头上有效地保障职工的安全与健康合法权益；三要认真行使劳动保护监督检查的职责，促进企业劳动安全工作依法管理，有序可控，切实保护职工在劳动生产过程中的安全与健康；四要在和谐中建立安全生产的长效机制，有切实可行的防范方案和有效的监督运行体系。

4. 注重构建和谐企业中的精神导向作用

和谐企业的一个显著标志，就是企业所倡导的价值观念、道德准则能被大多数职工认同和遵循，并在精神上、文化上有较大的共容性和一致性。企业工会是先进文化的传播者和实践者，要充分履行教育职能，发挥精神导向的积极作用，有五个基本点：一是利用企业文化建设在企业长期的生产经营中形成的、被广大职工接受的共同行为准则，将此积极转化为构建和谐企业必不可少的智力支持、精神动力和思想保证；二是工会要牢牢把握正确舆论导向，要以丰富多彩的活动，陶冶职工情操，提升生活品位，丰富精神世界，增强精神力量，提高对企业的认同感和归宿感，努力营造民主和谐、团结向上、开拓进取、心情舒畅的和谐环境；三是强化职工思想政治工作，要深入职工群众，掌握职工的思想动态、利益需求，积极宣传党和国家的大政方针，宣传企业的生产经营形势，引导职工树立新的价值观、荣誉观、择业观和劳动观，正确对待企业改革发展中的利益调整关系，以理性合法的形式表达利益诉求、解决利益矛盾，增强主人翁的责任感和使命感，自觉地维护企业和社会的稳定；四是工会要积极创建模范职工之家，按照创建标准开展工作，充分行使维护、建设、参与、教育四项职能，把企业建成效益之家、温暖之家、民主之家、安全之家；五是大力实施送温暖工程以扩展构建和谐企业的优势途径。工会职工的第一知情人、报告人和帮助人，就要坚持以人为本，开展多渠道、多形式的送温暖活动，在思想上帮助、技能上扶助、经济上补助、法律上援助以切实解决职工的实际困难，从而增强工会组织的亲和力和凝聚力。

二、对企业工会在构建和谐企业中作用的再思考

构建和谐企业是一项长期复杂的系统工程。企业工会组织要定好位，明确目标，找准着力点，发挥自身独特优势，在实践中创新，在创新中发展，最大限度地做到共建和谐企业、共谋企业发展、共享发展成果。因此，对构建和谐企业进行必要的探索与思考，无疑具有积极意义。

(一)注重资源配置和工会作用的互动

企业资源配置包括物质和精神资源两个方面。如何将资源转变为构建和谐企业的物质要素，为构建和谐企业锦上添花，关键在资源合理配置和发挥工会的能动作用两个方面：第一，认真抓好构建和谐企业的资源配置。资源的配置如何，在相当程度上决定着构建和谐企业的实际成效。搞好资源的配置，可以凭借资源的数量提高投入的质量，并且以质量来反映构建和谐的实际状况；可以加大企业和谐建设持久性与可选性；可以增加工会在运作过程中的绩效等。第二，重视企业工会能动性发挥的多样化。它主要体现在工会构建和谐企业的保证作用；职工的愿望与要求得到满足的程度；工会与企业其他部门等互动状况及运行的实效表现；工会能动发挥的广度与深度的状况；构建和谐企业的物质与精神的双向发展趋向及前景，等等。工会就可以借助资源配置和工会作用二者的能动力量和多元性建设来保证构建和谐企业的优质高效。

(二)强调以人为本来构建和谐企业

以人为本是科学发展观的本质和核心优势之一，是企业和谐最基本的立足点。构建和谐企业要立本于人，并以此建设来主导构建和谐企业的基本内容。在以人为本的前提下，企业和谐和发展与企业自身建设互相促进，相互依存的互动性、共生

性非常明显。企业发展与企业和谐建设相濡以沫，企业职工的能力发挥、利益保证、个人的主观能动性等潜能才会被进一步激活，从而成为企业发展的强大动力。工会以人为本，促企业发展，抓企业和谐，以和谐促发展，以发展促和谐，企业与职工的双向进取才可能真正实现，实现可持续、高质量的良性发展。以人为本，核心就是尊重职工的价值取向，维护职工的自身尊严，体现职工的利益所在，明晰职工的地位状况，尊重职工的情感诉求，反映职工的现实生活，等等。实践证明，以人为本来主导企业和谐建设，并将此作为绩效核心，才可能明晰构建和谐的本质，清晰了解人本命题的实质意义，也才可能确立以人为本的主旨，揭示企业和谐的关键所在。突出人本原则从根本上确立了企业职工的主人翁地位，明确了企业和谐的主题要求，体现了构建和谐企业的先进性、科学性。这样才可能保证企业和谐长盛不衰，整体素质才有更大的提高。

(三)大力创新构建和谐企业的方法或模式

围绕以人为本的和谐核心，关键还要注重构建方法或实施模式的创新。没有创新就没有构建和谐企业的后续力。二者的创新不仅对于消除僵化保守，改变自我封闭，防止构建和谐企业中可能出现的形式主义和教条主义的倾向具有积极意义，也对进一步创新观念、改变思维方式，积极吐故纳新，使构建和谐企业的工作尽快步入先进行列有着极大的激励和促进作用。工会要注重工作方法，围绕企业职工主人翁地位建设，在联系、团结、引导、依靠职工的具体工作中，真正倾听职工呼声和意愿，集中职工智慧，代表职工利益，使构建和谐的目标和内容上方法多样，更贴近实际工作。在广开言路、畅所欲言、献计献策、共谋企业发展的新理念、新观点、新思维基础上，工会还要特别注意围绕自我完善、职代会、厂务公开、劳动协商等具体工作的要素配置，保证企业职工参与企业工作的知情权、监督权、建议权等的充分落实。基于此,工会还要利用职工的热点问题,积极探索与研究构建和谐企业的创新模式。如结合企业工会和职工群体,工会可以构建"双和谐关系模式"。这种模式以工会和职工的关联为起始点,在交叉中形成互动,以单向发展形成双向反馈,即通过对比交叉、扬长避短、紧密关系、明确目标,实现工会与职工的一致性和共生性,达到一种创新性的和谐。

(四)工会要在构建和谐中创新人际关系

和谐的人际关系是构建企业和谐的基础。依靠人际关系的不断发展与融合,必然会产生崭新的向心力和凝聚力,是构建和谐企业的关键元素。这就要求充分提升人际关系的亲情化质量,体现人本原则的基本内涵,丰富人性要素的基本特质。提升这种亲情化质量,企业工会就要充分提升亲情关系,改变思维方式,学会用和谐的思想认识事物,用和谐的态度对待问题,用和谐的方式处理矛盾。具体看,工会就要充分提升对企业职工群体的关爱程度,像对待亲人一样关心员工,在为他们诚心诚意办好事、长期不懈办实事、竭尽全力解难题之上突出亲情化的内涵。同时,在亲情化基础上,工会工作者要注重体现吃苦与奉献,善于为职工群体办实事、办大事、敢于自我批评,说真话、做真事,有行动、有决心、有能力、有技巧,千方百计地体现真挚情感,巩固工会与职工的鱼水关系。

(五)充分发挥企业党组织的促进作用

构建和谐企业离不开企业党建工作的支撑。企业党建可以充分激发党组织和党员的模范带头作用,促进企业和谐建设的资源开发和利用,为企业提供精神动力、思想保证、组织开发和智能支持。构建和谐企业与企业党建工作一经结合,企业党组织就可以凭借自身的先进意识和综合能力,在构建和谐企业的工作中大有作为：可以充分利用积极参与企业重大问题的决策、保证监督党的路线方针政策的贯彻执行、引领党员在企业和谐建设中发挥先锋模范作用的优势，在思想、人力、组织上为构建和谐企业提供强大的动力支持；可以充分发挥企业党组织的领导与参与能力，创新意识和方法，积极提供和谐建设的创新思路、创新模式、创新步骤与创新标准；可以充分发挥企业党组织善于调解矛盾和解决问题的能力，积极化解各种矛盾；可以提升党员增强建设和谐企业的责任意识，结合保持党员先进性的创先争优等活动，为推进企业和谐与发展建功立业，等等。

（六）工会要积极构建企业和谐文化的价值体系

和谐文化的核心就是人的文化，可以具化为人际关系的互动文化、人情的构建文化、人格与人性的培育文化、人的能力发挥与魅力展现的文化。企业和谐文化的建设依据构建和谐企业的目标，在文化特有的视角上进行特别建设，对整个企业和谐建设意义重大。和谐文化构建以和谐为核心的价值体系，可以使企业领导者、管理者和企业职工之间的互动关系达到最佳状态，并通过各种形式促进职工的认知和理解，形成崇尚和谐的价值取向，最大限度地释放出个人的潜能，从而加快企业的可持续发展。构建企业和谐的价值体系要从紧紧依靠和谐文化的认知、理解、模式、绩效评价等入手，抓住价值体系的物质和精神两个建设层面，突出物质价值的基础作用，精神价值的引导作用，人的综合价值的开发、利用与潜质作用，价值的趋向与创新作用，价值利用的表现形式、价值的提升与创新作用，价值与企业文化建设及企业党建的互动作用，等等，从而推动企业的和谐文化建设。工会要突出价值的构建手段或方式。如思想政治工作与和谐文化建设的结合方式、企业与职工群体的和谐方式、一般的构建方法与具有代表性创新的结合等，使和谐文化的建设更新颖、更形象，更有感召力和吸引力。工会还要积极开展一些和谐文化建设的主题活动。如健康咨询与培训、专题心理讲座、和谐课题探讨、和谐之家建设等多种形式的主题活动；疏通渠道，设立相应机构，促进职工的自我心理调整，有"发泄"的机会，如定期的企业领导"民主建设咨询"、不定期的"员工主人翁地位讨论"，等等。

构建和谐企业是非常重要的工作，工会责任重大，意义深远，对强化企业和谐理念、构建和谐机制举足轻重。只要不断创新构建和谐企业的工作，坚持创新意识、观点、理念、思维、方法在理论和实践上不断探索与创新，勇于探索，敢于创新，就可以构建出有特色的和谐企业，使企业发展更有创造力和凝聚力，就可以在构建和谐企业的工作中写出壮丽的篇章。

参考文献：

1. 周小其．创新与发展［M］．成都：西南财经大学出版社，2011.

2. 郭震远．建设和谐世界：理论与实践［M］．北京：世界知识出版社，2008.

3. 吴忠民．社会公正论［M］．济南：山东人民出版社，2004.

4. 张敏杰．中国弱势群体研究［M］．长春：长春出版社，2003.

玻陶酒店用品市场营销管理的主要过程

陈 勇 （成都二仙桥玻陶酒店用品市场）

[摘要] 本文对玻陶酒店用品的营销管理过程的基本概念，以及运用市场营销基本原理，进行营销管理的多方面、多层次、多角度、多系统分析，揭示了营销管理过程中相关表现形式与作用，证明了这种营销管理过程的可行性与科学性。

[关键词] 营销 管理 过程

中图分类号 F405 文献标识码 A

市场营销是科学地研究市场的系统性学科，营销管理作为该学科重要的内容之一，贯穿于整个市场营销的过程，是系统反映市场营销的核心内容的基本要素。现代营销理论表明，营销的基点在于管理，在于人在管理中的能动作用发挥。对营销过程实施管理的过程，其表现形式、质量高低决定了营销的内在形式与外在表现。营销管理过程的研究与探索因而成为市场营销的一大热点，也成为玻陶酒店用品市场营销理论与实践的研究与探索的重要课题。

一、营销管理过程的基本概念及特点

市场营销是经济发展的一个必然结果，也是反映现代商品经济发展的产物和商品经济理论发展的一个恒久命题。从现代玻陶酒店用品市场营销管理的发展、应用、变革、繁荣等阶段看，营销管理过程始终贯穿其中，作用非常明显。

(一)营销管理过程的基本概念

玻陶酒店用品市场营销管理过程的基本概念，体现了玻陶酒店用品市场营销管理的内涵，决定了这种营销管理过程的形式或发展模式。在这样的基本概念中，包含着"市场"要素，即营销管理必须要依赖于商品交易的场所，反映出商品交易关系的总和，也具体包含了商品行销的区域；包含着"营销"要素，即必须具备经营（销售）与管理的具体形态或行为方式。

基于玻陶酒店用品营销的含义与实质，它的市场营销管理过程的基本概念是：玻陶酒店用品营销管理过程是以企业为代表，运用各种措施以满足消费者需求的一种以市场为核心的一种定向性较强的营销活动过程。它最终以玻陶酒店商品和综合性服务满足消费者需求并促进自身发展。同时，它也是市场营销管理者依据自身目标，通过对营销市场的现状、未来进行判断、分析，通过选择、维系或发掘市场来实现规划、执行、调整、控制自身营销活动的过程。

(二)玻陶酒店用品市场营销管理过程的特点

玻陶酒店用品市场营销管理过程由于营销的商品特征、类别等与其他商品明显不同，因而特点十分明显。

1. 协调性要素优势比较明显

现代营销管理过程包含着四个基本的步骤，即分析市场机会、选择目标市场、制定营销组合、进行营销控制。四个步骤关系紧密，相互依存，相互作用，循序渐进，关系和谐，共同反映着营销管理的整个过程。玻陶酒店用品营销在四个步骤中，营销范围比较专一，商品类别并不繁复，营销层次清晰明确，因而协调性非常明显，过程比较简单，管理具有一定深度。

2. 整体稳定性特征比较突出

营销管理过程是整个市场营销的一个重要部分。它作为一个"枢纽"，反映在玻陶酒店用品营销管理过程之上比较完整，阐释的营销与管理内容受到商品特质影响，极容易形成系统性和完整性，从而构成一个有机的整体，表现出这种营销管理的稳定与完整。

3. 操作可靠、简略有效

营销管理过程本身就是一个操作的过程，是一个动态系统，有很大的操作空间，操作性非常强。玻陶酒店用品营销管理表现出的操作过程，一是有较好的营销管理的实践基础；二是容易构建有效的控制体系；三是营销管理目标容易界定和判断，管理方向比较明确，绩效比较明显；四是营销管理比较直观，容易深化管理，增强操控性。

4. 差异性影响着营销管理的特质

同其他商品的营销管理比较，玻陶酒店用品营销的个性反映出管理的执行、控制与评价体系等，与其他营销管理的差异性比较大。这样的营销管理过程的不同走向或变革，都会引起营销管理的特质变化，并且在营销过程中受到市场、产品、购买力、消费趋向等潜在因素的变化，差异性特质比较明显，即商品、营销、市场定位、营销组合等与其他营销管理有较大的区别。

二、玻陶酒店用品市场营销管理过程分析

市场营销管理过程包含了企业自身的营销规划、执行过程、调整过程以及控制过程。受到选择目标市场、制定营销组合、进行营销控制等潜在的影响，营销管理过程既是一个综合性营销管理过程，也是一个不断调整充实的过程。玻陶酒店用品的营销管理过程的不可预见性、风险性，决定了营销管理过程的复杂与多变特征，营销管理相当富有个性。

(一)营销管理是一项综合性工程

营销管理过程的综合性为市场营销的内涵所决定。玻陶酒店用品市场营销同样涉及经济学、心理学、行为学、社会学、预测学、伦理学、公关学等学科内容，它同样是综合性经营与综合性管理并重，营销管理过程受其影响，综合性特别突出。

1. 管理过程的综合性要素特征明显

除了营销管理过程也涉及心理学、行为学等学科内容外，玻陶酒店用品营销管理过程的综合性要素特征比较突出地表现在六个方面：其一，对把握市场需求、时间需求、地点需求、对象需求等的要求更为突出，营销管理内容的选择性与前瞻性要求比较高；其二，对根据多样性需求进行针对性的营销管理的要求更高，它对消费市场的变化可能引起市场营销下降或上升非常敏感，要求反应迅速，尤其对恢复性营销或开发性营销所要求的举措更为明晰；其三，必须要分析市场，在营销管理中提出多样性市场营销机会，在管理中促进营销，增加绩效；其四，更依靠目标市场要素的作用发挥，对现实的或潜在的营销目标投入更大；其五，营销管理的设计、方案的制定、计划的实施、营销的组合等更为精细；其六，对营销管理全过程的模式、运行、监控、考核等更强调超前性与预测性并举，以商品特性体现营销管理的特性。

2. 强调营销管理的综合性调整运作

市场瞬息万变，不可预测的因素特别多。就玻陶酒店用品营销管理而言，营销管理的综合性调整运作比比皆是：同一地区可能市场需求此长彼消的情况已屡见不鲜；市场已经饱和的，需要进行维持性营销管理；市场过度需求的，则需要进行抑制性营销管理；此地没有市场发展的机会，而在彼地却可能市场需求旺盛；确定了目标市场，但因为各种原由必须改变目标，另外寻觅市场。反之，之前没有被视为市场的地方，可能因为环境变化又成为了现实或潜在的市场，等等。凡此种种，营销管理必须进行必要的综合性调整，及时改变运作方式以适应市场的变化，已带有一定的规律性。

3. 注重充分发挥综合性作用

营销管理过程是一个综合性工程，必然有多种"子工程"与之配套，共同构成工程的运作系统。玻陶酒店用品的营销管理对突出发挥综合性作用的要求很高，它特别看重市场的需求情况与营销管理的互动作用；市场机会选择与淘汰的互补作用；自身目标市场预测、评估等与同行的目标市场预测、评估等的潜在竞争作用；不同的营销组合产生的不同的营销效果，不同效果出现的不同作用，等等。具体看，这些综合性作用还涉及营销渠道、产品、价格、监控等不同作用的发挥，综合工程要素要求齐备，综合性作用要求更加明显。

4. 具有综合性管理的体系优势

营销管理综合性的复杂多变，必然带来营销管理的一种循环性的双向反应，即必然加大对综合性营销管理体系建设的探索与价值取向设计。体系优势表现在几个主要的链接点上：市场需求情况可以引起营销管理多样性的任务变化，决定了管理的体系形成式样；对市场的选择存在多种多样的市场机会，影响着营销管理关系出现多样性特征；具体营销管理模式的选择根据市场变化或要求进行的不断调配，演绎出管理体系的自我完善；营销管理所引发的监控调整、监控统计、监控管理监控方式等难以计数的变化，促成了营销管理体系的良性发展，极容易促进营销管理机制的形成，等等。这样的营销管理体系优势主要表现在：第一，可以提供巨大的可评价、可预见的营销管理价值空间；第二，不同的配套产生不同的体系与综合性价值对营销管理引领性强，意义重大；第三，这样的体系适应性强，容易优化营销管理的课题研究、体系创新，并承上启下地作用于营销管理的全部过程；第四，综合性管理的体系更多居于市场营销前沿，是营销管理的可靠形式与基本动力，极具研究与开发价值。

(二)营销管理过程对市场机会的影响

营销管理过程包含着对寻觅市场机会与市场最终选择的管理。我们知道，对市场机构、消费者、消费行为等的预测、研究是营销者的首要任务，也是营销管理的一种主要形式。市场机会对一个营销企业来说，一般存在着两个机会，即企业面对的环境机会和自身的机会。明了两个机会，营销人员才可以对市场机会进行全面的评估与预测，从而制订营销计划，进行营销管理。营销管理过程对市场机会的管理手段多样，方法不一，具有多样性和互动性。

1. 营销管理过程影响着环境机会

环境机会是指企业营销面对的外部的营销环境所提供的营销机会。什么样的环境决定着什么样的营销方式与营销重点。不同的市场营销环境对营销有着极大的影响。营销管理过程影响着环境机会。从大的角度看，社会性的变化，如政治环境、经济环境等的变化，要引起营销管理对环境机会的介入，必然出现对某些产品的巨大需求，如高通货膨胀带来对食品的巨大需求，购房、购车等高档消费品需求明显下降。企业必须对此进行分析，进行营销管理的必要调整。从局部环境看，一些环境变化形成新的市场需求，同样为企业营销提供了环境机会。如社会老龄化引发对老年用品需求的增大；新建小区引发营销网点的增加；学校开学，增大了对学习用品的需求，等等。那么，营销管理过程对玻陶酒店用品环境机会的利用，必须要注重三个要素影响：第一，玻陶酒店用品不是任何环境机会都可以利用的，要着眼于企业自身的资源、产品等对应的营销条件，进而影响环境机会；第二，玻陶酒店用品环境机会的大与小，决定着营销的方式和规模，由此干预环境机会；第三，环境的变化规律不是一成不变的，营销必须要因地制宜，由此作用于环境机会。

2. 营销管理过程联动着企业机会

企业机会即企业自身具有的市场机会，是企业最重要的营销机会。因为这种机会是依靠企业自身的产品、营销方式、营销目标来决定的。生产什么产品，决定了企业的营销方向和营销手段，决定了"6Ps"的综合应用以及对其中某一项的重点应用。玻陶酒店用品的营销管理过程与企业机会联动的原理应该是：一是营销管理者看重市场机会的选择与企业的产品销售充分结合度；二是企业机会常常决定了企业的营销方向，营销管理可以强化这样的方向，把营销做大做强；三是企业机会不是一成不变的，它随着企业产品结构等的变化而变化，并且引起营销管理的调整与变化；四是企业机会是企业营销赖以生存的根本，具有相当的营销价值，是衍生其他营销的基础，因而是营销管理重中之重；五是营销管理与企业机会的联动，可以为企业提供不同的营销与管理模式，构成企业自身的营销体系。

（三）营销管理过程对目标市场的作用

目标市场是对市场的细分，即根据消费者的不同需求对市场进行的多个子市场的划分，自身最后确定的营销市场。玻陶酒店用品通过营销管理对企业目标市场的选择作用优势较为明显：其一，有利于企业开发新的市场领域，在管理中培育和形成新的目标市场；其二，有利于提高企业的竞争力，实现营销经济体系的良性循环；其三，有利于满足社会消费者的不同需求，增加商品销量；其四，有利于目标市场的更新与适应性变革，形成目标市场的潜在优势和集合性效益优势。

营销管理过程作用于目标市场的具体实施形态还表现在以下五个主要方面。

1. 通过营销管理过程预测市场需求

从玻陶酒店用品消费市场看，有市场的多样性与不确定性、购买的数量差异性、市场存在的诱导性、市场发展未来的预见性等市场形态；从消费者购买玻陶酒店用品的行为看，存在价格型、冲动型、理智型、感情型、习惯型等不同消费群体；从消费者家庭购买行为看，有共同决定型家庭、妻子支配型家庭、丈夫支配型家庭、各自决定型家庭、子女支配型家庭等不同消费家庭的类型；从消费者群体看，有儿童消费群体、少年消费群体、青年消费群体、中年消费群体、老年消费群体，等等。因此，通过营销管理过程来作用于预测市场，常常是通过营销管理过程来进行营销预测。营销管理所作用的玻陶酒店用品预测市场主要有三种方法：第一，定性预测法。它又叫直觉经验法、判断预测法、经验判断法。它是凭借预测者掌握的知识，专业工作的丰富经验和分析判断能力，对仅有的资料进行综合性判断、演绎推理，从而测定和推断预测对象未来发展的性质及趋势的方法。它包含着专家预测法，即以问卷、采访、专家到会等形式进行预测和调查预测法，即通过市场调查、产品销售、用户座谈会等形式进行。第二，定量预测法。定量预测法又称客观分析法、统计预测法、数学分析法。它是运用一定的数字方法，对掌握的大量历史和现实的资料、信息以统计公式或数字模型进行定量分析或图解，模拟预测对象，揭示变量之间规律联系的方法。定量预测法又可分为时间序列预测法、回归预测法、相关分析预测法、对比预测法等。在这种预测法中，玻陶酒店用品的市场预测常用的是其中的时间序列预测法和回归预测法。第三，综合预测法。综合预测法就是将定性预测法和定量预测法结合起来使用的预测方法。即先进行定量预测，根据定量预测计算所获得的结果，再进行定性分析。这种预测以取长补短的形式，使预测的可靠性、真实性明显增加，减少了在预测活动中不可控因素的影响。

2. 通过营销管理过程确定市场的预测程序

营销管理过程确定预测的程序表现的方式较多，多样化特

258

征比较突出。它对确定预测市场的程序主要表现在：第一，确定预测目标，即确定要表现的目的和主张，并通过目标来推出预测的核心。第二，提出预测的基本原则，如连续性原则、相关性原则、类推性原则、评估性原则等。通过这些原则的选择，可以确定玻陶酒店用品的市场营销的预案、方式、前景等，为具体实施营销奠定营销基础。第三，确定预测的方法，即在预测目标明确、掌握材料完备详实的基础上，选择比较恰当、实用性强、有营销表现力度的预测方法或模式进行预测。第四，进行有效预测，即用有效的预测真实反映营销状况，提高营销的可信度，实现科学的营销管理。

3. 通过营销管理过程分析评价预测结果

玻陶酒店用品对市场的预测因产品属性所致，具有明显的专一性，营销对象或消费群体可选度要求比较高，对预测结果的验证要求比较严格。评价预测结果常用的验证有互相验证、对比验证和专家验证。互相验证，即用不同的方法对一个预测对象进行验证并将其不同的结果进行对比印证；对比验证，即利用相同的预测对象，将自己预测的结果和他人预测的结果进行对比，从中分析评判预测结果的不同之处并找到共同点；专家验证，即征询专家对预测结果的意见并进行验证，表现形式常为专家座谈会、讨论会、专门的专家鉴定等。

4. 通过营销管理过程促进市场细分

通过营销管理促进市场细分，对玻陶酒店用品的营销更有积极意义。按照市场细分要注意细分市场的可衡量性、注意细分市场的经济效益、注意细分市场是否可较快进入、进入市场后出现的营销差异性四个基本要求，营销管理可以积极互动，提供多种多样的细分方法并进行有效管理。玻陶酒店用品历来种类多，品种繁多，质地、规格、造型、功能等不胜枚举，套装、散分、精细、泛装等各有所长，利用市场细分可以扬长避短，在营销管理过程中尤为重要。

（1）营销管理过程界定了市场细分的方法

营销管理过程界定的市场细分方法较多。按现代市场营销市场细分原理，玻陶酒店用品的市场细分的选择性更强，更集中，营销管理的可选择性和可操作性对细分的界定作用更为突出。

地理细分原则，即按国家、地区、气候、城乡、城市、人口、交通、卫生、政治中心、经济中心、地区工业、地区发展等进行的细分。玻陶酒店用品的营销管理会更加注重地区、城市、交通、经济要素来细分市场。仅城市细分一项，就有营销管理过程的多样性细分：城市经济泛状况、城市所处地域、城市消费情况、城市交通现状、城市的现实与潜在市场、城市对某些玻陶酒店用品的消费偏好，等等。营销管理都可以扬长避短，做出有力界定。

人口细分原则，即按社会阶层、国籍、民族、宗教、职业、教育、收入、年龄、性别、家庭组成、家庭人数、家庭生命周期等进行的细分。玻陶酒店用品的营销管理会深入阶层、职业、收入、家庭等的市场细分界定。仅社会阶层一项，营销管理就可具有上、中上、中下、下的消费阶层细分，具体某个阶层的横向营销细分，阶层消费的趋势细分，等等。通过营销管理过程，就可以进行这样的运作：将中档阶层和中上档阶层的消费作为营销主要对象；用品种类别与档次细分，界定出主要的营销品种，突出适销对路；依靠阶层消费特色与需求，扩大目标市场；利用消费反馈，增加适销品种等。

心理状况原则，即按性格、生活方式、价值取向、购买动机、心理远期或近期状态、心理层面状况、心理承受能力、心理趋向、动机状态等进行的细分。通过营销管理过程，就可以依据生活方式、价值取向、购买动机、心理承受能力、心理趋向指标状态，进行有针对性的营销管理，运用过程运行优势，实现营销目标。如利用生活方式一项，就可以有生活习惯、生活质量、生活状态、生活形式、生活趋向等市场细分的界定，并利用不同的选择来促进营销、巩固营销和进行预测营销。

行为状况原则，即按购买频率、品牌营销、使用状况、产品优供状态、品牌忠诚度、消费者经济地位、渠道信赖、消费者之间影响、广告效应、消费计划、进入市场程度等进行的细分。玻陶酒店用品的营销管理则可以重点突出品牌营销、消费者群体、进入市场程度等细分要素进行营销管理。同样，仅品牌营销一项，也可以进行品牌价值、品牌质量、品牌营销、品牌策略等细化管理，提出方法，进行细分计划与细分的市场定位。

(2) 营销管理过程对市场细分受益标准的干预

受益标准，指营销管理中一般受益状况、特殊受益状况、特定受益状况等的细分原则。利用营销管理过程干预受益标准，是营销管理中的一个重要环节，对细分市场的营销绩效举足轻重。它主要体现在四个基本点之上：一是可以严格核算成本，把握效益尺度；二是可以确定市场细分有无必要，促进预测；三是可以掌握消费者需求与购买多样性状况，为市场细分做出扩大的构建依据；四是可以因地制宜地进行市场细分的划分，适当放大自身追求，同时防止划分过多过细，加大了运作成本，分散了集中效益的优势。

5. 通过营销管理过程促进目标市场选择

目标市场是企业为满足现在的需求或潜在的需求而选择的特定的市场。选择好目标市场是营销管理过程引导营销实施的一个重要阶段。

(1) 营销管理对选择目标市场提供积极策略

目标市场是在细分市场的基础上进行的，它依靠一个或几个细分市场来实现营销整体效益。不同的营销策略因企业的不同而不同。营销管理过程可以在两大营销策略上提高选择质量，保证策略效果，推进目标市场的营销：第一，玻陶酒店用品营销对选择目标市场的策略考虑。策略之一，以产品大量占有市场的覆盖策略，即同时在目标市场推出各类系列产品，形成大营销优势；策略之二，以产品与市场相对集中的策略，即什么样的目标市场适合营销什么样的目标产品来巩固营销深度；策略之三，以产品的专业化程度决定目标市场，即以某种产品集中进行营销来构成某类产品的营销优势；策略之四，以选择专业化市场进行营销，即以同类产品的系列化进行营销来增加同类产品的竞争力。第二，玻陶酒店用品营销对选择目标市场的营销考虑。这样的考虑有三个考量参数：一是对具有广泛需求的产品或同类市场的同类产品进行没有差异的营销，求得基本营销效益；二是选择不同的细分市场进行不同的营销组合，进行有差异的营销，用小批量多品种营销或产品系列优势实现营销目的，如用户专用的玻璃系列酒具、用户特定的瓷器系列餐具等；三是提供集中营销策略，同时在多个细分的市场进行营销，即以同类产品扩大市场销售实现营销目的。但在这里要注意各类营销过程中的目标市场和产品的同类型（同质性）的不同对比；企业自身的营销与产品资源能力的对比；产品的营销周期及产品的生命周期的对比；市场竞争情况的对比。

（2）营销管理过程可以助推目标市场定位

营销管理影响营销市场定位的作用表现比较广泛。不论是横向定位还是纵向定位，所构成的营销管理过程具有极大的运作与参考价值。首先，营销管理可以扩大定位范围，提供多样性定位策略。可以从不同产品、不同服务、不同人员、不同市场、不同企业形象等定位要素上进行定位分析，首先实现定位的系列化、科学化与常态化。其次，利用营销管理过程的动态体现，反馈于定位的自我完善。这些定位主要表现在以营销产品新颖独特、质量可靠、使用方便等优化自身营销；激发消费者的购买欲望，实现消费者消费，赢得营销的长效营销机会；产品营销与获取效益的周期分析定位；市场占有率或维持时段与新产品进入市场的关联性定位等。

(四)营销管理过程有利于制定营销组合

制定营销组合是企业实现营销的重要保证，是确定市场之后的战略性营销运作。营销管理过程深植于此，对一些组合的量化、运作作用极为明显，是营销组合不可缺失的核心要素。

1. 营销管理过程会强化营销组合的形式

营销组合按通常的四大基本类型，即产品（Product）、价格（Price）、分销（Place）、促销（Promotion）进行组合，构成了营销的"4Ps"基本式样。这四个组合在不同的营销阶段存在不同的组合状态，构成不同的营销侧重点。营销管理过程会充分利于四个"P"的自变量，通过其任何函数的改变，来引发新的组合，取得不同的营销效果。

（1）营销管理过程可以影响营销组合的作用力

营销管理过程本身就是一种营销反应，可以伴随营销组合的整个过程，并且会突出显示出营销组合的作用力。这是因为：营销管理过程会促进营销组合的不断变化，在变化中丰富多种营销形式与效果；营销管理过程过程可以加大营销组合的互换性与复合性，使每一个"P"都可以实现不同优化，创造新的营销空间，变革营销内涵；营销管理过程可以具体左右营销整体的组合，可以控制并不断进行调配，实现互补与联动，呈螺旋式上升，形成不同的营销组合模式。

（2）营销管理过程可以促成营销组合的新构架

利用现代营销管理，菲利普·科特勒在1984年提出"大营销"概念后，他在"4Ps"基础上，提出了新的两个"P"即政治力量（权力）Power 和公共关系 Public Relations。两个新的"P"实际上指出了营销的另一特殊市场，即特定的市场。新理论提出了营销的新构架，意义深远。营销管理则在这样的基础上，将政治力量（权力）Power 与公共关系 Public Relations 带入管理过程中，极大地促成了现代营销的新构架。它主要表现在三个方面：首先，营销管理可以利用政治或权力要素的变量，改变一些经济发展进程、模式、规模等。如利用在管理过程中出现的制约或影响营销的相关法律法规、政策法令等来影响市场，甚至改变经济形态来实现营销组合的新构架。其次，任何营销都在一定程度上反映着公关原理，存在公关的能动作用。营销管理可以通过营销服务、推销、宣传等过程，实现营销管理的公关"软着陆"。如利用管理过程密切人际关系，强化企业与企业之间合作、促进企业与消费者之间的信任等。最后，营销管理过程必然会体现权力与公关结合原有的"4Ps"构成新的"6Ps"形态，深刻反映潜在作用，助推现代市场营销变革，丰富现代营销理论，拓展市场营销的视野，在最终形成现代营销"大市场"中发挥积极的构架作用。

(五)营销管理过程在强化营销监控中的作用

营销管理过程也是营销监控过程，只有对营销进行全面监控，才可能真正发展营销，取得营销绩效。营销管理过程强化营销监控的基本作用主要来自五个方面，在玻陶酒店用品的营销中表现得尤为充分。

1. 营销的时间控制

这样的控制以限定或预定的阶段性时间进行营销的效能控制，即在一定的时间内，对营销实现情况进行必要的分析或考核。它包括横向的设定时间控制、自由时间控制、多时段控制等，也包括纵向的时间控制，即月度控制、季度控制、年度控制等多元控制形式。

2. 营销的地域控制

这样的控制以限定或预定的营销地域进行营销的效能控制，即在一定的地域内，对营销实现情况进行必要的分析或考核。它包括同地域控制、同地域分片控制、异地域控制、同地与异地的交叉控制等，也包括目标市场控制、细分市场控制、机会市场控制等不同控制形式。

3. 营销的内容控制

同样，营销的内容控制以营销内容的多与少等结合时间、地域等营销要素进行控制，目的在于构建更好的营销组合，以内容的丰富性提升营销质量。它包括营销内容组合控制、多元化内容控制、单一内容控制等，也包括产品的同一内容控制、产品的非同性控制、新产品内容控制、系列产品内容控制等不同内容形式，并且还会在管理过程中不断修正营销内容。

4. 营销的市场控制

它是通过对不同市场或选择不同市场进行的营销控制，可以掌握市场发展情况，研究市场现状，从而进行营销的必要调整。这样的控制多以市场的占有率作为直接的参考依据来进行。它包括市场现状与未来的预测控制、市场占有率分析控制等。

5. 营销的绩效控制

它是以营销的全过程为依据，对营销结果进行的全面的实效控制，即对营销组合的效果、营销的经济效益状态进行的控制，是营销最重要的控制。它包括经济效益增长或下降的控制、效益指标实施的控制、经济效益与社会效益的对比控制等。

玻陶酒店用品市场的营销管理过程是可行性、科学性与实践性非常强的综合过程，可以突出地反映当前玻陶酒店用品市场营销过程的基本思路、表现形态与实际水平。对玻陶酒店用品市场的营销管理过程的不断探索与研究，可以为现代玻陶酒店用品市场的营销提供比较充分的理论与实践的参考数据，进一步优化营销管理过程，夯实营销基础，整体推动玻陶酒店用品市场的营销进步，无疑具有积极的现实意义。

文献参考：

1. 菲利普·科特勒. 市场营销 [M]. 俞利军，译. 北京：

华夏出版社，2003.

2. 舒尔茨，凯奇. 全球整合营销传播 [M]. 何军，译. 北京：中国财政经济出版社，2004.

3. 卢泰宏. 营销在中国 [M]. 广州：广州出版社，2002.

4. 周小其. 探索与改革 [M]. 成都：西南财经大学出版社，2008.

对企业员工培训的再认识

王　欢　　　　　　　　　　　　　　　　（四川省场道工程有限公司）

[摘要]　本文从介绍现代企业培训的概念和意义入手，对我国企业员工培训现状和存在的问题进行了分析，同时就如何提高企业员工培训进行了创新性的思考，提出了完善企业培训体系，提高企业培训质量的对策和建议。

[关键词]　企业员工　培训

中图分类号 G471　　　文献标识码　A

人力资源是推动生产力发展的第一资源，企业要取得进步，关键是拥有合适的人才。企业为了在日趋激烈的国内、国际市场中求得生存、发展，就必须拥有一支掌握先进科学技术、不断更新、结构合理、研发与制造有机结合的人力资源队伍。注重提高"人"的素质，发挥"人"的作用，围绕"人"来构筑企业的核心能力，已经得到世人的公认。

在现代知识经济社会，培训作为开发与发展人力的基本手段，已突破其原来的纯教育意义，成为现代企业提升管理、增强竞争力的有效手段。培训是一种投资，对人要进行终生教育，企业、部门、单位、社会要成为学习型组织，这一概念已成为普遍共识。但是，强化员工培训任重而道远，已是企业发展的必然渴求与必然的趋势。

267

一、培训的概念及其意义

现代培训指的是员工通过学习，使其在知识、技能、态度上不断提高，最大限度地使员工的综合素质与现任或预期的职务相匹配，进而提高员工现在和将来的工作绩效。通过对员工的培训，能影响他们的行为，从而提升企业的竞争力，促进团队更快、更健康地发展。对现代企业而言，员工培训的意义十分重大。

(一)培训是一种积极意义的投资

首先，这种投资是必需的，是人力资源发展的积极延续与深化。人力资源是一种特殊的资源，需要进行周期性的开发和整合，使其不断优化。没有任何人一次学到的知识能够满足终生的需要，而且现代社会中，知识的更新速度在不断加快，对人的综合性要求已经越来越高。世界知名的大公司一贯重视企业员工的培训，投入重金，常抓不懈，把培训作为开发员工潜能、保证产品质量、提高工作效率的有效手段。其次，培训是一种收益最大的投资，极大地提高了企业基本资源的更新与利用。企业通过各种办法，激励劳动者，使其劳动价值得以最大体现，而培训就是一项能获得极大产出的投资，并且是企业最有价值的一种回报，具有明显的综合性绩效。据美国教育机构统计，企业对培训投入 1 美元，产出可达 3 美元。再次，培训还是一种双赢投资，并且具有巨大的空间与创新性。通过积极的培训，一方面员工的工作自觉性、积极性和创造力将得到不断提高，从而增加企业产出的价值，使企业获得更大的综合利益；另一方面，员工整体素质得到提升，获得的是一份终生保值的财富。员工通过自我价值的实现也能得到充分的满足感与荣誉感。最后，漠视企业员工培训，把企业培训视为消耗、负担，或仅仅在形式上摆架子、做样子，只注重对物的投入而忽视对人的投入，将使企业员工观念陈旧、素质下降、思维僵化，其结果是企业整体素质的倒退，将严重制约企业的自身发展。

(二)培训是提高员工素质的重要途径

提高员工素质是搞好企业的关键。员工的素质主要包括知识、能力、品格、精神、观念、气质、性格和体魄等要素。提高员工的素质既要靠员工的自觉学习，又要靠企业的主动培训。企业对员工的培训必须是强制性的和制度性的。综观国外一些著名企业，都十分重视对员工实施持续不断的培训。资料表明：拥有百年历史的美国通用电器公司，建有一座经营开发的研究所，公司每年向研究所拨款 10 亿美元，每年在此受训的员工多达 1 万人。培训之所以被视为提高员工素质的重要途径，主要体现在三个方面：一是可以双向性地提高企业与员工的素质，效率较高，费时不多，形式多样，手段可靠，所形成的培训的基本方式等，根深蒂固，富有强大的生命力，已成为企业提高员工素质的一种强力途径；二是无论形式或内容，这种培训指导性强，目的清楚，方向明确，所需要素比较完备，可运作或可创新的空间极大，特点突出，是其他学习模式难以替代的；三是特别有利于企业人力、物力等的组织与协调，具有相当的群体学习与提高的优势。

(三)培训还有助于企业建立学习型组织

所谓学习型组织，就是一种不断学习、不断提高员工和企业素质的组织。《第五项修炼》一书被公认为 21 世纪管理的经典，此书将个人的成长和企业的成长有机地结合在一起，其核心思想是面对瞬息万变、错综复杂的世界，必须借助个人的自我完善和集体学习才能找到一条出路。美国《财富》杂志曾发出忠告：未来最成功的公司，将是那些学习型组织。在 1999 年世界管理大会上，与会专家也得出了同样的结论：学习型组织是未来成功企业的模式。学习型组织的形式就是需要开展有效的培训，让从培训中学到的知识、提高的能力陪伴企业的员工，使其在任何时候、任何年龄阶段都可以进行自我"充电"，不断更新知识、创新思想，始终走在竞争对手的前面。有这样的员工，企业才能在竞争中立于不败之地。培训有助于建立学习型组织，不仅是企业员工与企业自身发展的需要，更多的在于鼓励企业与员工立足于现代知识经济社会，积极培养其综合能力，导向清楚，意义重大，是现代企业发展的本质体现。

二、当前企业员工培训中的常见问题

目前，我国企业的员工培训取得了一些成就。我国国有企业在教育培训方面的投资与以前比较有了很大提高，一些大企业，如海尔、联想的员工培训更是达到了相当高的水平，无论是投资力度还是培训体制的完善与创新，都充分体现了这一点。但从普遍情况来看，企业员工培训依然问题不少，明显地制约了企业员工的培训工作。

(一)培训投资严重不足

中国各类企业在员工培训方面的投资与发达国家相比仍处于很低的水平。有关资料显示，世界的企业大学（相当于我国国有企业的培训中心或教育中心）的数量呈现整体上升趋势，1985—2000 年，从 400 所发展到 2 000 所，预计到 2012 年，世界企业大学将达到 3 700 所。著名的大学如摩托罗拉大学、爱立信学院等都是企业大学。摩托罗拉 2002 年用于员工的培训费用达到 10 亿美元，占其年销售收入的 3.33%。而在我国，除职能错位举办了子弟学校和带政治任务性质的投资助学外，真正用于员工培训的投资微乎其微。据近年对 282 家国有企业的调查，员工培训投资经费只有工资总额的 2.2%（职工人均教育经费仅49.5 元），远低于发达国家 10%~15% 的水平。

(二)培训需求不明确

对许多管理者来说，培训工作"既重要又茫然"，根本的问题在于企业意识到了培训的重要性，但对员工的培训需求缺乏科学、细致的前瞻性思考。由于自身的培训需求不明确，使得企业培训工作存在很大的盲目性和随意性。不少企业没有将自身发展目标和员工的职业生涯设计结合起来，仔细设计和主动加强对员工的培训。

(三)培训设置不合理，体系不健全，模式单调僵化

一份权威机构对中国企业的培训调查报告显示，92%的企业没有完善的培训体系。在企业的培训管理机构方面，仅42%的企业有自己的培训部门；在培训知晓度方面，64%的企业声称有自己的培训制度，但经座谈和深度调研发现，几乎所有的企业都承认自己的培训制度流于形式。在培训需求方面，没有几家企业进行过规范的培训需求分析。而且很多企业一提到培训，就是来场讲座、外派学习一周等清一色的"单调形式"。授课教师一部分是在企业中成长起来的，有足够的实践经验，但是在理论和教学方法上却火候不足；一部分是大专院校的老师，拥有足够的理论知识却缺少实践认识或实际技能。

(四)培训实践效果差

企业员工培训设置不合理，体系不健全，模式单调僵化，也就直接导致了培训的实践效果差。培训实践的效果指两方面，其一为失败的培训，即企业所实施的培训对于现状并无直接或间接的影响，对企业未来的发展也毫无促进效果可言。其二为训而无用的培训。即指培训后，所学难以用于实践中并有所建树。"人尽其才，物尽其用"成了一种形式能力而不是带有实践性的绩效能力，培训演绎出了一种对员工的特殊"福利"。据调

查，在培训的成果转化方面，大多数企业的培训仅产生10％～20％的转化率，即80％～90％的培训资源被浪费了；在培训评估方面，有6％的企业曾做过二级评估，所有被访企业均没有进行过三级评估。也就是说，企业连自身都不清楚培训到底做了些什么。

三、完善企业培训体系，切实提高员工培训质量

发展企业，首先要改善员工培训工作，建立良好的培训体系，为企业人才提供良好的培训环境和培训机制。将培训纳入企业的管理体系，多方入手，才可能真正使企业员工培训取得实际成效。

(一)进行培训需求分析

培训需求分析可以确定培训的目的及意义，决定培训的方式方法、参与对象等要素的配置。了解岗位信息，如岗位的工作职责、工作内容、工作流程、所需要的知识技能、绩效考核指标等，这些都是分析岗位培训需求的基础。第一，企业必须要结合自身的中长期发展规划及目标，将培训细化到各个工作岗位，明确到各个部门、具体的个人；建立员工的信息系统，了解员工的具体信息，将其与企业的要求相结合，结合员工的知识、技能等来确定需求。第二，依据企业一般培训的需求来源状况，进行具体分析。如工作要求的变化和企业面对的客户需求变化、企业人事的变化所涉及的人员升职、降职、新老交替，等等，都会产生培训需求。第三，注重企业的绩效变化引发的培训需求。企业绩效不足自然会引发产生培训需求。这样的绩效变化所产生的需求来自企业发展的方方面面。如具体的市场营销管理的需求、提升企业效益带来的需求、重大技术改造的需求、企业产品开发的需求，等等。第四，依据对需求的界定与内在要求，对培训需求的设置不仅需要企业的领导层或

管理层来规划与实施，还需要中下层员工积极参与，形成需求的最大化、科学化与常态化，进而形成培训与管理的机制，使培训真正成为企业发展的动力源头。第五，要善于根据需求因地制宜，采取不同的培训模式，运用不同的方法实现培训，使培训变为一种积极变量，产生更大的能动作用。

(二)注重需求与培训模式的运用

需求不同必然导致培训方式方法的不同，即通常采用的培训模式的不同。现代企业员工培训的模式多种多样，这就要求企业培训必须要注重两个基本点：一个是培训必须联系实际，在看重实效上采取相应的培训方式进行有效培训；另一个是要善于推陈出新，创新培训的现有模式，切实提高培训的质量，使培训有的放矢，能见成效。如按需求，可以纵向进行螺旋式点线设计，将企业每个不同的机构或部门进行交叉，有利于每个螺旋点线的互动，从而形成需求的常态数据。由此，再进行横向的网点式连接，使每个企业机构或部门在点线上横向展开，按照实际需求以相应的培训模式展开培训。

(三)加强培训的沟通工作

加强培训的沟通工作势在必行，它是培训能否成功的一个关键因素。培训的沟通主要体现在三个方面：其一，在培训前，与培训的主管和同事进行多样沟通，了解培训期间需要完成的任务、受训员工在哪些方面存在不足并希望在本次培训中得到提高的关键所在。其二，内外结合，要研究本企业有关的问题，带着问题去参与培训，在多样性互动中实现培训目的，取得培训效果。如在培训中老师与学员的讨论研究、相关课题的探讨、不同的行业、企业学员的交流、充实与提高、学员个人不同学历或经历和背景等的不同融合等。其三，利用培训会、交流会等，由参加培训的员工进行汇报或讲课。针对培训的内容，对于如何将理论方法转化成实际可操作的东西制订一个计划,整理培训记录和培训前后沟通的结果,形成培训档案,为以后的培训工作提供借鉴或参考。

(四)注重具体的培训手段和方法

企业培训具体的手段和方法非常丰富。在多媒体和计算机网络等技术在现代培训中应用已较为广泛的条件下,企业员工培训还可以举一反三,具体采用不同的方法来促进培训绩效。仅仅从形式上就可以进行方法或模式的不同比对、形式与内容的相容性具体分析、一些喜闻乐见的培训方式的创新等,都可以进行必要的尝试和运用。我们还可以运用讨论式,针对学习中的问题展开讨论或者辩论,活跃气氛;推举主讲式,依据培训难点等,请人或让骨干主讲,进行进一步的探索;采纳沙龙式,以一个合适场所,举办轻松、活泼、形式多样的学习活动;看重娱乐式,将知识与游戏结合起来,等等。此外,对技术性强的内容,要尽量模拟实际工作环境进行培训,并在培训中开展竞赛,让学员产生竞争力、表现力,激活个人积极性,构成团队的培训优势。同时,对成绩好的,要给予奖励,作为晋升、调资、用人、奖励、表彰的重要依据;对成绩不好者,给予一定惩罚,使培训真正产生作用,形成有效的竞争机制。

(五)培育有利于培训成果转化的工作环境

企业积极培育培训成果转化的工作环境,是提高培训效果的一个重要条件,也是实现培训升档的必不可少的一种客观要求。没有一个良好的培训成果转换过程所依赖的环境,培训则常常会功亏一篑。从企业员工培训的实践看,优势的工作环境促进成果转化表现在四个要求上:首先,要提高各级管理者的支持程度,积极提倡将培训运用到工作中并奖励运用得好的员工,关注新的受训员工,促其积极互动,尽快将培训成果运用到实际工作中；其次，建立考核机制，加强测量培训内容的数量、频率、难度等数据在实际工作中的运行状况，再根据测量结果调整培训内容或者工作环境；再次，工作环境对培训成果运用的铺垫作用及其表现形式是否有利于培训成果的积极转化，是否有利于培训所产生的能量绩效最大化地释放；最后，工作环境培育的态势与改变必然有矢量体现，并且可以进行更大优势的转换，实现环境的良性循环。

四、对企业实现培训的一些思考

任何投资在带来收益的同时，都存在一定风险。培训作为一种投资行为，当然也不可避免地存在培训风险，必然会面临一些怎样充实与提高的问题。企业员工培训的充实与提高所存在的问题，主要表现在培训员工的流失、培训的形式主义倾向、培训的物质性支持力度、培训的持续性与创新性探索等多个方面。

(一)有效防止培训员工的流失

企业还必须注意培训员工的流失现象，对企业员工的培训要在六个方面特别予以重视：其一，必须明确培训内容。企业的每个岗位都有明确的知识、技能和能力要求，应该根据岗位的要求，明确什么样的培训是企业需要的。企业需要的培训，一定要培训。企业不需要的培训，就要格外慎重。其二，明确培训对象的选择标准。企业培训对象主要包括新进的员工、转换工作的员工、不符合工作要求的员工和有潜质的员工。应当针对不同类型的员工，在企业中制定选择标准，对每位员工一视同仁，避免培训对象选择的随意性。其三，对于有自发培训要求的员工，提供选择性培训项目。企业对这些员工提供选择性的培训，可以提高企业对高素质员工的吸引力，可以适当与员工共同承担费用，或者由员工承担费用，培训后给受训者以

275

加薪、晋升作为回报。其四，培训中应全程控制。在培训中，企业应当选择专门人员与培训人员和受训人员保持联系。通过沟通，了解受训人员的需求、表现和心理状态，一方面提高培训的效率和效果，另一方面有效防止培训员工流失。其五，及时对员工培训结果给予肯定和奖励。培训不是单方面的投资，除了企业要投入资金外，员工还要投入时间和精力。如果企业相应的回报不及时，员工认为培训前后在企业中没有什么改变，就会通过跳槽选择更好的工作环境。因此以创造良好的学以致用的环境、提供更有挑战性的工作、提高受训员工报酬等方式承认员工通过培训努力的结果，对于留住培训员工至关重要。其六，把合同管理纳入培训管理。合同是企业和员工权利的法律保障，加强对合同的管理，不仅可保护企业的合法权利，也保护了员工的合法权利。把合同纳入培训管理，一旦出现纠纷，企业和员工都能够通过法律手段进行及时解决。

(二)防止培训的形式主义倾向

企业员工培训要力求形式与内容的高度统一，特别要防止培训过程中出现的走过场、做摆设的形式主义倾向。要真正使员工学有所得，得以致用，就必须高度重视五个问题：一是培训的目标、主体、方式、内容等要力求和谐统一，清楚明白，要做到设计到位，计划周密，所学即所用，考虑完备；二是培训形式与培训内容要紧密衔接，重看内容，突出实效，联系实际，切忌追求形式而漠视内容；三是培训全过程必须要有具体的不同的培训考核指标，考核要依据不同对象，有的放矢，针对性要强，并做到能见成效；四是员工经培训重返岗位后，应该在一定的时间内，以具体的工作实效状态来检验培训效果，取长补短，及时总结，从而为今后的培训提供更好的参考与借鉴；五是员工培训切忌搞突击，要有中长期培训计划或培训机制进行必要引导，站在战略的高度来筹划员工培训。

(三)必须加大员工培训的物质投入

培训的物质性投入是保证培训顺利进行的根本。企业员工培训的物质投入多种多样，从根本上要注意几个要点：第一，培训投入要结合企业实际的经济收益，如年营销收入、年产值收入等，按一定比例进行员工培训的投入。要设立专门资金，打好培训的物质基础，并且投入要逐年按比例提高以保证培训工作的健康发展。第二，加大培训硬件的投入，如培训基地建设、培训设备的引进、师资力量的调配、员工个人培训的资金保证，等等。这些投入都要在企业专门部门或机构的直接干预与领导下进行，并且进行有效管理。第三，要保证员工培训后职务晋升、奖励、岗位调换等的资金储备，建立培训基金，实行专款专用。

(四)重视培训的持续性与创新性并举

企业员工培训是现代企业发展的一个必然过程，可以为企业的生存与发展提供源源不断的人力资源，带有明显的战略特征。持续发展与创新并举已是当前员工培训的重要课题。持续性发展，就要在培训机制基础上进行必要的战略性规划，制定中长期发展纲要；要建立和设置专门部门或机构，确定专门人员进行管理，以培训机制来确保培训工作持续发展；坚持企业员工继续学习与提高的相关制度，以分阶段、分批次等方式进行企业全员性的培训，从整体上满足企业发展需求，并在整体上真正提高企业的综合素质。从员工培训的创新看，特别要注意物质与精神两个层面的建设实效。物质的，指大资金投入等，容易量化，可以依据相关标准进行实施。在这样的基础上，要注意物质的有效投入，看重物质投入的"创新价值"。即培训场地、设施、人员等的物化外延作用，集中物力，分项实施，争取每个具体的投入充分发挥物化作用，有效增加其"附加值"。

精神的，指人的主观能动作用等要素的发挥。它对企业培训具有提纲挈领的巨大作用。如培训思维、观念、认识等的作用发挥，就可以极大地丰富培训内容，可以更为强力地调动员工的积极性和能动性，使培训系列化、常态化并得到进一步的巩固和发展。企业员工培训的长期性也决定了它必然要依靠创新来满足培训发展的客观要求。培训本身就是一种知识的学习与创新。培训创新从形式的创新上分，有培训模式的不断创新、培训教材形态的不断创新、培训机制的不断创新，等等。这些创新形态可观，结构易辨，容易把握和充分利用。重要的创新，首先是抓好观念、思维、意识等的创新。基于此，企业员工培训必须百尺竿头，更进一步要注重几个创新：意识与观念的创新推动思想的创新；借鉴与引进的创新引发自身的创新；模式与方法的创新带动规律或定理的创新；物质与基础的保证深化创新的实效，等等。这样，才可能真正实现员工培训持续性与创新性并举，以高度的融合与互动使企业员工培训进一步提高档次，进而产生更大的综合绩效。

企业员工培训是一项长期而艰巨的工作，并且与企业的自身发展休戚与共，息息相关，是企业步入现代知识社会，求得更大发展的必由之路。只要我们努力思考，充分认识，明确目标，措施得力，善于创新，就一定可以走出企业现代培训的新路子，取得更大的成就。

参考文献：

1. 王强，胡汉辉. 管理创新十讲——学习型组织团队读本 [M]. 天津：天津人民出版社，2002.

2. 胡君辰，郑绍濂. 人力资源开发与管理 [M]. 上海：复旦大学出版社，1999.

3. 贺爱忠. 21世纪的企业人力资源管理 [J]. 中国软科

学，2000（2）.

4. 张一驰．人力资源管理教程［M］．北京：北京大学出版社，1999.

图书在版编目(CIP)数据

探索与发展新论/周小其主编 . —成都:西南财经大学出版社,
2012.2
ISBN 978 - 7 - 5504 - 0591 - 2

I.①探… II.①周… III.①企业管理—方法 IV.①F270

中国版本图书馆 CIP 数据核字(2012)第 024542 号

探索与发展新论

周小其 主编

责任编辑:王 利
封面设计:大 涛
责任印制:封俊川

出版发行	西南财经大学出版社(四川省成都市光华村街55号)
网　　址	http://www. bookcj. com
电子邮件	bookcj@ foxmail. com
邮政编码	610074
电　　话	028 - 87353785 87352368
印　　刷	郫县犀浦印刷厂
成品尺寸	148mm × 210mm
印　　张	9
字　　数	220 千字
版　　次	2012 年 3 月第 1 版
印　　次	2012 年 3 月第 1 次印刷
书　　号	ISBN 978 - 7 - 5504 - 0591 - 2
定　　价	38.00 元